Grundlagen des Strafrechts

herausgegeben von

Prof. Dr. Susanne Beck, LL.M. (LSE), Universität Hannover
Prof. Dr. Katrin Höffler, Universität Göttingen
Prof. Dr. Dr. h.c. Michael Kubiciel, Universität Augsburg
Prof. Dr. Martino Mona, Universität Bern
Prof. Dr. Georg Steinberg, Universität Potsdam
Prof. Dr. Benno Zabel, Universität Bonn

Band 9

Konstantina Papathanasiou | Kay H. Schumann
Anne Schneider | Inês Fernandes Godinho (Hrsg.)

Kollektivierung als Herausforderung für das Strafrecht

Normentheoretische Betrachtungen

Nomos

facultas

DIKE

Die Veröffentlichung der Druckausgabe sowie die Open-Access-Veröffentlichung der elektronischen Fassung wurde ermöglicht mit Unterstützung der Faculdade de Direito da Universidade de Coimbra.

1 2 9 0

INSTITVTO JVRIDICO
FACULDADE DE DIREITO
UNIVERSIDADE D
COIMBRA

Die Deutsche Nationalbibliothek verzeichnet diese Publikation in der Deutschen Nationalbibliografie; detaillierte bibliografische Daten sind im Internet über http://dnb.d-nb.de abrufbar.

1. Auflage 2021

Publiziert von
Nomos Verlagsgesellschaft mbH & Co. KG
Waldseestraße 3–5 | 76530 Baden-Baden
www.nomos.de

Onlineversion
Nomos eLibrary

Gesamtherstellung:
Nomos Verlagsgesellschaft mbH & Co. KG
Waldseestraße 3–5 | 76530 Baden-Baden

ISBN 978-3-8487-6765-6 (Nomos Verlagsgesellschaft mbH & Co. KG, Baden-Baden, Print)
ISBN 978-3-7489-0869-2 (Nomos Verlagsgesellschaft mbH & Co. KG, Baden-Baden, ePDF)

ISBN 978-3-7089-2111-2 (facultas Verlag, Wien)
ISBN 978-3-03891-345-0 (Dike Verlag, Zürich/St.Gallen)

DOI: https://doi.org/10.5771/9783748908692

Vorwort

Die Normentheorie erlebt derzeit eine kleine Renaissance in der Rechtswissenschaft, deren systematische Analyse grundlegender strafrechtsdogmatischer Begriffe und Konzepte sie um eine grundlegende rechtstheoretische Perspektive bereichert. Die im vorliegenden Band gesammelten Texte gehen auf die Tagung unseres Arbeitskreises zur Normentheorie zurück, die unter dem Titel "Kollektivierung als Herausforderung für das Strafrecht" im Oktober 2019 in Bonn stattfand.

Uns war es eine besondere Ehre und Freude, mit *Urs Kindhäuser* und *Joachim Renzikowski* zwei große Normentheoretiker als Gäste in unserem Arbeitskreis begrüßen zu dürfen. Wir sind sicher, dass ihre nun hier gemeinsam mit denen der Arbeitskreismitglieder publizierten Vorträge die normentheoretische Diskussion um interessante neue Perspektiven bereichern.

Wir bedanken uns herzlich bei allen Mitgliedern und Gästen des Arbeitskreises und den Zuhörern, die zusammen die sich an die Vorträge anschließenden Diskussionen so lebendig gemacht haben. Unser Dank geht auch an das *Instituto Jurídico* in Coimbra, die Universität Mannheim und das Land Baden-Württemberg, die die Veröffentlichung des Tagungsbandes finanziell gefördert haben, sowie an *Berit Albers* und *Chiara Rode* aus Mannheim für ihre Unterstützung bei der Redaktion der Manuskripte.

Regensburg, Bonn, Mannheim und Coimbra, im März 2021

Konstantina Papathanasiou
Kay H. Schumann
Anne Schneider
Inês Godinho

Inhalt

Pflichtverletzung bei gemeinschaftlicher Tatbegehung: Semantische Probleme der Beteiligungslehre

Urs Kindhäuser

I. Problemstellung

§ 47 RStGB lautete: „Wenn mehrere eine strafbare Handlung gemeinschaftlich ausführen, so wird jeder als Täter bestraft."

Interessant an dieser Vorschrift ist zunächst ihre systematische Stellung: Mit ihr begann der Abschnitt über die Teilnahme im RStGB. Der Gesetzgeber griff damit auf die gemeinrechtliche Doktrin zurück, neben Anstiftung und Beihilfe die – im preußischen Strafrecht nicht genannte – Mittäterschaft als dritte Form der Teilnahme zu stellen.[1] Kriterium der als Mittäterschaft bezeichneten Teilnahme ist die Gemeinschaftlichkeit der Tatausführung, also der Idee nach eine qualifizierte Beihilfe. Während der die Haupttat durch intellektuelle Beeinflussung veranlassende Teilnehmer unter der Bezeichnung „Anstifter" dem ausführenden Akteur im Strafrahmen gleichgestellt wird, wird bei der physischen Teilnahme differenziert: Erschöpft sich die Hilfe in der Unterstützung einer Tatbestandsverwirklichung durch einen anderen, so ist eine Beihilfe im technischen Sinne gegeben. Wenn dagegen durch wechselseitige Hilfe ein tatbestandsverwirklichendes Geschehen gemeinsam realisiert wird, dann wird der jeweilige Tatbeitrag unter der Bezeichnung „Mittäterschaft" (oder Miturheberschaft) der Alleintäterschaft gleichgestellt.

Da für alle Beteiligungsformen mit Ausnahme der Beihilfe im technischen Sinne derselbe Strafrahmen vorgesehen ist, erscheint die Klassifikation in Täterschaft, Mittäterschaft und Anstiftung auf den ersten Blick nur als formale Nomenklatur ohne qualitative Differenzierung. Dementsprechend charakterisiert auch *v. Liszt* in der ersten Auflage seines Lehrbuchs die Mittäterschaft allein durch das formale Kriterium der Verwirklichung wenigstens eines Tatbestandsmerkmals. Er verdeutlicht dies anhand der insoweit als anschauliche Beispiele dienenden zweiaktigen Delikte, bei de-

1 Näher hierzu *Hälschner*, Das gemeine deutsche Strafrecht, Bd. 1, Die allgemeinen strafrechtlichen Lehren, 1881, S. 418 ff.

nen der eine Beteiligte den einen Akt, der andere den anderen Akt verwirklicht.[2]

Bei genauerer Analyse zeigt sich jedoch, dass diese formale Klassifikation nach *v. Liszts* eigenen Prämissen nicht gelingen kann. Denn *v. Liszt* sieht in der Abgrenzung von Täterschaft und Teilnahme eine Konsequenz der Lehre vom Regressverbot: Vorsätzliche Handlungen können nach seiner Lehre nur bedingt, aber nicht verursacht sein, so dass der Teilnehmer keine Ursache zur Tatbestandsverwirklichung setzt und damit nicht selbst Täter sein kann. Da folglich bei der arbeitsteiligen Verwirklichung zweiaktiger Delikte durch zwei Beteiligte der jeweils vorsätzliche Teilakt eines Beteiligten die Ursächlichkeit des je anderen an diesem Teilakt hindert, gerät man in eine Sackgasse: Wenn jeder der Beteiligten am Teilakt des je anderen nur Teilnehmer ist, kommt es zu keiner einheitlichen Tatbestandsverwirklichung, die jeder der Beteiligten vollumfänglich als Täter zu verantworten hätte. Schlimmer noch: Es lässt sich noch nicht einmal jedem Beteiligten der von ihm verwirklichte Teilakt als Versuch der Gesamttat zurechnen, weil ja für jeden Beteiligten schon *ex ante* feststeht, dass diese gar nicht zur Vollendung kommen kann.

Es erscheint überflüssig darzulegen, dass sich das geschilderte Problem weder durch den subjektiven Ansatz der tradierten Rechtsprechung noch durch die Kriterien der heute vorherrschenden Tatherrschaftslehre beheben lässt. Allein dadurch, dass der eine Beteiligte ein Eigeninteresse an der Verwirklichung eines deliktischen Teilakts durch den anderen Beteiligten hat, kann er entgegen der subjektiven Lehre nicht zum Täter dieses Teilakts werden.[3] Der Wille kann als handlungswirksamer Faktor nur das eigene Verhalten gestalten; auf fremdes Handeln gerichtet, erschöpft er sich in bloßem Wünschen. Und die Aufgabenverteilung bei der Ausführung eines Deliktes im Sinne der Tatherrschaftslehre erlaubt nur nach Maßgabe von Strafwürdigkeitskriterien Differenzierungen bei der Beteiligung: Der Zentralgestalt ist mehr anzulasten als der Randfigur.[4] Schöne Bilder sind kein Ersatz für eine dogmatisch valide Begründung des Umschlags von Quantität in Qualität. Ohnehin lässt sich eine den Gesamtbereich des Strafrechts

2 *v. Liszt*, Das Deutsche Reichsstrafrecht, 1881, S. 151.

3 Grundlegend hierzu *v. Buri*, Zur Lehre von der Teilnahme an dem Verbrechen und der Begünstigung, 1860; *ders.*, GA 1869, 234; seit RGSt 3, 181 (182 f.) ständige Rechtsprechung; umf. Darstellung und Kritik bei *Birkmeyer*, Die Lehre von der Teilnahme und die Rechtsprechung des Deutschen Reichsgerichts, 1890, S. 16 ff.

4 Vgl. hierzu nur *Roxin*, Strafrecht, Allgemeiner Teil, Bd. 2, 2003, § 25 Rn. 10 ff., 27 ff. und passim m. umf. Nachw.; zur Kritik einer solchen Bildhaftigkeit *Lampe*, ZStW 119 (2007), 471 (481 m. Fn. 45).

betreffende Abgrenzung von Täterschaft und Teilnahme schon deshalb nicht mit Hilfe faktischer Kriterien wie Wille oder Tatgestaltung vornehmen, weil Täterschaft bereichsweise an persönliche Voraussetzungen gebunden ist.[5]

Weder die subjektive noch die materiell-objektive Beteiligungslehre sind damit – wissenschaftstheoretisch gesehen – „Theorien". Ihre Kriterien lassen sich nicht auf einen Oberbegriff mit Erklärungskraft zurückführen, sondern sind Additionen von disparat ausgestalteten Fallgruppen. Da die Addition von Fallgruppen zu keiner inneren Geschlossenheit führt, sondern beliebig erweitert oder reduziert werden kann, taugt sie nicht zu abschließenden qualitativen Klassifikationen. So lässt sich vor allem bei der Tatherrschaftslehre deren Aufteilung der Beteiligungsformen nie falsifizieren, weil sie auf keinem durchgängig notwendigen Merkmal für Täterschaft aufbaut.

Eine Beteiligungslehre, die eine theoretische Verankerung anstrebt, muss daher zunächst den Begriff des Täters einheitlich und verbindlich für die allgemeine Straftatlehre festlegen. Durch welche Merkmale sich ein solcher Begriff definieren ließe, soll im Folgenden auf einer normtheoretischen Basis skizziert werden. Aufgrund dieser Überlegungen lassen sich sodann die spezifischen Schwierigkeiten bei der Bestimmung der Mittäterschaft im Verhältnis zur Einzeltäterschaft einerseits und zur Beihilfe andererseits aufzeigen.

II. Täterschaft als Pflichtverletzung

1. Die Perspektiven ex ante und ex post factum

Begonnen sei mit der Frage, wie sich Täterschaft im Strafrecht definieren lässt, und die normtheoretische Antwort kann nur lauten: Täter ist, wer die Pflicht verletzt, die sich aus der einem Delikt zugrundeliegenden primären Verhaltensnorm ergibt. Kurz: Täterschaft ist Pflichtverletzung.

Ein erster Schritt auf dem Weg zur Begründung dieser These ist die Unterscheidung zwischen präskriptiven und askriptiven Regeln sowie zwischen der *ex ante-* und der *ex post-*Perspektive. Die Anwendung askriptiver Regeln erfolgt ausschließlich *ex post*; es geht hierbei um die Zuschreibung von Verantwortung für ein Verhalten samt Folgen unter einer bestimmten

---

5 Daher die Begründung von Täterschaft nach dem Sonderpflichtkriterium, vgl. nur *Roxin* (Fn. 4), § 25 Rn. 267 ff. m. umf. Nachw.

Beschreibung. Nach *H.L.A. Harts* Analyse impliziert etwa der Satz „X hat Y getötet“, dass X für den Tod des Y verantwortlich ist, allerdings in widerlegbarer Weise.[6] Das heißt: Das Zurechnungsurteil beruht auf Annahmen, die argumentativ widerlegt werden können. Im Strafrecht wird der *Gegenstand* der Zurechnung durch die Merkmale der Deliktstatbestände festgelegt. *Kriterium* der Zurechnung ist dagegen nach Maßgabe des Schuldprinzips die Vermeidbarkeit des tatbestandsverwirklichenden Geschehens bei Aufbietung erwartbarer Rechtstreue. Das Kriterium der Vermeidbarkeit verweist auf den Zeitpunkt *ante factum*, also auf den Zeitpunkt, zu dem sich das Subjekt der späteren Zurechnung zu einer rechtmäßigen Alternative seines tatsächlichen Verhaltens hätte entscheiden können, und zwar mit der Folge, dass die Tatbestandsverwirklichung ausgeblieben wäre.

Es liegt auf der Hand, dass das Gewicht des strafrechtlichen Vorwurfs, der *ex post* im Wege der Zurechnung begründet wird, auch davon abhängt, in welchem Maße das Subjekt der Zurechnung für fähig gehalten wird, sich rechtmäßig zu verhalten. Wer weiß, was er tut und dessen Bewertung kennt, wer also vorsätzlich und mit Unrechtsbewusstsein handelt, den trifft der Vorwurf mangelnder Rechtstreue härter als denjenigen, der erst bei Aufbietung verkehrsüblicher Sorgfalt die rechtlich negativen Folgen seines Verhaltens hätte abschätzen können. Auch kann ein Verhalten, je nach dem verwirklichten Unrecht, überhaupt erst dann als strafwürdig angesehen werden, wenn der Handelnde nicht nur für fähig gehalten wird, eine rechtmäßige Verhaltensalternative zu ergreifen, sondern das deliktische Geschehen sogar absichtlich oder mit sicherem Wissen herbeiführte. Alles dies sind sanktionsrelevante Kriterien der Zurechnung, durch die *ex post* der Schuldvorwurf gegenüber dem Handelnden konstituiert wird.

Während sich die *ex post*-Perspektive auf dasjenige bezieht, was getan wurde und wie dies zu bewerten ist, betrifft die *ex ante*-Perspektive die Frage, was getan werden kann und soll. Aus der Sicht *ex ante* geht es um die Bestimmung der nach Maßgabe rechtlicher Präferenzen richtigen Entscheidung unter Berücksichtigung der dem Handelnden situativ zur Verfügung stehenden Kenntnisse, Fähigkeiten und Verhaltensmöglichkeiten. Diese Kriterien der *ex ante* erforderlichen Fähigkeit zum Erkennen und Umsetzen des rechtlich richtigen Verhaltens dienen *ex post* als Kriterien der Zurechnung. Für das *ex ante* Vermeidbare, aber nicht Vermiedene wird das Subjekt der Zurechnung *ex post* zur Verantwortung gezogen. Insoweit bedarf es zur Bestimmung täterschaftlicher Verantwortung einer

6 Grundlegend *Hart*, The Ascription of Responsibility and Rights, Proceedings of the Aristotelian Society, 49 (1948/49), S. 171 ff.

Analyse der Entscheidungssituation, in der sich das spätere Subjekt der Zurechnung *ante factum* befand.

2. *Verhaltensnormen*

Betrachten wir zunächst das Sollen, an dem sich die *ex ante*-Entscheidung auszurichten hat, und zwar in der Form präskriptiver Präferenzen, also in der Form von Verhaltensnormen. Der Einfachheit halber seien nur Gebote und Verbote in den Blick genommen, die sich im Strafrecht zwanglos aus den Tatbestandsformulierungen ableiten lassen, genauer: aus den Grundtatbeständen, da alle weiteren Merkmale nur *ex post* anzuwendende Strafzumessungskriterien sind.[7] In ihrer präskriptiven Funktion sind Normen Verhaltensanweisungen, die sich mit Hilfe deontischer Operatoren wie „sollen“ oder „dürfen“ ausdrücken lassen, etwa: „Du sollst keine fremde Sache beschädigen“.

Auf Präskriptionen lassen sich die Regeln der deskriptiven Logik nicht (unmittelbar) anwenden, da logische Folgerungen wahrheitsbewahrende Relationen sind, Präskriptionen aber nicht wahr oder falsch sein können.[8] Allerdings haben Normen einen propositionalen Gehalt, der sich isoliert vom präskriptiven Operator in der Normformulierung auch deskriptiv verwenden lässt. Im Beispielsfall könnte das Verbot der Sachbeschädigung durch eine Trennung des die präskriptive Funktion ausdrückenden Operators „gesollt“ von der Normproposition „keine fremde Sache beschädigen“ sprachlich gefasst werden, etwa: „gesollt: keine fremde Sache beschädigen“.

Damit stellt sich das Problem, wie Normen befolgt werden. Denn das Verhalten, durch das normgemäß gehandelt wird, ist samt den hierzu erforderlichen physischen, intellektuellen und volitiven Voraussetzungen faktischer Natur und damit Gegenstand deskriptiver Aussagen. Ein in der heutigen Strafrechtsdogmatik häufig anzutreffender Fehler besteht darin, die Bedingungen der Normbefolgung als Merkmale der Normproposition

---

7 Beispielhaft: Eine gefährliche Körperverletzung ist sub specie Verhaltensnorm nicht „verbotener“ als eine einfache Körperverletzung, wohl aber ist sie nach Maßgabe der Strafwürdigkeit gravierenderes Unrecht als eine leichte Verletzung.

8 Auf die Streitfrage, ob es einer besonderen Logik der Normen (in präskriptiver Funktion) bedarf, kann und soll hier nicht näher eingegangen werden, sie ist im hiesigen Kontext unerheblich; vgl. zur Problematik nur *Rödig*, Schriften zur juristischen Logik, 1980, S. 169 ff., 185 ff.; *Weinberger*, Rechtslogik, 2. Aufl. 1989; *v. Wright*, Normen, Werte, Handlungen, 1994, S. 56 ff.

anzusehen. Insbesondere die finale Lehre hat aus der richtigen Einsicht, dass Normen nur durch intentionales Handeln befolgt werden können, den Fehlschluss gezogen, dass Normen intentionales Handeln vorschrieben oder untersagten.[9] Doch wäre Inhalt einer Norm ein intentionales Handeln, so müsste derjenige, der eine solche Norm befolgen wollte, eine entsprechende Intention haben wollen.

Im Beispiel der Sachbeschädigung lautet die Präskription „Du sollst keine fremde Sache beschädigen" und nicht etwa „Du sollst nicht die Absicht haben, eine fremde Sache zu beschädigen." Verboten ist das Beschädigen, nicht die Absicht zu beschädigen. Dementsprechend soll eine Person, die das Verbot befolgen will, keine fremde Sache beschädigen, und nicht etwa nicht die Absicht haben, eine fremde Sache zu beschädigen. Norminhalt und Normbefolgung sind zweierlei, so dass auch die faktischen Voraussetzungen der Normbefolgung nicht zum Inhalt der Normproposition gehören können, was im Übrigen auch gegen das logische Verbot der Selbstbezüglichkeit verstieße.[10]

3. *Norm und Pflicht*

Wie also werden Normen befolgt? Im Strafrecht stellt sich mit Blick auf das Befolgen von Ge- und Verboten ein schwieriges Problem. Das strafrechtliche Garantieprinzip (Art. 103 Abs. 2 GG) verlangt, dass nur dasjenige Verhalten samt Folgen Gegenstand eines Unrechtsvorwurfs sein darf, das exakt unter die Beschreibung eines Deliktstatbestandes fällt. Dementsprechend kann auch nur die tatbestandliche Verhaltensbeschreibung samt Folgen Proposition der sanktionierten Verhaltensnorm sein, was zu sehr engen Normformulierungen führt. Aus dem Delikt der Sachbeschädigung lässt sich folglich nur die Normproposition logisch ableiten: „beschädigen einer fremden Sache". Unter *diese* Beschreibung fällt aber ein Verhalten erst in dem Zeitpunkt, in dem eine Sache beschädigt ist. Die Handlung der Sachbeschädigung lässt sich begrifflich nur *ex post* zurechnen.[11]

Aus dieser begrenzten begrifflichen Reichweite der Verhaltensnorm folgt, dass sich die Beschreibung der Verhaltensalternative, die der Täter

---

9 Beispielhaft *Armin Kaufmann*, Lebendiges und Totes in Bindings Normentheorie, 1954, S. 102, 106 und passim.

10 Vgl. hierzu nur *Vogel*, Norm und Pflicht bei unechten Unterlassungsdelikten, 1993, S. 41 f. m.w.N.

11 Grundlegend zur Beschreibungsabhängigkeit von Handlungen *Anscombe*, Intention, 1957, S. 37 ff.; *v. Wright*, The Varieties of Goodness, 1963, S. 123 f.

ergreifen soll, um eine Norm zu befolgen, nicht dieser Norm selbst begrifflich entnehmen lässt. Ein weiteres einfaches Beispiel: Ein Unglücksfall hat sich ereignet, und eine anwesende Person soll dem Gebot der Hilfeleistung in Unglücksfällen nachkommen. Es gibt keine strafrechtliche Verhaltensnorm des Inhalts, die ihrem Adressaten vorschreibt, zu einem Ertrinkenden zu schwimmen und ihn aus dem Wasser zu ziehen. Die „Norm", so handeln zu sollen – sie sei einmal „*m*" genannt –, ist in dem Gebot, bei Unglücksfällen Hilfe zu leisten – hier „*s*" genannt –, ersichtlich nicht begrifflich erhalten. Was also ist „*m*"?

Dass diese Frage – in dieser Formulierung – in der gängigen Strafrechtsdogmatik nicht behandelt wird, mag mit der Offenkundigkeit zusammenhängen, dass der Gebotsadressat nach Maßgabe von „*m*" handeln muss, um das Gebot „*s*" zu erfüllen. Deshalb mag es auch auf der Hand liegen, dass „*m*" genau das ist, was die Gebotsnorm „*s*" von ihrem Adressaten hier verlangt. Dies könnte zu der Annahme verleiten, dass „*m*" selbst die Gebotsnorm sei. Nur kann dies, nimmt man das strafrechtliche Garantieprinzip ernst, nicht die Lösung des Problems sein. Der Interpret darf nicht kurzerhand den Text des zu Interpretierenden nach eigenem Gusto abändern oder völlig neu formulieren.

Festzuhalten ist also, dass „*s*" und „*m*" zwei verschiedene Normen sind und dass, bei genauerem Hinsehen, „*m*" auch ein anderer Normtyp ist als „*s*". Das Hilfeleistungsgebot „*s*" drückt gewissermaßen das Ziel aus, das erreicht werden soll, während die Verhaltensanweisung „*m*" – zumindest – ein rationales Mittel nennt, um das Ziel zu erreichen. Es erscheint deshalb auch angemessener, bei der Formulierung von „*m*" das deontische Verb „sollen" durch das Verb „müssen" zu ersetzen. Es gibt keine strafbewehrte Norm, die dem Retter vorschreibt, er solle schwimmen. Denn das Recht verlangt von ihm ja nicht das Schwimmen, sondern das Leisten von Hilfe. Das Müssen des Schwimmens folgt vielmehr aus dem gesetzten Ziel des Rettens, falls dieses in der konkreten Situation nur durch Schwimmen erreicht werden kann.

Das Müssen entspringt demnach einer rationalen Deliberation, die zunächst deskriptiver Natur ist. Angenommen, in der fraglichen Situation gäbe es kein staatliches Gebot der Hilfeleistung in Unglücksfällen. Der Retter möchte vielmehr aus freien Stücken den Ertrinkenden retten und überlegt, was er tun kann, um dieses Ziel zu erreichen. Sollte sich hierzu nur das Hinschwimmen und aus dem Wasser Ziehen des Ertrinkenden als taugliches Mittel erweisen, so *muss* der Retter schwimmen, wenn die Rettung sein dominantes Ziel ist. So gesehen ist „*m*" also keine Präskription, sondern die Konsequenz aus einem praktischen (rationalen) Schluss zur Realisierung eines gesetzten Ziels, hier: zur Erfüllung des Gebots „*s*". Oder anders ausdrückt: Das Müssen von „*m*" ist Ausdruck praktischer Notwendigkeit.

Eine Verhaltensanforderung, die auf dem Umstand beruht, dass eine bestimmte Verhaltensalternative ergriffen werden muss, um ein gesolltes Ziel zu erreichen, nennt *v. Wright* ein „technisches Sollen".[12] Diese Bezeichnung bringt den instrumentellen Charakter der Zweck-Mittel-Relation gut zum Ausdruck und damit auch die Verbindung zwischen dem Sollen des Ziels und dem Müssen des Mittels. Denn die Formulierung von „*m*" ist elliptisch, genauer: sie impliziert einen unausgesprochenen hypothetischen Imperativ: Der Retter soll „*m*" ausführen, weil die Norm „*s*", Hilfe zu leisten, nur dann erfüllt wird, wenn „*m*" getan wird. Das Müssen entspringt also dem Wollen des Gesollten.

Noch eine Besonderheit von „*m*" ist bemerkenswert. Während sich das Gebot der Hilfeleistung allgemein an alle Personen richtet, die Adressaten der Normen des deutschen Strafrechts sind, gilt „*m*" lediglich für denjenigen Normadressaten, der sich in einer bestimmten Situation befindet und über eine bestimmte Handlungs- und Motivationsfähigkeit verfügt. „*m*" ist also ein situativ konkretisiertes und hinsichtlich des erforderlichen Handelns individualisiertes „Müssen". Könnte der Retter nicht schwimmen, „müsste" er auch nicht schwimmen; „*m*" hätte unter diesen Umständen einen anderen Inhalt (oder ließe sich – bei Handlungsunfähigkeit – gar nicht begründen). Der betreffende Normadressat „müsste" dann ggf. andere Personen verständigen oder sich ein Boot verschaffen, um zu dem Ertrinkenden zu gelangen.

Insoweit hat hier der Satz, dass „Sollen" ein Sein (Können) impliziert, einen Sinn. Denn das „Sollen" von „*m*" ist deskriptiv, ist also kein „echtes" – d.h. vom Sein kategorial verschiedenes – Sollen, sondern Ausdruck eines hypothetischen Müssens, um einem kategorischen Sollen nachzukommen. Durch „*m*" wird das Sollen der kategorischen Norm mit dem So-Sein einer individuellen Person in einer konkreten Situation verbunden. Oder anders formuliert: „*m*" bindet einen bestimmten Normadressaten an eine Norm nach Maßgabe der ihm möglichen und von ihm erwarteten Leistungsfähigkeit. Diese Gebundenheit einer Person an eine Norm sei *Pflicht* genannt. In diesem Sinne können Normen als Verpflichtungsgründe für Handlungen verstanden werden.[13]

---

12 *v. Wright* (Fn. 8), S. 36.

13 Grundlegend hierzu *Raz*, Praktische Gründe und Normen, 2006, S. 33 und passim; vgl. insoweit auch *Armin Kaufmann* (Fn. 9), S. 129 ff.

4. *Praktisches Schließen*

Das technische „Sollen" der Pflicht lässt sich mit Hilfe eines praktischen Syllogismus bestimmen.[14] Ein solcher Schluss ist formal dem logischen Schluss-Schema[15] nachgebildet. Der praktische Syllogismus nennt in der Oberprämisse die Norm-Proposition und in der Konklusion das pflichtgemäße Verhalten. Verbunden werden Oberprämisse und Konklusion durch die für die jeweilige Handlung relevanten Kenntnisse und physischen Fähigkeiten des konkreten Normadressaten. Die praktische Notwendigkeit, das in der Konklusion genannte Handeln auszuführen, ergibt sich, wenn der in der Oberprämisse genannte deontische Operator der Norm durch einen Ausdruck für das (dominante) Wollen des Adressaten ersetzt wird. Das heißt: Aus der Norm „Es ist gesollt, bei Unglücksfällen Hilfe zu leisten" wird die Intention „Eine (rechtstreue) Person *P* will (unbedingt) bei Unglücksfällen Hilfe leisten". Der praktische Schluss hat also folgende allgemeine Form:

- Oberprämisse: Eine Person *P* will (das gebotene) *x* tun.
- Unterprämisse: *P* nimmt an, dass sie *x* (nur) ausführen kann, wenn sie *y*[16] tut.
- Konklusion: Also muss *P y* tun.

Bei Begehungsdelikten ist umgekehrt die Vornahme einer Handlung, die den Tatbestand verwirklicht, verboten und damit das Ergreifen irgendeiner rechtmäßigen Verhaltensalternative geboten. Als Konklusion des entsprechenden praktischen Schlusses kommt daher jedes rechtmäßige Verhalten in Betracht, das als Unterlassen des tatbestandsverwirklichenden Tuns anzusehen ist. Für einen Normadressaten, der (dominant) gewillt ist, strafrechtliche Verbote zu befolgen, hätte der praktische Schluss somit folgende Gestalt:

- Oberprämisse: Eine (rechtstreue) Person *P* will (das verbotene) *x* unterlassen.
- Unterprämisse: *P* nimmt an, dass sie *x* nur (sicher) unterlassen kann, wenn sie *y* unterlässt.
- Konklusion: Also muss *P y* unterlassen.

---

14 Näher *v. Wright*, Handlung, Norm und Intention, 1977, S. 42 ff.

15 Hierzu *Essler*, Einführung in die Logik, 2. Aufl. 1969, S. 41 ff.

16 Bei gleichermaßen effizienten Handlungen kann *y* auch durch eine Disjunktion ersetzt werden (z.B. y_1 oder y_2 oder y_3), mit der Folge, dass von *P* eine der disjunktiv verbundenen Handlungen ausgeführt werden „muss".

5. Tat, Tatherrschaft und Täter

Will man nun die Begriffe Tat und Täter in diese Konzeption der strafrechtlichen Normentheorie einfügen, so ergibt sich die folgende sinnvolle Möglichkeit: „Tat“ ist das unter die Beschreibung des Deliktstatbestandes fallende Verhalten samt einschlägigen Folgen und Begleitumständen, also der *ex post* zu konstituierende Gegenstand der Zurechnung. „Tatherrschaft“ besitzt wiederum, wer die Tatbestandsverwirklichung durch pflichtgemäßes Alternativverhalten vermeiden konnte und musste. „Täter“ ist schließlich das Subjekt der Zurechnung, also derjenige, der in der tatbestandlichen Deskription des Geschehens als „wer“ bezeichnet wird. Oder anders formuliert: Täter ist, wer aufgrund einer Pflichtverletzung für die Tatbestandsverwirklichung strafrechtlich verantwortlich ist.

Bereits die Dogmatik des 19. Jahrhunderts[17] durchzieht der Gedanke, dass derjenige Täter (Urheber) sei, der eine Tatsache zu verantworten hat, die zu dem gesetzlichen Begriff eines Verbrechens gehört.[18] So umschreibt *Adolf Merkel* denjenigen als Täter, „auf welchen die gesetzliche Definition einer Deliktsart und das mit ihr verbundene Strafmaß *unmittelbar* Bezug haben, welcher sich also mit seinem Thun oder Lassen jener Definition unmittelbar subsumieren läßt oder, was dasselbe ist, derjenige, der die in dem betreffenden Gesetze vorausgesetzte, die gesetzlichen Deliktsmerkmale zur Erscheinung bringende Handlung, d.i. die ‚*Haupthandlung*‘ oder ‚Ausführungshandlung‘ vornimmt“.[19] Zum Tatbestand gehöre u.a. auch „die Verletzung eines besonderen Pflichtverhältnisses“, so dass nur derjenige Täter sein könne, „der in diesem Pflichtverhältnis steht“.[20] Dagegen sei derjenige nicht Täter, „in dessen Person oder Handlung die gesetzlichen Merkmale fehlen“.[21] Dies ist nicht nur, wie *Roxin* schreibt, „ein Gedanke

---

17 Umf. Nachw. bei *Birkmeyer*, Teilnahme am Verbrechen, VDA, Bd. 2, 1908, S. 97; *ders.* (Fn. 3), S. 6 f.; ferner *Haas*, Die Theorie der Tatherrschaft und ihre Grundlagen, 2008, S. 65 ff.

18 Vgl. *Stübel*, Ueber den Thatbestand der Verbrechen, die Urheber derselben und die zu einem verdammenden Endurtheile erforderliche Gewißheit des erstern, besonders in Rücksicht der Tödtung nach gemeinen in Deutschland geltenden und Chursächsischen Rechten, 1805, § 29 S. 34, ferner § 23 S. 29.

19 *Merkel*, Lehrbuch des Deutschen Strafrechts, 1889, S. 137 (Hervorhebungen nicht im Original); vgl. auch *Berner*, Lehrbuch des Deutschen Strafrechtes, 14. Aufl. 1886, S. 151.

20 *Merkel* (Fn. 19), S. 140.

21 *Merkel* (Fn. 19), S. 139 f.

von *beinahe* zwingender Evidenz".[22] Es ist vielmehr die dem strafrechtlichen Garantieprinzip allein entsprechende Auslegung des Gesetzeswortlauts. Ein in diesem Sinne am Gesetzeswortlaut orientiertes Verständnis der Beteiligungslehre wird seit *v. Birkmeyer* formal-objektive Theorie genannt.[23]

Die formal-objektive Theorie beruht auf einer mit der Äquivalenztheorie der Kausalität nicht zu vereinbarenden Voraussetzung, nämlich der *Un*gleichwertigkeit aller notwendigen Bedingungen. Denn die einzelnen notwendigen Bedingungen eines Erfolgs verlieren ihre Gleichwertigkeit, wenn sie aus rechtlicher Perspektive betrachtet werden. Beispielhaft: Wenn B dem A ein Messer gibt, mit dem dieser den C tödlich niedersticht, so lässt sich sagen: „A hat C durch den Messerstich getötet". Es wäre dagegen sprachlich verfehlt zu sagen: „B hat C getötet, indem er A das Messer gab, mit dem dieser den C niederstach". Nur das Verhalten von A lässt sich als „töten" beschreiben. Dass in diesem Beispielsfall A und B jeweils notwendige Bedingungen für den Tod des C gesetzt haben, ist als Faktum ebenso richtig und zugleich strafrechtlich irrelevant wie der Umstand, dass C, um sterben zu können, vorher lebendig gewesen sein musste. Da alle Elemente, die den Zustand der Welt zum Zeitpunkt t konstituieren, notwendig für diesen Zustand der Welt und damit auch für den Tod des C zum späteren Zeitpunkt t_{+1} sind, kommt die Erkenntnis, dass auch das Verhalten von A und B sowie die Existenz von C selbst notwendige Bedingungen für dessen Tod sind, der Entdeckung des Mondes gleich.

Unter die Beschreibung „töten eines anderen" ist ausschließlich das Verhalten des A zu subsumieren. Dagegen fällt das Verhalten des B nicht unter diese Beschreibung, da er den Tod des C nicht dadurch, dass er dem A das Messer reichte, herbeigeführt hat. Demnach musste auch B sein Verhalten nicht nach Maßgabe des Totschlagsverbots unterlassen. Unter den gegeben kausalen Rahmenbedingungen war das Verhalten des B als solches weder hinreichend, um den Tod des C herbeizuführen, noch *zu diesem Zeitpunkt* notwendig für dieses Ereignis. Hätte A nicht zugestochen, wäre der Umstand, dass ihm B ein Messer reichte, *sub specie* Tötungsverbot völlig irrelevant geblieben. Zu einer notwendigen Bedingung für den Tod des C wurde das Verhalten des B erst vermittelt durch das Verhalten des A; erst A hat durch sein Verhalten die für den Tod des C relevanten Umstän-

22 *Roxin*, Täterschaft und Tatherrschaft, 9. Aufl. 2017, S. 35 (Hervorhebungen nicht im Original).

23 *Birkmeyer* (Fn. 17), S. 21.

de zu einer für dieses Ereignis hinreichenden Gesamtbedingung komplettiert.[24]

Legt man der Allgemeinen Straftatlehre einen semantisch begründeten restriktiven Täterbegriff zugrunde – und hieran führt m.E. bei Beachtung des Garantieprinzips kein Weg vorbei –, dann sind alle Formen der Beteiligung, die über eine eigenhändige Täterschaft hinausgehen, Ausweitungen der strafrechtlichen Verantwortlichkeit. Alle die Strafbarkeit ausweitenden Beteiligungsformen bedürfen damit einer konstitutiven gesetzlichen Regelung und implizieren jeweils spezifische Normen. Im Anschluss an *Adolf Merkel*[25] kann man die Teilnahmehandlungen des Anstifters und Gehilfen als tatbestandlich umschriebene „Hilfshandlungen" zur Durchführung der „Haupthandlung" des Täters bezeichnen und aus ihnen entsprechende sekundäre Verhaltensnormen ableiten.

III. Mittäterschaft

1. Grenzen der Vermeidbarkeit

Auch mittelbare Täterschaft und Mittäterschaft sind gegenüber der eigenhändigen Alleintäterschaft Ausdehnungen strafbaren Verhaltens, die in § 25 Abs. 1 Alt. 2 und Abs. 2 StGB ihre gesetzlichen Grundlagen haben. Bei der Mittäterschaft, um die es nunmehr ausschließlich gehen soll, ist entgegen den Prämissen der materiell-objektiven Beteiligungslehre schon aufgrund der Tatbestandsfassungen des BT klar, dass die dortigen Verhaltensbeschreibungen nicht stets auf alle Beteiligten gleichermaßen zutreffen können. Begehen X und Y einen Raub in der Weise, dass X das Opfer festhält und Y dessen Brieftasche wegnimmt, dann passt die deliktische Tatbestandsbeschreibung auf keine der beiden Verhaltensweisen in vollem Umfang.

In solchen Konstellationen kann folglich von keinem der potenziell als Mittäter anzusehenden Beteiligten die rechtswidrige Gesamttat allein durch eigenes pflichtgemäßes Verhalten vermieden werden. Dies ist insoweit eine Binse, als Handlungsalternativen stets nur Alternativen des eige-

24 Im Alltag bezeichnet man gewöhnlich nur solche Verhaltensweisen als „verursachend", die einen Erfolg *ceteris paribus* hinreichend bedingen, indem sie zu einem bereits gegebenen Komplex von Umständen komplettierend hinzutreten, näher hierzu *Kindhäuser*, ZIS 2016, 574 ff.

25 *Merkel* (Fn. 19); vgl. auch *Hälschner* (Fn. 1), S. 418 ff.

nen Verhaltensspielraums sein können. Man kann es zwar unterlassen, Geige zu spielen, indem man ein Buch liest, aber man kann es nicht unterlassen, dass eine andere Person Geige spielt. Man kann allenfalls eine andere Person daran hindern, etwas zu tun, etwa Geige zu spielen; eine ersichtlich ganz andere Fallgestaltung. Im Falle des Raubes kann daher X nur das Festhalten und Y nur die Wegnahme unterlassen. Dies wäre auch nicht weiter erwähnenswert, wenn nicht – nach gängiger Doktrin im Strafrecht – sowohl X als auch Y jeweils die Gesamttat als je eigenes Unrecht zugerechnet würde, also X und Y so gestellt würden, als hätte jeder von ihnen den Raub allein begangen. Kann jedoch – mit Blick auf das Schuldprinzip – einem Beteiligten die Verantwortlichkeit für eine Tat zugeschrieben werden, die er durch eigenes pflichtgemäßes Alternativverhalten nicht vollumfänglich vermeiden konnte?

Während niemand auf den Gedanken käme, einer Einzelperson ein tatbestandsverwirklichendes Verhalten, zu dem sie keine Alternative hatte, als Pflichtverletzung zuzurechnen, soll – so etwa die Tatherrschaftslehre – schon ein arbeitsteiliges Vorgehen ausreichen, um Verantwortung für die Gesamttat zu tragen. Doch wie der Ausdruck Arbeits*teilung* besagt, erbringt ein Mitarbeiter in der alltäglichen Arbeitswelt nur eine Teilleistung und kann folglich auch nicht den gesamten Gewinn einstreichen bzw. muss nicht den gesamten Verlust tragen.

2. *Grenzen individueller Verantwortlichkeit*

Angesichts der Unmöglichkeit, die Verwirklichung eines Deliktes durch tatbestandliche Teilakte mehrerer Beteiligter als die „natürliche" Handlung nur eines der Beteiligten zu rekonstruieren, liegt es nahe, die einzelnen Teilakte als Leistung einer Kollektivperson zu betrachten. Die Zugehörigkeit zu einem solchen Kollektiv soll sodann der Grund sein, jedem der Beteiligten die Gesamttat als eigene Tat zuzurechnen.

Nun ist die Charakterisierung einer mittäterschaftlichen Tatbestandsverwirklichung als Leistung einer Kollektivperson lediglich eine Bezeichnung, keine Begründung. Wie es möglich sein soll, Verantwortung durch die Einführung eines Gesamtsubjekts zunächst zu konstituieren und sodann auf jedes seiner (unselbständigen) Glieder zu übertragen, bleibt ein Rätsel. Jedenfalls hat nach den Wertungen der Alltagsintuition die Leistung eines Kollektivs (nur) eine kollektive Verantwortung als Kehrseite. Sachgerecht erscheint so zwar die Zuschreibung von Verantwortung für die Beteiligung an der Kollektivleistung, kaum aber die Gleichsetzung der einzelnen Beteiligung am Kollektiv mit der Tat des Kollektivs insgesamt.

Doch selbst wenn die Konstruktion eines Gesamtsubjekts, dessen Handeln jedem der Beteiligten aufgrund objektiv passender Beiträge als jeweils eigenes Handeln zuzurechnen ist, plausibel wäre, stellte sich das Problem, warum – auf das Strafrecht bezogen – nur Mittäterschaft nach diesem Modell zu begründen sein sollte. Wäre das Modell einer Kollektivperson tragfähig, müsste vielmehr auch der Teilnehmer für die dem Kollektiv zugeschriebene Tat als eigene haften. Dass aber Täter und Teilnehmer nicht als Glieder einer Kollektivperson gedeutet werden können, geht schon aus den Teilnahmevorschriften (§§ 26 f. StGB) selbst hervor; diese sprechen von der Teilnahme an der rechtswidrigen Tat eines *anderen*. Ferner stehen der Annahme eines von einem Gesamtsubjekt begründeten Unrechts die echten Sonderdelikte entgegen: Der Extraneus, der auf Geheiß eines Sonderpflichtigen eigenhändig den Tatbestand eines echten Amtsdeliktes verwirklicht, haftet *per se* nicht als Täter, so dass auch ein entscheidender Beitrag zum Gelingen der Tat noch nicht deren Zurechnung als eigene Handlung zu begründen vermag.

Joerden, ein Befürworter der Konstruktion, Mittäterschaft als Handeln einer Kollektivperson zu begreifen, räumt ein, dass ein *logischer* Schluss von der Verantwortlichkeit des Kollektivs auf die *volle* Verantwortung auch jedes einzelnen Mitglieds nicht möglich sei; es bleibe hier bei einem Postulat.[26] Soweit Kollektive im rechtsgeschäftlichen Bereich mit Handlungsfähigkeit ausgestattet werden, sind sie selbst – mehr oder weniger umfassend – Träger von Rechten und Pflichten und dienen damit der Haftungsbegrenzung der für sie handelnden Personen. Jedoch dürfte der umgekehrte Weg, die Haftung des einzelnen aus der von ihm gar nicht vollumfänglich vermeidbaren Gesamttat abzuleiten, jedenfalls für das Strafrecht versperrt sein. Hier geht es um die Begründung von Verantwortlichkeit kraft individueller Vermeidbarkeit; jeder Beteiligte soll nach Maßgabe seiner Schuld bestraft werden (§ 29 StGB). Wenn sich, wie *Joerden* zutreffend sagt, von der Tat eines Kollektivs nicht auf die strafrechtliche Verantwortlichkeit des einzelnen Mitglieds für diese Tat logisch schließen lässt, dann ist eine solche Konstruktion mangels logischer Schlüssigkeit auch zur Begründung von Mittäterschaft nicht brauchbar.

Wechselt man von der *ex post*-Perspektive der Zurechnung zur *ex ante*-Perspektive, stellt sich das weitere Problem, wie ein Kollektiv als Kollektiv soll Normen befolgen können. Man wird, wie auch immer man die Dinge dreht und wendet, nicht umhinkönnen, letztlich den einzelnen Beteiligten

---

26 *Joerden*, Strukturen des strafrechtlichen Verantwortlichkeitsbegriffs: Relationen und ihre Verkettungen, 1988, S. 79 f.

als Normadressaten anzusehen. Und damit sind die Pflichtenstellungen der einzelnen wieder parzelliert.

3. *Wechselseitige Repräsentation*

Daraus folgt: Mittäterschaftliches Unrecht ist wie das Unrecht der Teilnahme als akzessorisches Unrecht zu begreifen; das selbst zu verantwortende Unrecht ist abhängig von dem durch eine andere Person begangenen Unrecht. Das heißt: Der Mittäter wird neben dem eigenen Verhalten auch für etwas verantwortlich gemacht, was eine andere Person begangen hat. Insoweit ist die Mittäterschaft ganz im Sinne der früheren Rechtslage eine Form der Teilnahme, die sich nicht im intellektuellen oder physischen Beitrag zur Tat eines anderen erschöpft, sondern durch eine gemeinschaftliche Vorgehensweise qualifiziert wird.[27] Gemeinschaftlichkeit ließe sich insoweit definieren als *wechselseitige* Teilnahme.

In diesem Sinne wäre es in sich schlüssig, gemäß der formalen Systematik *v. Liszts* für die mittäterschaftliche Beteiligung die Verwirklichung eines Tatbestandsmerkmals zu verlangen. Mittäter wäre dann, wer zugleich für sich und für den anderen durch die Verwirklichung zumindest eines Tatbestandsmerkmals zur Realisierung des Unrechts einer Gesamttat beiträgt. Diese Konzeption impliziert eine Form der Zurechnung, die dem Recht durchaus geläufig ist, nämlich die Stellvertretung. Hier liegt m.E. auch der durchaus sinnvolle Kern der Tatherrschaftslehre: Repräsentant einer gemeinschaftlichen Tatbegehung kann nur sein, wer eine repräsentative Rolle spielt, namentlich im Rahmen einer funktionalen Arbeitsteilung beteiligt ist.[28]

Die heute vorherrschende Doktrin verlangt für mittäterschaftliche Haftung jedoch keine zumindest anteilige Tatbestandsverwirklichung. Dagegen ist nichts einzuwenden, wenn man Mittäterschaft als qualifizierte Form der Teilnahme und damit als Kriterium der Zurechnung von unrechtmäßigem Drittverhalten begreift. Unter Strafwürdigkeitsgesichts-

27 Vgl. auch *Hälschner* (Fn. 1), S. 420: „eigenthümliche Gestaltung der Theilnahme".

28 Vgl. auch *Binding*, Strafrechtliche und strafprozessuale Abhandlungen, Bd. 1, 1915, S. 298; *Haas*, Die Theorie der Tatherrschaft und ihre Grundlagen, 2008, S. 112 ff.; *Kindhäuser*, in: Hollerbach-FS, 2001, S. 627 ff. Diesem Ansatz liegt der auf das Römische Recht zurückgehende gemeinrechtliche Grundsatz „quod quis per alium facit, per se ipsum facere videtur" zugrunde, hierzu *Carpzov*, Practica nova imperialis Saxonica rerum criminalium in partes III, 1635, pars I, quaestio IV, 11.

punkten mag auch eine besonders gewichtige Beteiligung an einer Gesamttat dem Unrecht der Tat eines Einzeltäters gleichzustellen sein, ja dieses fallweise sogar übersteigen. Es ist ja zu bedenken, dass die Beteiligung mehrerer schnell das Qualifikationsmerkmal der Bande erfüllen kann. Der Verzicht auf ein formales Kriterium im Sinne *v. Liszts* hat freilich auch zur Folge, dass die für das Strafmaß bedeutsame Abgrenzung zwischen Mittäterschaft und Beihilfe verwischt wird, ein für ein rechtsstaatlich liberales Strafrecht, wie es *v. Liszt* vorschwebte, nicht gerade attraktiver Gedanke.

Zurechnungsgrund für das Unrecht der Gesamttat kann nicht, um es zu wiederholen, der Vorwurf an den einzelnen Mittäter sein, er habe durch eigenes pflichtgemäßes Verhalten die Realisierung der Gesamttat vermeiden können. Daraus folgt, bezogen auf den Zeitpunkt *ex ante*, dass die vom Mittäter zu befolgende Norm nicht mit der Norm identisch sein kann, die der Einzeltäter pflichtwidrig verletzt. Vielmehr muss die Norm, die sich an potenzielle Mittäter als Adressaten richtet, wie dies auch bei den anderen Teilnahmeformen der Fall ist, eine Bezugnahme auf das Verhalten der je anderen Beteiligten implizieren, und zwar hier durch das Merkmal der Gemeinschaftlichkeit. Die Norm des Raubes kann bei mittäterschaftlicher Begehungsweise also nicht lauten: „es ist verboten, mit Gewalt gegen eine Person … wegzunehmen“, sondern: „es ist verboten, zu mehreren gemeinschaftlich mit Gewalt gegen eine Person … wegzunehmen“.

Die normtheoretische Analyse mittäterschaftlicher Tatbegehung ist damit keineswegs beendet, im Gegenteil: Es ist noch die schwierige Frage zu beantworten, wie sich die Pflichten mehrerer Personen mit Hilfe des praktischen Syllogismus erfassen lassen. Schwierigkeiten dürften hierbei weniger die Begehungs- als vielmehr die Unterlassungsdelikte bereiten. Ein einfaches Beispiel: Eine Person droht zu ertrinken, von mehreren Anwesenden ist jedoch keiner in der Lage, allein rettend einzugreifen. Der gängige Ausweg, bei Unterlassungen jeden Garanten zum Alleintäter zu erklären, dürfte in diesem Fall versperrt sein. Hier ist demnach noch viel Arbeit zu bewältigen. Eine Arbeit, von der allerdings zu befürchten ist, dass sie nicht gern geleistet wird. Denn wie die vorangegangenen Ausführungen gezeigt haben mögen, verlangt ein analytisches Vorgehen zwar einen erheblichen Aufwand an theoretischer Begrifflichkeit, führt aber in der Regel nur zu trivialen Ergebnissen. Das Kaninchen, das der Analytiker mehr oder weniger elegant aus dem Zylinder holt, muss eben vorher schon, wenn auch verborgen, darin gewesen sein.

Grenzüberschreitende Beteiligung

Anne Schneider

I. Die Problematik grenzüberschreitender Beteiligung

Eine klassische Form der Kollektivierung im Strafrecht ist das Zusammenwirken Mehrerer an der Tatbegehung. Wann und in welcher Form eine Tatbeteiligung strafbar ist, ist Gegenstand der Beteiligungslehre. Im deutschen Strafrecht gilt gem. §§ 25 ff. StGB zumindest für Vorsatztaten ein restriktiver Täterbegriff.[1] Täter ist daher nur, wer eine der im Gesetz enthaltenen Täterschaftsformen erfüllt. Das Gesetz unterscheidet zwischen Täterschaft und Teilnahme (vgl. § 28 StGB). Die Beteiligungslehre ist an sich schon kompliziert und in vielen Details umstritten. Besondere Schwierigkeiten entstehen aber, wenn die Strafbarkeit der Beteiligten nicht nur anhand einer Rechtsordnung zu bestimmen ist, sondern wenn der Sachverhalt einen grenzüberschreitenden Bezug hat. Hier sind vor allem jene Fälle problematisch, in denen sich die Wertungen der einzelnen Rechtsordnungen eklatant voneinander unterscheiden. Solche Fälle sind in der Praxis verbreitet, wie anhand folgender Beispiele verdeutlicht werden kann:

> Fall 1: A ist Reproduktionsmediziner und nimmt an einer spanischen Klinik im Einklang mit spanischem Recht Implantationen gespendeter Eizellen vor. B führt in Deutschland Voruntersuchungen an Patientinnen durch, die solche Eizellen erhalten sollen.
>
> Fall 2: A und B sind jeweils Leiter der Niederlassungen eines Unternehmens in Deutschland (B) und Pakistan (A). Gemeinsam planen sie per Telefon ein neues Produkt und geben dessen Produktion in Pakistan in Auftrag. Dort herrschen Arbeitsbedingungen, die nach deutschem Recht als Körperverletzung anzusehen wären, nach Ortsrecht aber erlaubt sind.

---

1 Ausführlich hierzu *Renzikowski*, Restriktiver Täterbegriff und fahrlässige Beteiligung, 1997, S. 13 ff.

> Fall 3: Der deutsche D lebt und arbeitet in China. Um eine Baugenehmigung zu erhalten, die ihm rechtlich nicht zusteht, bietet er dem zuständigen chinesischen Beamten C als Gegenleistung 10.000 € an. In China sind solche Zahlungen sozialadäquat, das Verhalten des D gilt mithin als erlaubt. Zu der Tat hatte der ebenfalls in China lebende deutsche B, der Bruder des D, diesen angestiftet.

In allen Fällen ist kennzeichnend, dass es zwei verschiedene potentiell einschlägige Rechtsordnungen gibt, die einen Sachverhalt jeweils unterschiedlich bewerten, nämlich einmal als erlaubt, einmal als verboten. Im Folgenden soll der Frage nachgegangen werden, ob B sich jeweils nach deutschem Recht strafbar gemacht hat.

Dabei wird zunächst kurz der Geltungsbereich der Strafsanktionsnormen erläutert, der – soviel vorweg – in allen drei Beispielsfällen eröffnet ist. Danach wird es um die Frage gehen, wie der Geltungsbereich der Verhaltensnormen zu bestimmen ist und was für Konsequenzen sich daraus ergeben. In einem letzten Schritt kann dann gezielt auf die Verhaltensnorm bei Beteiligung eingegangen werden.

II. Der Geltungsbereich der Strafsanktionsnorm

Es besteht Einigkeit darüber, dass der Geltungsbereich der Strafsanktionsnormen anhand der §§ 3 ff. StGB zu bestimmen ist. Dies ergibt sich bereits eindeutig aus der Überschrift des ersten Titels im ersten Abschnitt des StGB „Geltungsbereich" sowie aus Formulierungen wie „Das deutsche Strafrecht gilt…" in § 3 StGB. Der Geltungsbereich wird dabei positiv und einseitig bestimmt, d.h. es wird nur festgelegt, ob deutsches Strafrecht gilt, nicht aber, was passiert, wenn deutsches Strafrecht nicht gilt. Eine Bestrafung nach deutschem Strafrecht scheidet in diesen Fällen schon gem. Art. 103 Abs. 2 GG aus.

In Fall 1 ist die Implantation gespendeter Eizellen nach deutschem Recht eine Straftat gem. § 1 Abs. 1 Nr. 1 ESchG.[2] Das Verhalten des B wäre als Beihilfe einzustufen.[3] Gem. Art. 1 Abs. 1 EGStGB unterliegt auch das Nebenstrafrecht den Geltungsbereichsregeln der §§ 3 ff. StGB. Auf die Teilnahme des B findet deutsches Strafrecht gem. §§ 3, 9 Abs. 2 S. 1 Var. 2

---

2 S. zu diesem Beispiel auch *Magnus*, NStZ 2015, 57 (57 ff.); *Papathanasiou*, in: Schneider/Wagner (Hrsg.), Normentheorie und Strafrecht, 2018, S. 245 (245, 266).

3 S. hierzu *Magnus*, NStZ 2015, 57 (58 f.).

StGB Anwendung, da der Handlungsort des Teilnehmers im Inland liegt. Die Teilnahme ist gem. § 9 Abs. 2 S. 2 StGB auch dann strafbar, wenn die Haupttat am Tatort – hier Spanien – nicht mit Strafe bedroht ist. Die Regelung des § 9 Abs. 2 S. 2 StGB wird aus diesem Grund in der Literatur kritisiert.[4]

In Fall 2 geht es um das Problem divergierender Arbeitsschutz- und Sicherheitsvorschriften.[5] Die Produktionsbedingungen in Pakistan wären nach deutschem Recht als Körperverletzung gem. § 223 Abs. 1 StGB einzuordnen. A und B, die das Projekt gemeinsam geplant haben und ausführen, sind Mittäter i.S.d. § 25 Abs. 2 StGB. Da B in Deutschland handelt, gilt gem. §§ 3, 9 Abs. 1 Var. 1 StGB wegen des deutschen Handlungsortes deutsches Strafrecht.

Fall 3 behandelt eine Konstellation der Auslandskorruption. Die Strafbarkeit der Auslandskorruption wurde 2015 durch die Einführung von § 335a StGB erheblich erweitert.[6] Die Bestechung ausländischer Amtsträger wird seitdem gem. §§ 334 Abs. 1 i.V.m. 335a Abs. 1 Nr. 2 lit. a StGB vom deutschen Strafrecht erfasst. Die Anwendbarkeit deutschen Strafrechts ergibt sich für den Haupttäter D aus § 5 Nr. 15 lit. a StGB, da dieser die deutsche Staatsangehörigkeit hat. Für B ergibt sich die Geltung deutschen Strafrechts ebenfalls aus § 5 Nr. 15 lit. a StGB. Zwar ist B nicht Täter des Korruptionsdelikts, sondern als Anstifter Teilnehmer, allerdings wird der Täterbegriff in § 5 Nr. 15 lit. a StGB so ausgelegt, dass er sowohl Täter als auch Teilnehmer erfasst.[7] Eine § 9 Abs. 2 S. 2 StGB entsprechende Regelung fehlt in § 5 StGB. Deswegen ist nach h.M. Voraussetzung für die Teilnahmestrafbarkeit, dass auch die Haupttat nach deutschem Recht strafbar ist.[8]

Die Beispiele illustrieren, wie weit der Geltungsbereich des deutschen Strafrechts ist, denn in allen drei Fällen lässt sich die Frage aufwerfen, mit

---

4 Ausführlich *Knaup*, Die Begrenzung globaler Unternehmensleitung durch § 9 Abs. 2 S. 2 StGB, 2011, S. 115 ff. Zusammenfassend zu Fällen der Kinderwunschbehandlung auch *Magnus*, NStZ 2015, 57 (61 ff.).

5 S. hierzu auch *Knaup* (Fn. 4), S. 131 ff.

6 Gesetz zur Bekämpfung der Korruption, BGBl. I 2015, 2025.

7 S. etwa *Ambos*, in: Joecks/Miebach (Hrsg.), Münchener Kommentar zum Strafgesetzbuch, 3. Aufl. 2017, Bd. 1, § 5 Rn. 6; *Böse*, in: Kindhäuser/Neumann/Paeffgen (Hrsg.), Strafgesetzbuch, 5. Aufl. 2017, § 5 Rn. 6.

8 S. etwa *Ambos*, in: Joecks/Miebach (Hrsg.) (Fn. 7), § 5 Rn. 6; s. auch *Hoyer*, in: Rudolphi u.a. (Hrsg.), Systematischer Kommentar zum Strafgesetzbuch, 9. Aufl. 2017, § 9 Rn. 10; *Werle/Jeßberger*, in: Laufhütte/Rissing-van Saan/Tiedemann (Hrsg.), Strafgesetzbuch, Leipziger Kommentar, Bd. 1, 13. Aufl. 2020, § 9 Rn. 48. Allgemein zur Akzessorietät der Teilnahme *Schröder*, ZStW 61 (1942), 57 (81 ff.).

welcher Berechtigung der deutsche Staat B für die Verletzung von Rechtsgütern bestraft, die am Erfolgsort gar nicht vor derartigen Angriffen geschützt werden. Insoweit weisen die Fälle eine Parallele zu dem Problem der Distanzdelikte auf, also der abweichenden Bewertung eines Verhaltens an Handlungs- und Erfolgsort.[9]

III. Der Geltungsbereich der Verhaltensnorm

Die Feststellung, dass deutsche Strafsanktionsnormen gelten, reicht für sich genommen jedoch nicht aus, um die Strafbarkeit nach deutschem Recht zu begründen. Vielmehr muss das Verhalten auch durch eine geltende Verhaltensnorm verboten sein. Die Vorstellung einer Trennung des Geltungsbereichs von Verhaltens- und Sanktionsnormen mag auf den ersten Blick überraschen. Sie folgt aber zwingend aus dem konzeptionellen Ansatz der Normentheorie. Wenn man davon ausgeht, dass die Straftatbestände Strafsanktionsnormen darstellen, die auf die Verletzung anderer Normen, der sog. Verhaltensnormen, Bezug nehmen, liegen zwei voneinander zu trennende Normen vor. Jede Norm hat aber einen eigenen zeitlichen, räumlichen, sachlichen und persönlichen Geltungsbereich.[10] Das gilt sowohl für Verhaltens- als auch Sanktionsnormen. Im Fall der grenzüberschreitenden Geltung von Normen spielen vor allem der räumliche und persönliche Geltungsbereich eine Rolle.[11]

Damit ist nicht gesagt, dass der Geltungsbereich der von den Strafsanktionsnormen in Bezug genommenen Verhaltensnormen nicht mit dem der Strafsanktionsnormen deckungsgleich sein kann. Tatsächlich wird in der Literatur, wie gleich zu zeigen sein wird, sogar häufig von einer Deckungsgleichheit ausgegangen. Es handelt sich dabei aber immer noch um zwei verschiedene Geltungsbereiche. Diese Erkenntnis macht es möglich, die Frage nach dem Geltungsbereich der Verhaltensnormen, auf die sich die deutschen Strafsanktionsnormen beziehen, zu diskutieren. Tatsächlich ist die Antwort hoch umstritten.

---

9 So etwa *Schröder*, ZStW 61 (1942), 57 (69 ff.).

10 S. nur *Ermacora*, ZÖR 1953, 106 ff.; *Liebelt*, Zum deutschen internationalen Strafrecht und seiner Bedeutung für den Einfluss ausserstrafrechtlicher Rechtssätze des Auslands auf die Anwendung inländischen Strafrechts, 1978, S. 222 f. mit weiteren Nachweisen.

11 S. zum Verhältnis *Schneider*, Die Verhaltensnorm im Internatonalen Strafrecht, 2011, S. 76 ff.

1. *Unbegrenzter Geltungsbereich*

Ein erheblicher Teil der Literatur geht davon aus, dass der Geltungsbereich der Verhaltensnormen unbegrenzt ist, diese also überall und im Grundsatz für jeden gelten. Meist wird dies allerdings nicht explizit herausgestellt, sondern ergibt sich aus der Tatsache, dass die §§ 3 ff. StGB als objektive Bedingungen der Strafbarkeit eingeordnet werden, also als Elemente der Strafsanktionsnorm, der Geltungsbereich der Verhaltensnorm allerdings nicht näher problematisiert wird.[12] Die ausführlichste Begründung der Annahme weltweiter Geltung findet sich bei *Schröder*, der mit Hilfe der universellen Geltung der deutschen Bewertungsnormen die Strafbarkeit der Inlandsteilnahme an einer Auslandstat begründen möchte, die er mit Blick auf den Rechtsgüterschutz für geboten hält.[13] Zu *Schröders* Zeiten fehlte eine § 9 Abs. 2 S. 2 StGB entsprechende Regelung, sodass seine Ausführungen auch zur Rechtfertigung dieser umstrittenen Regelung herangezogen werden können. Auf die Frage des Rechtsgüterschutzes wird noch zurückzukommen sein. Heutzutage wird aus der Regelung des § 9 Abs. 2 S. 2 StGB genau das Gegenteil geschlossen: Die Regelung sei nur deshalb erforderlich, weil der Geltungsbereich der Verhaltensnormen begrenzt sei.[14]

Auf Basis des geltenden Rechts überzeugt die Annahme, deutsche Verhaltensnormen hätten universelle Geltung, nicht. Die Einwände dagegen sind an anderer Stelle bereits ausführlich dargelegt worden und sollen hier nur kurz zusammengefasst werden.[15] Die weltweite Bewertung von Verhalten stellt einen Eingriff in die Souveränität anderer Staaten dar, der sich nicht in allen Fällen durch einen „genuine link" zum deutschen Recht rechtfertigen lässt und somit völkerrechtswidrig ist.[16] Es widerspricht au-

---

12 S. etwa *Ambos*, in: Joecks/Miebach (Hrsg.) (Fn. 7), Vor §§ 3 ff. Rn. 3; *Eser/Weißer*, in: Schönke/Schröder, Strafgesetzbuch, Kommentar, 30. Aufl. 2019, vor 3 ff. Rn. 85; *Henrich*, Das passive Personalitätsprinzip im deutschen Strafrecht, 1994, S. 156 ff.; *Jescheck*, IRuD 1956, 93; *Jescheck/Weigend*, Strafrecht, Allgemeiner Teil, 5. Aufl. 1996, S. 180; *Kienle*, Internationales Strafrecht und Straftaten im Internet – Zum Erfordernis der Einschränkung des Ubiquitätsprinzips des § 9 Abs. 1 Var. 3 StGB, 1998, S. 132; *Satzger*, Internationales und Europäisches Strafrecht, 8. Aufl. 2018, § 5 Rn. 7; *Walter*, JuS 2006, 871; *Zöller*, Terrorismusstrafrecht, S. 293.

13 *Schröder*, ZStW 61 (1942), 57 (88 ff.).

14 *Papathanasiou*, in: Schneider/Wagner (Hrsg.) (Fn. 2), S. 245 (266).

15 Näher *Schneider* (Fn. 11), S. 167 ff.

16 *Böse*, in: Bloy, René/Böse, Martin/Hillenkamp, Thomas/Momsen, Carsten/Rackow, Peter (Hrsg.), Gerechte Strafe und legitimes Strafrecht – Festschrift für Manfred Maiwald zum 75. Geburtstag, Berlin, 2010, S. 63 f.; *Jescheck*, IRuD 1956, 77 f.; *Neumann*, in: Britz, Guido/Jung, Heike/Koriath, Heinz/Müller, Egon

ßerdem der Aufgabe des Staates, weltweit für Rechtsfrieden zu sorgen.[17] Auch die Grundrechte des Normadressaten stehen einer weltweiten Geltung von Verhaltensnormen entgegen, da sich der damit verbundene Eingriff nicht rechtfertigen lässt, wenn der Sachverhalt keinen Bezug zu Deutschland aufweist.[18] Der Geltungsbereich der Verhaltensnormen ist daher nicht unbegrenzt.

2. *Rechtsgebietsbezogene Begrenzung des Geltungsbereichs*

Der Großteil der Stimmen in der Literatur unter denjenigen, die von einer Begrenzung ausgehen, entnimmt diese den rechtsgebietsbezogenen Regelungen der Geltungsbereiche.

a) §§ 3 ff. StGB als Begrenzung des Geltungsbereichs

Eine sich stark im Vordringen befindende und mittlerweile wohl herrschende Meinung geht daher davon aus, dass die den Strafsanktionsnormen zu Grunde liegenden Verhaltensnormen im Geltungsbereich ebenfalls anhand der §§ 3 ff. StGB beschränkt sind. In vielen Fällen wird die Geltung der §§ 3 ff. StGB nahezu automatisch zu Grunde gelegt, wenn die universelle Geltung der Verhaltensnormen aus den oben skizzierten Erwägungen abgelehnt wurde.[19] Das ist auf den ersten Blick plausibel, denn wenn man eine Begrenzung der Verhaltensnorm für notwendig hält, liegt

---

(Hrsg.), Grundfragen staatlichen Strafens – Festschrift für Heinz Müller-Dietz zum 70. Geburtstag, München, 2001, S. 589 (602 ff.); *Oehler*, Internationales Strafrecht, 2. Aufl. 1983, Rn. 111; *Scholten*, Das Erfordernis der Tatortstrafbarkeit in § 7 StGB, 1994, S. 92; *Schnorr von Carolsfeld*, in: Kipp, Heinrich/Mayer, Franz/Steinkamm, Armin (Hrsg.), Um Recht und Freiheit – Festschrift für Friedrich August Freiherr von der Heydte zur Vollendung des 70. Lebensjahres, Berlin, 1977, S. 577 ff.; *Papathanasiou*, in: Schneider/Wagner (Hrsg.) (Fn. 2), S. 245 (252 ff.); *Schneider* (Fn. 11), S. 169 ff.

17 *Schneider* (Fn. 11), S. 176 f.

18 *Schneider* (Fn. 11), S. 180 ff.

19 So etwa *Böse*, in: Bloy, René/Böse, Martin/Hillenkamp, Thomas/Momsen, Carsten/Rackow, Peter (Hrsg.) (Fn. 16), S. 62 ff.; *Golombek*, Der Schutz ausländischer Rechtsgüter im System des deutschen Strafanwendungsrechts, 2010, S. 47 ff., 79 ff.; *Liebelt* (Fn. 10), S. 51 ff.; *Neumann*, in: Britz, Guido/Jung, Heike/Koriath, Heinz/Müller, Egon (Hrsg.) (Fn. 16), S. 589 (600 ff.); *Pawlik*, ZIS 2006, 275 ff.; *Scholten* (Fn. 16), S. 89 ff.; *Vogler*, in: Oehler/Pötz (Hrsg.), Aktuelle Probleme des

es für Zwecke des Strafrechts nahe, auf die im StGB enthaltenen Geltungsbereichsvorschriften zurückzugreifen. Auch *Binding* hielt die Parallelität der Geltungsbereiche von Sanktions- und Verhaltensnorm für erstrebenswert.[20] In neuerer Zeit haben *Böse/Meyer/Schneider* in einem Modellentwurf zur Regelung von Jurisdiktionskonflikten eine entsprechende Regelung de lege ferenda vorgeschlagen.[21]

Es ist allerdings zweifelhaft, ob die §§ 3 ff. StGB tatsächlich den Geltungsbereich der Verhaltensnormen begrenzen. Bei näherer Betrachtung zeigt sich nämlich, dass die Regelungen hierfür überwiegend nur schlecht geeignet sind. Dafür ist es notwendig, sich klar zu machen, dass die geltende Verhaltensnorm ihre Bestimmungsfunktion nur erfüllen kann, wenn sie zum Verhaltenszeitpunkt feststeht.[22] Umstände, die erst nach diesem Zeitpunkt eintreten, können daher nicht über den Geltungsbereich der Verhaltensnorm entscheiden. Die §§ 3 ff. StGB knüpfen die Geltung deutschen Strafrechts aber vielfach an solche Umstände. Am deutlichsten wird dies beim Erfolgsort.[23] Dabei besteht Einigkeit darüber, dass der Ort des Eintritts des tatbestandlichen Erfolgs als Ausprägung des Territorialitätsprinzips ein tauglicher Anknüpfungspunkt für eine Strafbarkeit sein kann.[24] Eine bestimmende Funktion kann aber allenfalls eine Verhaltensnorm haben, die dann gilt, wenn der Täter es für möglich hält und in Kauf nimmt, dass der Erfolg an einem bestimmten Ort eintreten werde.[25] Noch problematischer ist die Regelung in § 7 Abs. 2 Nr. 1 Var. 2, Nr. 2 StGB, welche die Geltung deutschen Strafrechts von unvorhersehbaren Umständen abhängig macht.[26] Diese Regelung wird aus diesem Grund häufig als Ausprägung des Gundsatzes der stellvertretenden Strafrechtspflege angese-

---

Internaitonalen Strafrechts - Beiträge zur Gestaltung des Internationalen und Supranationalen Strafrechts; Heinrich Grützner zum 65. Geburtstag, 1970, S. 149 (149 ff.); *Zieher*, Das sog. Internationale Strafrecht nach der Reform, 1977, S. 33 ff.; *Oehler* (Fn. 16), Rn. 123 ff.; *Papathanasiou*, in: Schneider/Wagner (Hrsg.) (Fn. 2), S. 245 (261 f.); *Jeßberger*, Der transnationale Geltungsbereich des deutschen Strafrechts, 2011, S. 120 ff.; *Werle/Jeßberger*, in: Laufhütte/Rissing-van Saan/Tiedemann (Hrsg.) (Fn. 8), vor §§ 3 ff. Rn. 472.

20 *Binding*, Handbuch des Strafrechts, Bd. 1, 1885, S. 374. Ausführlich hierzu *Papathanasiou*, in: Schneider/Wagner (Hrsg.) (Fn. 2), S. 245 (247 ff.).

21 *Böse/Meyer/Schneider*, in: Böse/Meyer/Schneider, Conflicts of Jurisdiction in Criminal Matters, Bd. 2, 2014, S. 381, 384 f. (Art. 1 Abs. 4).

22 *Münzberg*, Verhalten und Erfolg als Grundlagen der Rechtswidrigkeit und Haftung, 1966, S. 3; *Schneider* (Fn. 11), S. 41.

23 S. im Einzelnen *Schneider* (Fn. 11), S. 116 ff.

24 S. nur *Ambos*, in: Joecks/Miebach (Hrsg.) (Fn. 7), Vor §§ 3 ff. Rn. 17 m.w.N.

25 *Schneider* (Fn. 11), S. 118 f.

26 *Schneider* (Fn. 11), S. 137 ff.

hen, was bedeutet, dass hier die Verletzung fremder Verhaltenspflichten geahndet werden soll.[27] Die §§ 3 ff. StGB können daher allenfalls zum Teil den Geltungsbereich der Verhaltensnormen regeln.

Ungeachtet dieser praktischen Schwierigkeiten ist die Anwendung der §§ 3 ff. StGB zur Bestimmung des Geltungsbereichs von Verhaltensnormen aber auch konzeptionell nicht überzeugend. Sie setzt nämlich voraus, dass es sich bei den entsprechenden Verhaltensnormen um Strafrecht handelt. Dies ließe sich auf Basis eines materiellen Strafrechtsbegriffs annehmen, allerdings müsste dann auch der Geltungsbereich von zivilrechtlichen Regelungen, auf die ein Straftatbestand Bezug nimmt (etwa bei der Bestimmung der Fremdheit der Sache), anhand der §§ 3 ff. StGB bestimmt werden, was im Widerspruch zum Internationalen Privatrecht steht.[28] Wendet man die üblichen Kriterien zur Qualifikation von Normen an, zeigt sich, dass vor allem die Rechtsfolge „Strafe" das Strafrecht von anderen Regelungen abgrenzt. Verhaltensnormen sind hingegen in jedem Rechtsgebiet von Bedeutung. Dabei gilt zudem, dass die Verhaltenspflichten einander nicht widersprechen dürfen. Dieser Gedanke folgt aus dem Grundsatz der Einheit der Rechtsordnung.[29] Zwar handelt es sich dabei um ein Postulat.[30] Um diesem Postulat nachzukommen, darf ein Verhalten allerdings nicht zugleich erlaubt und verboten sein.[31] Die Verhaltensnormen sind demnach in der Rechtsordnung einheitlich auszulegen. Diese Einheitlichkeit wäre aber beeinträchtigt, wenn der Geltungsbereich der Verhaltensnormen nicht einheitlich bestimmt würde, weil dann in bestimmten Fällen unklar wäre, wie das deutsche Recht ein Verhalten bewertet. Damit würde die Bestimmungsfunktion der Verhaltensnorm entwertet. Aus dem Gedanken der Einheit der Rechtsordnung folgt daher die Pflicht zur einheitlichen Bestimmung des Geltungsbereichs der Verhaltensnormen.[32]

---

27 S. hierzu vertiefend *Scholten* (Fn. 16), S. 9.

28 S. hierzu bereits *Schneider* (Fn. 11), S. 31 ff.

29 *Renzikowski*, ARSP 87 (2001), 123; *Stein*, Die strafrechtliche Beteiligungsformenlehre, 1988, S. 73 f.

30 So zutreffend *Papathanasiou*, in: Schneider/Wagner (Hrsg.) (Fn. 2), S. 245 (262 f. Fn. 88).

31 *Heine*, NJW 1990, 2425 (2430).

32 *Schneider* (Fn. 11), S. 198 f.

b) Begrenzung des Geltungsbereichs durch Zivil- und Öffentliches Recht

Aus demselben Grund ist auch den Ansätzen eine Absage zu erteilen, die die Regelung des Geltungsbereichs der Verhaltensnorm dem Zivil- und Öffentlichen Recht[33] oder sogar Zivil-, Öffentlichem Recht und Strafrecht[34] entnehmen wollen. Denn auch nach diesen Ansichten wird der Geltungsbereich der Verhaltensnormen nicht einheitlich bestimmt, was zu Konflikten zwischen „zivilrechtlichen Verhaltensanforderungen" und „öffentlich-rechtlichen Verhaltensanforderungen" führen könnte.

3. *Einheitliche Bestimmung des Geltungsbereichs der Verhaltensnormen*

Steht fest, dass der Geltungsbereich der Verhaltensnormen einheitlich bestimmt werden muss, stellt sich als nächstes die Frage, wie die Grenzen dieses einheitlichen Geltungsbereichs im deutschen Recht aussehen. Dabei ist zu beachten, dass es primär dem Gesetzgeber obliegt, den Geltungsbereich im Rahmen der von höherrangigem Recht gesetzten Grenzen festzulegen. Es findet sich im deutschen Recht – angesichts der Tatsache, dass normentheoretische Erwägungen im Gesetzgebungsprozess regelmäßig keine Rolle spielen, wenig überraschend – aber keine Vorschrift, die den Geltungsbereich von Verhaltensnormen explizit regelt. Dies dürfte mit ein Grund sein, warum die allermeisten Stimmen in der Literatur im Strafrecht auf die §§ 3 ff. StGB abstellen. Es wäre zwar denkbar, die §§ 3 ff. StGB als Regelung des Geltungsbereichs der Verhaltensnormen heranzuziehen, soweit diese hierfür passen. Dann müsste diese Bestimmung aber allgemein für die Verhaltensnorm gelten, also auch dann, wenn diese im Zivil- oder Öffentlichen Recht von Bedeutung ist. Dass dies dem Willen des Gesetzgebers entspricht, ist nicht ersichtlich, zumal die Regelung nur eingeschränkt auf Verhaltensnormen angewandt werden kann.[35] Dasselbe kann für die allgemeine Geltung der Regelungen des Internationalen Privatrechts oder des öffentlich-rechtlichen Geltungsbereichsrechts gesagt werden. In diesem Zusammenhang ist zu beachten, dass die Umstände, aus denen sich die Geltung der Verhaltensnorm ergibt, vom Vorsatz erfasst

---

33 *Nowakowski,* JZ 1971, 637; *Schnorr von Carolsfeld,* Straftaten in Flugzeugen, 1965, S. 8 Anm. 7 (S. 20 ff.).

34 *Neumeyer,* ZStW 23 (1903), 436 (444 f.).

35 So bereits *Schneider* (Fn. 11), S. 201 f.

werden müssen und es deswegen einer eindeutigen Regelung bedarf.[36] Das deutsche positive Recht hilft insoweit daher nicht weiter.

Anhaltspunkte für eine Lösung des Problems lassen sich jedoch in supranationalem Recht finden. Zwar könnte auch das Völkerrecht hier weiterhelfen, allerdings finden sich im Völkerrecht keine eindeutigen Regelungen zum Geltungsbereich der Verhaltensnormen, sondern nur ein Verbot zu weitreichender Einmischung.[37] Das Europäische Internationale Privatrecht enthält mit Art. 17 Rom-II-VO aber eine Regelung, die explizit die Berücksichtigung der Sicherheits- und Verhaltensregeln, d.h. der Verhaltensnormen, des Handlungsortes anordnet, soweit dies angemessen ist. An anderer Stelle wurde bereits begründet, dass diese Vorschrift eine allgemeine Regelung zum Geltungsbereich der Verhaltensnormen enthält, die daher auch im Strafrecht Anwendung findet.[38] Danach gelten die Verhaltensnormen des Handlungsortes, soweit dies angemessen ist, wobei deren Geltung nur dann unangemessen ist, wenn ein Fall staatlicher Selbstverteidigung vorliegt, also wenn es um Taten geht, die nach allgemein anerkannten Völkerrechtsgrundsätzen dem staatlichen Selbstschutz dienen.[39] In der Literatur ist gegen diesen Einsatz eingewandt worden, er überdehne den Regelungsgehalt der Rom-II-Verordnung; zugleich sei eine Regelung im Unionsrecht ungeeignet zu einer allgemeinen Geltungsbereichsbestimmung.[40] Selbst wenn man die Geltung des Art. 17 Rom-II-Verordnung ablehnt und den Geltungsbereich der Verhaltensnormen anhand allgemeiner Grundsätze bestimmt, ist die Regelung der Sache nach überzeugend.

---

36 *Schneider* (Fn. 11), S. 81 f.; *Böse*, in: Kindhäuser/Neumann/Paeffgen (Hrsg.) (Fn. 7), Vor § 3 Rn. 51 f.; *Böse*, in: Bloy, René/Böse, Martin/Hillenkamp, Thomas/Momsen, Carsten/Rackow, Peter (Hrsg.) (Fn. 16), S. 72; *Heymann*, Territorialitätsprinzip und Distanzdelikt, 1914, S. 105 f.; *Neumann*, in: Britz, Guido/Jung, Heike/Koriath, Heinz/Müller, Egon (Hrsg.) (Fn. 16), S. 589 (604 f.); wohl auch *Jakobs*, Strafrecht, Allgemeiner Teil, 2. Aufl. 1991, 5. Abschnitt Rn. 13.

37 BGHSt 27, 30 (32); *Habscheid*, in: Habscheid/Rudolf (Hrsg.), Territoriale Grenzen der staatlichen Rechtsetzung, 1973, S. 54; *Golombek* (Fn. 19), S. 73; *C. Linke*, Europäisches Internationales Verwaltungsrecht, 2001, S. 103; *Nietsch*, Internationales Insiderrecht, 2004, S. 111, 154; *Ohler*, Die Kollisionsordnung des Allgemeinen Verwaltungsrechts, 2005, S. 6; *Scholten* (Fn. 16), S. 59 ff.; *Wilhelmi*, Das Weltrechtsprinzip im internationalen Privat- und Strafrecht, 2007, S. 91; *Schneider* (Fn. 11), S. 205 ff.

38 *Schneider* (Fn. 11), S. 210 ff.

39 *Schneider* (Fn. 11), S. 258 ff.

40 *Böse*, in: Kindhäuser/Neumann/Paeffgen (Hrsg.) (Fn. 7), Vor § 3 Rn. 39; *Zimmermann*, Strafgewaltkonflikte in der Europäischen Union, 2015, S. 327 Fn. 1007. Kritisch auch *Papathanasiou*, in: Schneider/Wagner (Hrsg.) (Fn. 2), S. 245 (262 f. Fn. 88).

Eine allgemeine Regelung des Geltungsbereichs der Verhaltensnormen muss diesen von Faktoren abhängig machen, die zum Verhaltenszeitpunkt eindeutig feststellbar sind. Naheliegend ist es dabei, auf den Tatort abzustellen, zumal die Geltung des Territorialitätsprinzips auch im Ausland überall anerkannt ist.[41] Es bleibt daher die Frage, ob der Handlungs- oder der Erfolgsort maßgeblich sein soll, wobei es nicht um den Ort des tatsächlichen Erfolgseintritts gehen kann, sondern den Ort, an dem nach Vorstellung des Täters der Erfolg eintreten sollte. Die besseren Argumente sprechen dafür, den Geltungsbereich der Verhaltensnorm vom Handlungsort abhängig zu machen: Der Handlungsort lässt sich einfacher feststellen als der vorgestellte Erfolgsort, weil schon der Begriff der Handlung klarer ist als der normative Begriff „Erfolg" und eine objektive Feststellung möglich ist.[42] Bei Tätigkeitsdelikten gibt es zudem gar keinen „Erfolg". Außerdem ist der Täter am Handlungsort unmittelbar staatlichen Sanktionen ausgesetzt, weshalb der Verhaltensappell am Handlungsort faktisch stärker beachtet werden dürfte.[43] Auch der überwiegende Teil der Literatur hält eine Anknüpfung an den Handlungsort im Strafrecht für vorzugswürdig.[44] Die Ausnahme für Fälle der staatlichen Selbstverteidigung entspricht ebenfalls einem anerkannten Bedürfnis. Sie ist Ausprägung des legitimen Interesses, den Staat vor Angriffen zu schützen.[45] Anhaltspunkte dafür, in welchen Fällen ein solches Interesse besteht, können die §§ 5, 6 StGB bieten. Zu beachten ist außerdem, dass es völkerrechtliche und europarechtliche Verhaltensnormen geben kann, die neben die deutschen treten und einen anderen Geltungsbereich haben. So kann etwa bei den klassischen Völkerrechtsverbrechen von einer originär im Völkerrecht verankerten Verhaltensnorm ausgegangen werden, deren Geltungsbereich durch das Völkerrecht bestimmt wird. Da die jeweilige Rechtsordnung den Umfang des

41 S. *Böse/Meyer/Schneider*, in: Böse/Meyer/Schneider (Hrsg.), Conflicts of Jurisdictions in Criminal Matters in the European Union, Bd. 1, 2013, S. 411 (412). Denkbar wäre auch eine Anknüpfung an die Staatsangehörigkeit von Opfer und Täter. Die Anknüpfung an die Staatsangehörigkeit gilt im modernen Internationalen Strafrecht als überholt, weil sie sich nicht mit der Aufgabe des Staates verträgt, innerhalb seiner Grenzen Rechtsfrieden zu sichern.

42 *Zimmermann* (Fn. 40), S. 375.

43 *Forkel*, Grenzüberschreitende Umweltbelastungen und deutsches Strafrecht, 1988, S. 84 ff.

44 *Zimmermann* (Fn. 40), S. 371 ff.; *Sinn u.a.*, in: Sinn (Hrsg.), Jurisdiktionskonflikte bei grenzüberschreitender Kriminalität, 2012, S. 597 (606); *Fuchs*, in: Schünemann (Hrsg.), Ein Gesamtkonzept für die europäische Strafrechtspflege, 2006, S. 112 (116); *Böse/Meyer/Schneider* (Fn. 21), S. 388 f.

45 S. *Schneider* (Fn. 11), S. 262 ff.

Geltungsbereichs bestimmt, ist es insofern denkbar, dass andere Anknüpfungspunkte als der Handlungsort für maßgeblich gehalten werden. Das Gleiche gilt für ausländisches Recht.

4. *Konsequenzen für die Beispielsfälle*

Für die Beispielsfälle ergeben sich folgende Konsequenzen: In Fall 1 und 2 handelt B jeweils von Deutschland aus. Für ihn gelten somit die deutschen Verhaltensnormen. A hingegen handelt in Spanien bzw. Pakistan, also außerhalb von Deutschland, sodass sein Verhalten den dortigen Verhaltensnormen unterliegt. Ein Fall staatlicher Selbstverteidigung lässt sich weder beim Embryonenschutz noch bei der Körperverletzung annehmen, sodass eine abweichende Bewertung nicht geboten ist.

In Fall 3 handeln B und D von China aus. Deutsche Verhaltensnormen könnten daher nur dann gelten, wenn eine extraterritoriale Geltung der Verhaltensnormen zur staatlichen Selbstverteidigung erforderlich wäre. Dies ließe sich bei Korruption begründen, soweit es um die Lauterkeit der eigenen Verwaltung geht. Die Straftat betrifft aber keine deutschen Amtsträger, sondern allein chinesische. Es geht somit um die Lauterkeit der ausländischen Verwaltung. Dass es völkerrechtlich zum Schutz des eigenen Staates erforderlich sei, die Lauterkeit fremder Staaten zu schützen, ist allerdings nicht plausibel. Es liegt daher kein Fall der staatlichen Selbstverteidigung vor. Anwendbar sind deshalb die chinesischen Verhaltensnormen. Die unterschiedliche Geltungsbereichsbestimmung führt folglich dazu, dass deutsche Strafsanktionsnormen an die Verletzung ausländischer Verhaltensnormen knüpfen, was bei Vergleichbarkeit dieser Verhaltensnormen möglich ist.[46] In Fall 3 ist das entsprechende Verhalten in China aber erlaubt. Eine Bestrafung ist daher mangels Verhaltenspflichtverletzung nicht möglich. Anders wäre dies, wenn B in Deutschland handeln würde. Dann würden die deutschen Verhaltensnormen wie in Fällen 1 und 2 gelten.

IV. *Die Verhaltensnormen bei grenzüberschreitender Beteiligung*

Mit der Geltung deutscher Verhaltensnormen für B steht allerdings in den Beispielsfällen nicht fest, dass dieser auch tatsächlich die deutsche Verhal-

46 Zu den Voraussetzungen *Schneider* (Fn. 11), S. 291 ff.

tensnorm verletzt hat. In Fall 1 und 2 erfüllt das Verhalten von B erst im Zusammenwirken mit einem anderen, nämlich A, den jeweiligen Straftatbestand, wobei das Verhalten des A nach dem Recht des jeweiligen Handlungsortes erlaubt ist. Im Folgenden soll es darum gehen, ob die Erlaubnis am Handlungsort für die deutschen Beteiligungsverhaltensnormen von Bedeutung ist.

1. *Die Verhaltensnormen bei Beteiligung*

Für die Strafsanktionsnormen ist nach h.M. bei Vorsatzdelikten von einem restriktiven Täterbegriff auszugehen, bei Fahrlässigkeitsdelikten von einem Einheitstäterbegriff.[47] Diese Differenzierung lässt sich allerdings aus zwei Gründen nicht ohne weiteres auf Verhaltensnormen übertragen: zum einen ist der Adressat der Verhaltenspflicht immer „Täter" der Verhaltenspflichtverletzung, also derjenige, der diese Pflicht unmittelbar verletzt. Zum anderen müssen nach der hier zu Grunde gelegten einheitlichen Auslegung der Verhaltensnorm auch die Beteiligungsverhaltensnormen einheitlich bestimmt werden, d.h. unter Berücksichtigung der entsprechenden Regelungen des Zivil- und Öffentlichen Rechts.

Überwiegend wird davon ausgegangen, dass für Täter und Teilnehmer unterschiedliche Verhaltensnormen gelten.[48] Vereinfacht gesagt, wird dem Täter die unmittelbare Rechtsgutsgefährdung zum Vorwurf gemacht, dem Teilnehmer die mittelbare. Die Gründe für eine solche Differenzierung sind an anderer Stelle ausgeführt worden und sollen hier nicht näher erläutert werden.[49] Für eine solche Differenzierung auch auf Verhaltensnormebene spricht, dass sie ebenfalls in § 830 BGB auftaucht, also nicht nur im Strafrecht anerkannt ist.

Offen bleiben kann an dieser Stelle die genaue Ausgestaltung der jeweiligen Täter- und Teilnehmerverhaltensnormen, deren Darstellung ohnehin den Rahmen dieses Beitrags sprengen würde.[50] Denn im Kern stellt sich bei allen Beteiligungsformen die gleiche Frage, nämlich ob die Pflichtwid-

---

47 Ausführlich zur fahrlässigen Beteiligung *Renzikowski* (Fn. 1), S. 154 ff.

48 S. hierzu etwa *Freund/Rostalski*, Strafrecht, Allgemeiner Teil, 3. Aufl. 2019, § 10 Rn. 111; *Marinitsch*, in: Schneider/Wagner (Hrsg.) (Fn. 2), S. 147 (163); *Renzikowski* (Fn. 1), S. 123 ff.; *Stein* (Fn. 29), S. 222.

49 Ausführlich *Renzikowski* (Fn. 1), S. 123 ff.; *Stein* (Fn. 29), S. 221 ff. S. hierzu auch im Tagungsband der letzten Sitzung des Arbeitskreises *Marinitsch*, in: Schneider/Wagner (Hrsg.) (Fn. 2), S. 157 ff.

50 Hierzu näher *Freund/Rostalski* (Fn. 48), § 10; *Stein* (Fn. 29), S. 238 ff.

rigkeit des Verhaltens des jeweils an der Tat Beteiligten Voraussetzung für das Eingreifen der Verhaltensnorm des anderen Beteiligten ist.

Bei der Teilnahme liegt der Grund für eine solche Fragestellung auf der Hand: Die Teilnahmestrafbarkeit hängt davon ab, dass eine vorsätzliche rechtswidrige, i.e. pflichtwidrige, Haupttat begangen wurde, weshalb es naheliegt, zu untersuchen, ob dieses Merkmal gleichzeitig Voraussetzung der Verhaltensnorm ist. Doch auch bei der Mittäterschaft ist dies fraglich. Kennzeichnend für die Mittäterschaft ist, dass erst das Zusammenwirken der Mittäter den gesamten Tatbestand erfüllt. Das Mittäterkollektiv muss daher pflichtwidrig handeln. Bestraft werden kann der einzelne Mittäter nur, wenn er ebenfalls pflichtwidrig handelte. Doch handelt jemand pflichtwidrig, der weiß, dass für die Tatbegehung Beiträge eines anderen erforderlich sind, die dieser pflichtgemäß erbringt? Auch dies hängt davon ab, ob die Bewertung des fremden Verhaltens die Pflichtwidrigkeit des Verhaltens des Mittäters beeinflusst. Zu guter Letzt sei darauf hingewiesen, dass sich dasselbe Problem bei der mittelbaren Täterschaft stellt. Handelt der mittelbare Täter pflichtwidrig, indem er beispielsweise einen Tatbestandsirrtum beim Tatmittler hervorruft, und wäre das Verhalten des Tatmittlers aber auch dann pflichtgemäß, wenn er alle Umstände überblicken würde, ist ebenfalls fraglich, ob eine Verhaltenspflichtverletzung des mittelbaren Täters vorliegt.[51]

2. *Abweichende Bewertung des Verhaltens der Beteiligten am jeweiligen Handlungsort*

Im Folgenden soll die Bestimmung der Verhaltensnormen bei abweichender Bewertung nachgezeichnet werden. Obwohl das Problem sich bei Tätern und Teilnehmern in gleicher Weise stellt, bietet es sich an, zwischen beiden Arten der Beteiligung zu differenzieren. Dies hat damit zu tun, dass Täter und Teilnehmer nach überwiegender Ansicht unterschiedliche Verhaltensnormen treffen und es daher folgerichtig erscheint, zu differenzieren. Denkbar wäre auch, dass das Problem der unterschiedlichen Bewertung bei Tätern und Teilnehmern unterschiedlich gelöst wird. Da die Einbeziehung der Pflichtwidrigkeit des anderen Beteiligten bei Teilnehmern schon auf Grund des Wortlauts der §§ 26, 27 StGB näher liegt, soll mit der Teilnahme begonnen werden.

51 S. hierzu *Schneider* (Fn. 11), S. 317 f.

a) Teilnahme

In Fall 1 geht es um eine in Deutschland begangene Beihilfe zu einer Straftat nach dem Embryonenschutzgesetz, die am ausländischen Handlungsort straffrei ist. Für B, den Gehilfen, gelten die deutschen Verhaltensnormen. Eine Verhaltenspflichtverletzung des B liegt aber nur dann vor, wenn es keine Rolle spielt, ob die Tat, zu der er Hilfe leistet, am für die Bewertung maßgeblichen Handlungsort erlaubt ist. Hierzu sind zwei Ansichten denkbar:

aa) Rechtsgutsbezogene Verhaltensnorm

Denkbar wäre es, die Verhaltensnorm nur auf das Rechtsgut zu beziehen und ein bestimmtes Verhalten wegen der damit verbundenen Gefahr für das Rechtsgut zu verbieten.[52] Die Teilnahmehandlung wäre dann unabhängig davon verboten, ob ein Dritter aus Sicht des Verhaltenspflichtigen die unmittelbare Rechtsgutsverletzung in rechtmäßiger oder rechtswidriger Weise hervorrufen soll.

In Fall 1 wäre die Voruntersuchung durch B danach wegen des Risikos, dass es zu einer Eizellspende kommt, verboten, und zwar unabhängig davon, ob die Eizellspende nach dem Recht des Handlungsortes legal oder illegal erfolgen soll. Dabei ist zu beachten, dass die Vornahme solcher Untersuchungen (Ultraschall, Blutuntersuchung etc.) für sich genommen berufsneutrales, erlaubtes Verhalten darstellt. Selbstverständlich dürfen Ärzte bei Kinderwunschpatientinnen auf deren Wunsch einen Ultraschall vornehmen. Die Grenze der Pflichtwidrigkeit wird erst dadurch erreicht, dass im konkreten Fall ein erhöhtes Risiko einer Eizellspende besteht. Die Rechtsprechung verlangt aus diesem Grund positive Kenntnis von der geplanten Behandlung.[53] Auch insoweit dürfte allerdings die Pflichtwidrigkeit des Eingriffs keine Rolle spielen. Relevant wäre daher nur, dass ein solcher Eingriff erfolgen soll, nicht aber, wie er zu bewerten wäre.

---

52 So etwa *Rostalski*, in: Schneider/Wagner (Hrsg) (Fn. 2), S. 105 (114); *Marinitsch*, in: Schneider/Wagner (Hrsg.) (Fn. 2), S. 164 f.; *Miller/Rackow*, ZStW 117 (2005), 379 (398). *Böse*, in: Kindhäuser/Neumann/Paeffgen (Hrsg.) (Fn. 7), § 9 Rn. 21; *Freund/Rostalski* (Fn. 48), § 10 Rn. 15 ff.; *Wegner*, in: Hegler (Hrsg.), Festgabe für Reinhard von Frank zum 70. Geburtstag, Bd. 1, 1930, S. 98 (144 f.); wohl auch *Renzikowski* (Fn. 1), S. 127 ff.; *Frisch*, Tatbestandsmäßiges Verhalten und Zurechnung des Erfolgs, 1988, S. 301 ff.

53 Grundlegend BGHSt 46, 112.

Die Konsequenz der Annahme einer rechtsgutsbezogenen Verhaltensnorm ist, dass das Erfordernis einer „vorsätzlichen rechtswidrigen Tat" nur auf Ebene der Sanktionsnorm von Bedeutung ist, nicht auf Ebene der Verhaltensnorm.[54] Was unter „vorsätzlicher rechtswidriger Tat" zu verstehen ist, ist eine Frage des deutschen Strafrechts. Hier ergibt sich aus § 9 Abs. 2 S. 2 StGB, dass die Strafbarkeit am Tatort jedenfalls für die Annahme einer „vorsätzlichen rechtswidrigen Tat" nicht erforderlich ist. Hierauf wird im Einzelnen noch zurückzukommen sein.

bb) Fremdverhaltensbezogene Verhaltensnorm

Denkbar wäre es allerdings auch, das pflichtwidrige Verhalten des Haupttäters in die Verhaltensnorm des Teilnehmers als Voraussetzung mit einzubeziehen. Verboten wäre dann das Fördern des vorsätzlichen rechtswidrigen, d.h. pflichtwidrigen, Verhaltens des anderen.[55] Wann ein Verhalten pflichtwidrig ist, ist eine Frage der Auslegung der Verhaltensnorm. Dabei kommt es im vorliegenden Kontext entscheidend darauf an, ob die Pflichtwidrigkeit anhand der Wertung des deutschen Rechts zu bestimmen ist, obwohl die deutschen Bewertungsnormen keine Anwendung finden, oder ob hierfür ausländisches Recht heranzuziehen ist.

Ob und inwieweit bei der Auslegung nationalen Rechts ausländische Rechtsvorschriften heranzuziehen sind, ist im Einzelnen hoch umstritten und kann hier nicht näher ausgeführt werden.[56] Auf Basis der hier vertretenen einheitlichen Auslegung von Verhaltensnormen sprechen keine prinzipiellen Einwände gegen die Anwendung ausländischen Rechts. Diese ist in anderen Rechtsgebieten, z.B. im Internationalen Privatrecht, die Regel. Auch der überwiegende Teil der Literatur hält die Heranziehung ausländischen Rechts für zulässig, wobei über Einzelheiten Streit besteht.[57] Geht man davon aus, dass der Rückgriff auf ausländisches Recht zur Bestimmung der Pflichtwidrigkeit des Verhaltens des Haupttäters zulässig ist, er-

---

54 *Marinitsch*, in: Schneider/Wagner (Hrsg.) (Fn. 2), S. 166; *Renzikowski* (Fn. 1), S. 131.

55 In diese Richtung *Stein* (Fn. 29), S. 241 ff.; wohl auch *Deiters*, ZIS 2009, 306 ff.; *Golombek* (Fn. 19), S. 180; *Lauterbach*, Internationales Strafrecht und Teilnahme, 1933, S. 35 ff.; *Magnus*, NStZ 2015, 57 (62); *Schröder*, ZStW 61 (1942), 101 f.

56 Ausführlich *Schneider*, in: Böse/Meyer/Schneider, Conflicts of Jurisdictions in Criminal Matters in the European Union, Bd. 2, 2014, S. 307 (307 ff.).

57 S. die Nachweise bei *Knaup* (Fn. 4), S. 129 ff.; *Schneider*, in: Böse/Meyer/Schneider (Fn. 56), S. 308 ff.

scheint es sachgerecht, die Bewertung des Verhaltens des anderen auch tatsächlich nach ausländischem Recht vorzunehmen. Denn wenn das deutsche Recht das Verhalten des Haupttäters nicht selbst als pflichtwidrig bewertet, dem Teilnehmer aber gerade die Förderung pflichtwidrigen Verhaltens vorwirft, kann die Pflichtwidrigkeit nur anhand des ausländischen Rechts bestimmt werden. Das wäre nach den oben aufgeführten Grundsätzen das Recht des Handlungsortes (III. 3.).

In Fall 1 könnte B die Vornahme von Voruntersuchungen daher verboten sein, wenn er hierdurch das Risiko der pflichtwidrigen Implantation einer fremden Eizelle fördert. Pflichtwidrig wäre die Haupttat aber nur dann, wenn sie nach dem Recht des antizipierten Handlungsortes verboten wäre. Spanien erlaubt diese Behandlungsmaßnahme allerdings, sodass das Verhalten am Handlungsort pflichtgemäß wäre. Diese Bewertung des fremden Verhaltens würde auf das Verhalten des Teilnehmers durchschlagen. Legt man eine fremdverhaltensbezogene Verhaltensnorm zu Grunde, hätte B durch das Fördern pflichtgemäßen Verhaltens keine Verhaltenspflichtverletzung begangen. Eine Bestrafung wäre dann – unabhängig von der Regelung des § 9 Abs. 2 S. 2 StGB – nicht möglich.

cc) Stellungnahme

Auf den ersten Blick erinnert der Streit an die Diskussion um den Strafgrund der Teilnahme, und in der Tat gibt es Parallelen. Allerdings geht es nicht um die Frage, warum der Teilnehmer bestraft werden sollte, sondern um die vorgeschaltete Frage, warum das Teilnahmeverhalten verboten ist. Nicht alles, was verboten ist, ist auch strafbedürftig und -würdig, auch wenn die Bestimmung der Grenzen des Strafrechts seit jeher problematisch ist.[58]

Für die Annahme einer fremdverhaltensbezogenen Verhaltensnorm lässt sich anführen, dass dem Teilnehmer gerade eine mittelbare Rechtsgutsverletzung, also das Setzen eines Anreizes für den Haupttäter, zum Vorwurf gemacht wird. Ein solcher Anreiz ist aber ungefährlich, wenn der Haupttäter sich pflichtgemäß verhält. Denkbar wäre es, hier eine Parallele zum untauglichen Versuch zu ziehen, der auf Grund des verwirklichten Handlungsunrechts strafbar ist, obwohl der Erfolgseintritt von vornherein ausgeschlossen ist. Allerdings sind die beiden Konstellationen nicht unbe-

58 S. hierzu aus verfassungsrechtlicher Perspektive *Burghardt*, in: Schneider/Wagner (Hrsg.) (Fn. 2), S. 59 (61 ff.).

dingt gleichzusetzen, denn im Fall des untauglichen Versuchs zielt die Handlung immerhin auf ein konkret von der Rechtsordnung geschütztes Rechtsgut.[59] Auch die Regelung der versuchten Anstiftung in § 30 Abs. 1 StGB steht einer Deutung der deutschen Verhaltensnormen als fremdverhaltensbezogen nicht entgegen. § 30 Abs. 1 StGB setzt zwar voraus, dass auch die erfolglose Anstiftung verboten ist. Ob dies aber auch dann gilt, wenn die Tat, zu der angestiftet wurde, im Ausland erlaubt ist, ist damit nicht gesagt.

Allerdings spricht gegen die Annahme einer fremdverhaltensbezogenen Verhaltensnorm, dass diese in einem gewissen Widerspruch zu § 17 StGB steht. Aus § 17 StGB ergibt sich, dass der Täter auch bestraft werden kann, wenn ihm die Einsicht fehlte, Unrecht zu tun, sofern er diesen Irrtum vermeiden konnte. Hieraus lässt sich schließen, dass der Täter auch dann Verhaltenspflichten verletzt, wenn ihm die Pflichtwidrigkeit des eigenen Verhaltens nicht bewusst ist. Es wäre eigenartig, wenn der Täter zwar die eigene Pflichtwidrigkeit nicht erkennen muss, aber die Pflichtwidrigkeit des Verhaltens Dritter Voraussetzung für seine Verhaltenspflichtverletzung wäre und damit vom Vorsatz umfasst sein müsste.

Legitimieren lässt sich diese Deutung auch mit dem Gedanken des Rechtsgüterschutzes. Es ist in der Normentheorie allgemein anerkannt, dass die Verhaltensnorm dem Rechtsgüterschutz dient, indem sie den Einzelnen zu einem Verhalten bestimmt.[60] Diese Bestimmungsfunktion erfordert es, dass zum Verhaltenszeitpunkt feststeht, welches Verhalten (Tun oder Unterlassen) vom Adressaten verlangt wird. Aus diesem Grund darf die Geltung der Verhaltensnorm auch nicht von Umständen abhängen, die zum Verhaltenszeitpunkt nicht vorliegen. Dabei stehen oft nur Bruchteile einer Sekunde für die Entscheidung darüber zur Verfügung, ob der Einzelne ein Verhalten rechtmäßigerweise vornehmen darf. Je stärker die Voraussetzungen der Verhaltensnorm normativ geprägt sind, desto schwieriger wird diese Entscheidung.[61] Das dürfte mit ein Grund sein, warum dem Einzelnen die Pflichtwidrigkeit des eigenen Verhaltens nicht bewusst sein muss. Bei der Bewertung der Pflichtwidrigkeit des künftigen Verhaltens eines anderen tritt erschwerend hinzu, dass der Täter Prognosen darüber treffen muss, ob der andere vorsätzlich handeln wird, ob ggf. Erlaubnissätze eingreifen usw. Solche Prognosen sind ebenfalls fehleranfällig.

59 *Jung*, JZ 1979, 325 (329).

60 *Freund/Rostalski* (Fn. 48), § 1 Rn. 50; *Münzberg* (Fn. 22), S. 54; *Wilhelmi* (Fn. 36), S. 20; *Zielinski*, Handlungs- und Erfolgsunwert im Unrechtsbegriff, 1973, S. 12.

61 S. hierzu auch *Stein* (Fn. 29), S. 229 f., 236.

Dem Ziel des Rechtsgüterschutzes ist damit besser gedient, wenn die Verhaltensnorm stärker auf Tatsachen bezogen ist.

Im Ergebnis sprechen somit die besseren Gründe dafür, die Verhaltensnorm auf die mittelbare Rechtsgutsgefährdung zu beziehen und das pflichtwidrige Verhalten des Haupttäters nicht zur Voraussetzung zu machen. In Fall 1 wäre dem B daher eine Verhaltenspflichtverletzung mit Blick auf das durch das ESchG geschützte Rechtsgut zu Last zu legen.

b) Täterschaft

Wenn schon für die Teilnahmeverhaltensnormen nicht auf die Pflichtwidrigkeit des Verhaltens des Haupttäters abgestellt wird, kann für die Täterschaftsverhaltensnormen nichts anderes gelten. Hier ist der Bezug zur Gefährdung des Rechtsguts noch deutlicher, zudem spielt die Beteiligung Dritter in den meisten Fällen eine untergeordnete Rolle. Auch insoweit ist daher von einer rechtsgutsbezogenen Verhaltensnorm auszugehen. In Fall 2 wäre bei B daher eine Verletzung der Körperverletzungsverhaltensnorm anzunehmen.

V. Die Strafsanktionsnorm bei grenzüberschreitender Beteiligung

Mit der Geltung deutscher Verhaltensnormen und deren Anwendbarkeit in den Fällen grenzüberschreitender Beteiligung ist noch nicht gesagt, dass die Konstellation tatsächlich strafbar ist. Die Sanktionsnormen kennen weitere Voraussetzungen, von deren Vorliegen das Strafbedürfnis abhängig gemacht wird. Die wichtigste dieser Sanktionsvoraussetzungen ist der tatbestandliche Erfolg, der Voraussetzung einer Strafbarkeit wegen vollendeten Erfolgsdelikts ist.[62] Erfolg ist dabei nicht irgendeine Rechtsgutsverletzung, sondern die Realisierung des durch die Verhaltensnorm verbotenen Risikos.[63] Dies hat Konsequenzen für die Einschlägigkeit der Sanktionsnorm.

---

62 *Münzberg* (Fn. 22), S. 26 ff.; *Zielinski* (Fn. 60) S. 128 ff.

63 *Schneider* (Fn. 11), S. 45 f., 51; *Ast*, Normentheorie und Strafrechtsdogmatik, 2010, S. 62 ff.

1. Teilnahme und § 9 Abs. 2 S. 2 StGB

Bei der Teilnahme ist der Erfolg die vorsätzliche und rechtswidrige Tat eines anderen.[64] Dies zeigt auch die Regelung des § 9 Abs. 2 S. 1 StGB. Die Verhaltenspflichtverletzung des Teilnehmers wird daher nur dann bestraft, wenn sie zu einer diesem zuzurechnenden vorsätzlichen rechtswidrigen Tat eines anderen geführt hat. Damit tritt das Kernproblem zu Tage: Hat sich das Risiko der Verletzung der Teilnahmeverhaltensnorm realisiert, wenn eine Haupttat vorliegt, für die weder die deutschen Strafsanktionsnormen noch die deutschen Verhaltensnormen gelten und die nach dem einschlägigen Tatortrecht erlaubt und daher naturgemäß nicht strafbar ist?

Aus § 9 Abs. 2 S. 1 StGB ergibt sich, dass die Teilnahme auch dann strafbar sein kann, wenn deutsches Strafrecht für die Haupttat nicht gilt. § 9 Abs. 2 S. 2 StGB stellt klar, dass die Strafbarkeit am ausländischen Tatort ebenfalls nicht erforderlich ist. Dies passt zu den §§ 26, 27 StGB, welche die Strafbarkeit der Haupttat gleichfalls nicht voraussetzen. Offen bleibt aber, was passiert, wenn die Tat weder von der deutschen noch von der ausländischen Rechtsordnung als rechtswidrig bewertet wird.[65] *Schröder* hat diesen Fall zum Anlass genommen, die universelle Geltung der deutschen Verhaltensnormen zu begründen, die hier allerdings abgelehnt wurde (s. III. 1.).[66] *Liebelt* verlangt auf Basis einer dem hier vertretenen Konzept ähnlichen Überlegung den Verstoß gegen ausländische Verhaltensnormen.[67] Beide bringen damit zum Ausdruck, dass eine vorsätzliche rechtswidrige Tat nur dann vorliegt, wenn der Täter zumindest Verhaltenspflichten verletzt. Dies ist auch zutreffend. Betrachtet man die Haupttat als Erfolg der Teilnahme, ist die Teilnahme nur dann strafbedürftig, wenn dieser Erfolg tatsächlich eingetreten ist. So wird der Teilnehmer auch dann nicht bestraft, wenn die Haupttat – für den Teilnehmer unvorhersehbar – gerechtfertigt ist. Der Erfolg der Teilnahme liegt nur vor, wenn die Tat auf Basis des für sie geltenden Rechts rechtswidrig ist. Wie *Miller/Rackow* zutreffend herausgearbeitet haben, liegt nur das Handlungsunrecht der Teilnahme vor, nicht aber das Erfolgsunrecht, wenn die Tat

64 S. etwa *Miller/Rackow*, ZStW 117 (2005), 379 (386).

65 So auch *Knaup* (Fn. 4), S. 154.

66 *Schröder*, ZStW 61 (1942), 57 (88 ff.). S. hierzu auch *Böse*, in: Kindhäuser/Neumann/Paeffgen (Hrsg.) (Fn. 7), § 9 Rn. 21.

67 *Liebelt* (Fn. 10), S. 255 ff.

nicht rechtswidrig ist.[68] Strukturell ähnelt die Konstellation daher dem Versuch.[69]

Gegen diese Konzeption ist eingewandt worden, dass sie dem Gedanken des Ubiquitätsgrundsatzes widerspreche, der die Bewertung von Handlung und Erfolg derselben Rechtsordnung unterwerfe.[70] Hiergegen lässt sich allerdings erwidern, dass es nicht um die Geltung deutschen Strafrechts geht, sondern um die Auslegung der Sanktionsvoraussetzungen der §§ 26, 27 StGB. Im Übrigen lassen sich diese Ansätze auch auf den Fall übertragen, dass das betroffene Rechtsgut am Erfolgsort gar nicht geschützt ist.[71] Speziell in Bezug auf Konstellationen wie in Fall 1 ist gegen die Annahme, es liege nur Handlungsunrecht vor, eingewandt worden, die Handlung sei für sich genommen erlaubt und werde nur durch den Bezug zur verbotenen Haupttat unerlaubt.[72] Eine an sich straflose Handlung werde dann durch einen an sich straflosen Erfolg zur Straftat.[73] Dieser Einwand geht indes fehl, weil es sich um zwei verschiedene Erfolge handelt. Die Handlung ist verboten, weil das Risiko besteht, dass es zu einer aus Perspektive des deutschen Rechts vorsätzlichen rechtswidrigen Tat kommt. Der eingetretene Erfolg ist eine Haupttat, für deren Bewertung deutsches Recht nicht gilt und die nach ausländischem Recht nicht rechtswidrig ist. Dass ein solcher Erfolg vom Schutzzweck der Teilnahmeverhaltensnorm noch erfasst wird, ist sehr zweifelhaft. Dabei ist zu bedenken, dass die Problematik der abweichenden Bewertung typischerweise zum Tragen kommt, wenn es um zwischen den Staaten kriminalpolitisch umstrittene Fragen geht.[74] Fälle, in denen der Staatsschutz und das Völkerrecht im Vordergrund stehen, werden bereits von §§ 5, 6 StGB erfasst. Allgemein anerkannte Straftaten wie Mord oder Raub sind in der Regel auch im Ausland verboten. Es bleiben somit zumeist Fälle geringerer Kriminalität, in denen eine Beschränkung der Teilnahmestrafbarkeit hingenommen werden kann.

Die Konsequenz des fehlenden Erfolgsunrechts ist, dass die Regelungen über den Versuch der Teilnahmestrafbarkeit Anwendung finden. Dies gilt

---

68 *Miller/Rackow*, ZStW 117 (2005), 379 (402).

69 So zutreffend *Miller/Rackow*, ZStW 117 (2005), 379 (402); ihnen insoweit folgend *Schneider* (Fn. 11), S. 307 ff.

70 *Böse*, in: Kindhäuser/Neumann/Paeffgen (Hrsg.) (Fn. 7), § 9 Rn. 21.

71 S. *Miller/Rackow*, ZStW 117 (2005), 379 (406 f.); *Schneider* (Fn. 11), S. 302 ff.

72 *Magnus*, NStZ 2015, 57 (62).

73 *Magnus*, NStZ 2015, 57 (62).

74 *Magnus*, NStZ 2015, 57 (61); *Miller/Rackow*, ZStW 117 (2005), 379 (404 f.).

nicht nur für § 23 Abs. 2 StGB,[75] sondern auch für Absatz 1[76] und Absatz 3[77] sowie für § 30 Abs. 1 StGB.[78] Strafbar ist danach nur die versuchte Anstiftung zu Verbrechen. § 30 StGB spiegelt die Wertung des Gesetzgebers wider, dass die versuchte Teilnahme nur in diesen Fällen aus generalpräventiven Gründen zu bestrafen ist.[79] Es ist daher sachgerecht, diese Wertung auf die versuchte Teilnahme an einer im Ausland nicht strafbaren Tat zu beziehen.

In Fall 1 fehlt es daher an einer zurechenbaren Haupttat, sodass B nicht wegen Beihilfe zur Eizellspende zu bestrafen ist. Da versuchte Beihilfe nicht strafbar ist, bleibt B straflos.

2. *Täterschaft*

Diese Grundsätze lassen sich auf die Täterschaft übertragen, was hier nur angedeutet werden kann. Bei unmittelbarer Täterschaft finden sie Anwendung auf Distanzdelikte, bei denen sich das parallele Problem stellen kann.[80] Bei der mittelbaren Täterschaft lässt sich die Tat des Vordermanns als Erfolg der Handlung des mittelbaren Täters begreifen, wobei für diese Bewertung das Defizit des Vordermanns auszublenden ist.[81] Bei der Mittäterschaft ist das Verhalten des anderen Mittäters nach allgemeinen Grundsätzen grundsätzlich als erfolgsverursachend zuzurechnen, weil es durch den gemeinsamen Tatplan konkrete Anhaltspunkte für dessen Verhalten gab.[82] Auch hier kann der Erfolg der Gesamttat allerdings als rechtmäßig zu bewerten sein, sodass insoweit nur ein Versuch anzunehmen wäre.

---

75 So *Miller/Rackow*, ZStW 117 (2005), 379 (403 ff.), die eine Analogie vorschlagen.

76 *Böse*, in: Kindhäuser/Neumann/Paeffgen (Hrsg.) (Fn. 7), § 9 Rn. 21.

77 *Schneider* (Fn. 11), S. 306.

78 *Böse*, in: Kindhäuser/Neumann/Paeffgen (Hrsg.) (Fn. 7), § 9 Rn. 21.

79 S. zu diesem Argument *Jung*, JZ 1979, 325 (329).

80 S. zu diesem Problem etwa *Golombek* (Fn. 19), S. 146; *Krapp*, Distanzdelikt und Distanzteilnahme im internationalen Strafrecht, 1977, S. 81 ff.; *Obermüller*, Der Schutz ausländischer Rechtsgüter im deutschen Strafrecht im Rahmen des Territorialitätsprinzips, 1999, S. 151 ff.; *Schneider* (Fn. 11), S. 302 ff.

81 *Schneider* (Fn. 11), S. 319.

82 Ob bei Mittätern auch die Handlungsorte zugerechnet werden können, ist umstritten, s. *Böse*, in: Kindhäuser/Neumann/Paeffgen (Hrsg.) (Fn. 7), § 9 Rn. 5; *Eser/Weißer*, in: Schönke/Schröder (Fn. 12), § 9 Rn. 10; *Rotsch* ZIS 2010, 168 (172 f.); *Satzger* (Fn. 12), § 5 Rn. 19 m.w.N.; *Werle/Jeßberger*, in: Laufhütte/Rissing-van Saan/Tiedemann (Hrsg.) (Fn. 8), § 9 Rn. 13. A.A. *Ambos*, in: Joecks/Miebach (Hrsg.)

In Fall 2 ist der Körperverletzungserfolg in Pakistan eingetreten. Dort wäre diese Art von Verletzung allerdings erlaubt. Das deutsche Körperverletzungsverbot dient aber nicht dazu, Verletzungen, die vom deutschen Recht nicht bewertet werden und die im Einklang mit ausländischem Recht stehen, zu verhindern. Diese Erfolge sind daher nicht vom Schutzzweck der deutschen Verhaltensnormen erfasst.[83] Deswegen kommt in Fall 2 für B allenfalls eine Strafbarkeit wegen versuchter Körperverletzung in Betracht.

3. *Konsequenzen und Versuchsstrafbarkeit*

Da Täter und Teilnehmer im Wesentlichen gleich behandelt werden, ist der rechtspraktische Einwand, die schwierige Abgrenzung von Täterschaft und Teilnahme könne nicht über die Anwendbarkeit deutschen Strafrechts entscheiden, entkräftet.[84] Auch die Befürchtung, ein Teilnahmefall könne einfach in mittelbare Täterschaft umgedeutet werden, spielt hiernach keine Rolle.[85]

Es wurde bereits darauf hingewiesen, dass nach dieser Konzeption die Versuchsregelungen unmittelbar Anwendung finden, also für den Täter der Versuch gem. § 23 Abs. 1 StGB strafbar sein muss und die Strafbarkeit des Teilnehmers nur in den Grenzen des § 30 StGB in Betracht kommt. Noch nicht geklärt ist aber, ob der Versuch in den entsprechenden Fällen tatsächlich strafbar ist. Dies hängt davon ab, ob man die Konstellation des Distanzdelikts mit einem strafbaren untauglichen Versuch vergleicht oder ob man in den entsprechenden Fällen schon den Tatbestand des Versuchs ausschließt, wenn der Täter sich nur eine Verletzung an einem Ort vorstellte, wo diese erlaubt wäre.[86] So wird auch beim irrealen Versuch von einer Bestrafung abgesehen.[87] Dasselbe gilt in den Fällen des agent provo-

---

(Fn. 7), § 9 Rn. 10; *Hoyer*, in: Rudolphi u.a. (Hrsg.) (Fn. 8), § 9 Rn. 5; *Valerius*, NStZ 2008, 121 (122 ff.).

83 *Schneider* (Fn. 11), S. 307 f.

84 So etwa *Ambos*, in: Joecks/Miebach (Hrsg.) (Fn. 7), § 9 Rn. 41; *Magnus*, NStZ 2015, 57 (62); *Werle/Jeßberger*, in: Laufhütte/Rissing-van Saan/Tiedemann (Hrsg.) (Fn. 8), § 9 Rn. 53.

85 *Ambos*, in: Joecks/Miebach (Hrsg.) (Fn. 7), § 9 Rn. 41.

86 S. hierzu *Jung*, JZ 1979, 325 (329); *Knaup* (Fn. 4), S. 150 ff.; *Namavičius*, Territorialgrundsatz und Distanzdelikt, 2012, S. 76 ff.; *Obermüller* (Fn.80), S. 156 ff.; *Schneider* (Fn. 11), S. 309 f.

87 Allgemeine Ansicht, s. nur *Eser/Bosch*, in: Schönke/Schröder, Strafgesetzbuch, Kommentar, 30. Aufl. 2019, § 23 Rn. 13.

cateur, der als Anstifter eine Rechtsgutsverletzung für ausgeschlossen hält.[88] Diese Frage kann hier nicht abschließend geklärt werden. Wann ein Versuch, der nicht zum Erfolg führen konnte, aus generalpräventiven Gründen unter Strafe gestellt werden muss, ist eine Frage der Versuchsdogmatik. An dieser Stelle soll nur darauf hingewiesen werden, dass ein so begründeter Ausschluss des Teilnahmeversuchsunrechts nicht im Widerspruch zu der Ansicht stünde, die Teilnehmerverhaltensnormen zielten auf den Rechtsgüterschutz, nicht auf die pflichtwidrige Tatbegehung (s. IV. 2. a)). Denn hier geht es gerade um die Frage, ob die Teilnehmerverhaltensnorm auch die Verletzung von Rechtsgütern umfasst, die am Handlungsort nicht geschützt sind, nicht aber darum, auf welche Art und Weise die Rechtsgutsverletzung aus Sicht des Teilnehmers durch den unmittelbaren Täter herbeigeführt werden soll.

VI. Ausblick

Insgesamt zeigt der Beitrag, dass sich bei grenzüberschreitender Beteiligung eine Reihe schwieriger Fragen stellen. Die Unterscheidung zwischen Verhaltens- und Sanktionsnormen ermöglicht es, die Probleme deutlich präziser zu erfassen. So geht es zum einen darum, ob die deutschen Verhaltensnormen und Strafsanktionsnormen für einen Sachverhalt mit Auslandsbezug tatsächlich gelten. Zum anderen ist fraglich, inwieweit die Bewertung eines Verhaltens am ausländischen Tatort Relevanz für die im Inland handelnden Täter und Teilnehmer hat. Auch insoweit können sich die Konsequenzen für Verhaltens- und Sanktionsnorm unterscheiden.

Die hier vorgeschlagene Lösung unter Anwendung der Versuchsgrundsätze führt dazu, dass trotz der Regelung des § 9 Abs. 2 S. 2 StGB in den entsprechenden Fällen der Inlandsteilnahme an einer am Handlungsort legalen Auslandstat keine Strafbarkeit besteht. Dennoch macht diese Deutung § 9 Abs. 2 S. 2 StGB nicht entbehrlich, denn dessen positiver Regelungsgehalt bleibt unangetastet: Die Strafbarkeit am ausländischen Tatort ist – anders als etwa in § 7 StGB – nicht erforderlich, unabhängig davon, ob die Auslandstat gegen deutsche oder ausländische Verhaltens- und/oder Strafsanktionsnormen verstößt. Die Normentheorie hilft jedoch dabei, die Ausuferung der deutschen Strafbarkeit einzudämmen.

88 *Stein* (Fn. 29), S. 266.

Mitgegangen – mitgehangen? Die Beteiligung an gefährlichen Gruppen i.S.d. § 184j StGB

Stefanie Bock[*]

I. Die Kölner Silvesternacht und ihre (rechtlichen) Folgen

Die Silvesternacht 2015/2016 ist mittlerweile zum Inbegriff kollektiver, geschlechtsspezifischer Gewalthandlungen geworden. Nach Informationen von „Der Spiegel" berichteten allein in Köln 661 Frauen, Opfer von sexuellen Übergriffen geworden zu sein; insgesamt seien bei den Kölner Justizbehörden 1.304 Anzeigen eingegangen, die neben Sexualdelikten insbesondere Diebstahls- und Raubtaten zum Gegenstand hatten. Nach Einschätzung der Bundespolizei haben die betroffenen Frauen einen wahren „Spießrutenlauf durch die stark alkoholisierten Männermassen" durchlaufen müssen.[1] Dies im Zusammenhang mit einer nachdrücklichen medialen Berichterstattung ließ in der Öffentlichkeit den Ruf nach schnellen strafrechtlichen Sanktionen laut werden. Selbst die Kanzlerin schaltete sich ein und verlangte „nach einer harten Antwort des Rechtsstaats".[2] Gemessen an diesen hohen Erwartungen fiel die tatsächliche Bilanz der Strafjustiz eher enttäuschend aus: die Kölner Staatsanwaltschaft hat nur gegen 52 Personen Anklage erhoben; in 32 Fällen kam es zu Verurteilungen, die sich aber überwiegend auf Eigentums- und Vermögensdelikte bezogen, nicht hingegen auf sexuelle Übergriffe. Der Sprecher des Amtsgerichts Köln führte dieses „ernüchternd[e]" Ergebnis auf die „tumultartige Situati-

---

* Mein Dank gilt Frau stud. jur. *Leslie Heimann* und Herrn stud. jur. *Jonathan Kuchinke* für ihre wertvolle Unterstützung bei der Erstellung des Manuskripts.

1 S. *Jörg Diehl*, Hunderte Opfer, fast keine Täter, spiegel online vom 11.03.2019, abrufbar unter https://www.spiegel.de/panorama/justiz/koelner-silvesternacht-ernuechternde-bilanz-der-justiz-a-1257182.html (letzter Zugriff am 20.05.2020).

2 Merkel verlangt harte Antwort des Rechtsstaats, spiegel online vom 05.01.2016, abrufbar unter https://www.spiegel.de/politik/deutschland/koeln-angela-merkel-verlangt-harte-antwort-des-rechtsstaats-a-1070609.html (letzter Zugriff am 20.05.2020).

on der Silvesternacht" zurück, die zu einer schwierigen Beweislage geführt habe.[3]

Vor diesem Hintergrund[4] stufte der Gesetzgeber, der ohnehin damit beschäftigt war, das deutsche Sexualstrafrecht zu reformieren und an die Vorgaben der Istanbul-Konvention[5] anzupassen, sexuelle Übergriffe aus Gruppen heraus als „neues und gewichtiges Phänomen" ein, das von den bereits existierenden Strafnormen nur unzureichend erfasst werde.[6] Diese Schutzlücke solle durch einen neuen Straftatbestand geschlossen werden, der gruppendynamischen Prozessen in besonderer Weise Rechnung trage. Diese werden vom Gesetzgeber als besonders gefährlich eingestuft, da zum einen die „Übermacht einer Personenmehrheit" die Lage der Betroffenen deutlich verschlechtere und zum anderen die Eigendynamik von Gruppen das Gefühl der persönlichen Verantwortlichkeit zurückdrängen und wechselseitige Stimulierungen der Gruppenmitglieder die Tatbegehung begünstigen könnten. Zudem würden kollektive Begehungsstrukturen die Tatahndung erschweren, zumal ja auch das Opfer häufig nicht erkennen könne, ob und aus welcher Richtung sexuelle Übergriffe drohen.[7]

Der zweite Teil der Gesetzesbegründung weckt erste Zweifel, ob es dem Gesetzgeber tatsächlich (primär) um die Schließung materieller Schutzlücken ging oder doch vielmehr darum, prozessuale Beweisnöte durch eine Strafbarkeitsausdehnung zu überwinden.[8] Immerhin dürften – zumindest seitdem der neue § 184i StGB sexuelle Belästigungen unter Strafe stellt, die

---

3 *Jörg Diehl*, Hunderte Opfer, fast keine Täter, spiegel online vom 11.03.2019, abrufbar unter https://www.spiegel.de/panorama/justiz/koelner-silvesternacht-ernuechte rnde-bilanz-der-justiz-a-1257182.html (letzter Zugriff am 20.5.2020).

4 Siehe den ausdrücklichen Verweis auf „die Vorfälle in der letzten Silvesternacht in Köln" in BR-Drs. 162/16, S. 9; auch Wissenschaftliche Dienste (Deutscher Bundestag), WD 7 - 3000 -113/16, S. 7; *Bauer*, RuP 2017, 46 (50, 53); *Noltenius*, in: Wolter (Hrsg.), Systematischer Kommentar zum Strafgesetzbuch, 9. Aufl. 2017, § 184j Rn. 2.

5 Übereinkommen des Europarates zur Verhütung und Bekämpfung von Gewalt gegen Frauen und häuslicher Gewalt vom 11.05.2011, ETS 210.

6 BT-Drs. 18/9097, S. 31; auch BR-Drs. 162/16, S. 9.

7 BR-Drs. 162/16, S. 9; auch BT-Drs. 18/9097, S. 31.

8 *Noltenius*, in: Wolter (Hrsg.) (Fn. 4), § 184j Rn. 2. Sehr deutlich *Frommel*, in: Kindhäuser/Neumann/Paeffgen (Hrsg.), Nomos Kommentar, Strafgesetzbuch, 5. Aufl. 2017, § 184j Rn. 2, der zufolge § 184j StGB kein individuelles Rechtsgut schützt, sondern nur dazu dient, Ermittlungen gegen Personen zu erleichtern, die sich in einer Gruppe befunden haben, aus der heraus Sexualstraftaten begangen worden sind; siehe auch *Wolters*, in: Satzger/Schluckebier/Widmaier (Hrsg.), Strafgesetzbuch, Kommentar, 4. Aufl. 2019, § 184j Rn. 2; *Bezjak*, KJ 49 (2016), 557 (569).

unterhalb der Erheblichkeitsschwelle des klassischen Sexualstrafrechts liegen[9] – sexuelle Übergriffe, wie sie von den Betroffenen der Kölner Silvesternacht beschrieben wurden, grundsätzlich strafrechtlich relevant sein. Die Schwierigkeit bei der Aufarbeitung und Ahndung der Taten besteht vielmehr darin, in „tumultartigen Situationen" die Handelnden und ihre konkreten Handlungsbeiträge zu identifizieren. Hierauf wird im weiteren Verlauf der Überlegungen zurückzukommen sein. Jedenfalls führten die Überlegungen des Gesetzgebers bekanntermaßen zur Schaffung des § 184j StGB, der die Beteiligung an Gruppen, aus denen heraus bestimmte Sexualstraftaten (sexueller Übergriff, sexuelle Nötigung und Vergewaltigung i.S.d. § 177 StGB sowie sexuelle Belästigungen i.S.d. § 184i StGB) begangen werden, unter Strafe stellt.

II. § 184j StGB im Überblick – Versuch einer Inhaltsbestimmung

Gemäß § 184j StGB macht sich strafbar, wer eine Straftat dadurch fördert, dass er sich an einer Personengruppe beteiligt, die eine andere Person zur Begehung einer Straftat an ihr bedrängt, wenn von einem Beteiligten der Gruppe eine Straftat nach § 177 oder § 184i StGB begangen wird. Mit den Bildern von der Kölner Silvesternacht im Hinterkopf hat man eine grobe Vorstellung, welches Phänomen der Gesetzgeber strafrechtlich erfassen wollte. Allerdings ist die Norm in ihrer Terminologie und Regelungsstruktur sehr diffus und kaum fassbar,[10] sodass die Konkretisierung der einzelnen Strafbarkeitsvoraussetzungen und damit die Abgrenzung zwischen erlaubtem und strafbarem Verhalten erhebliche Schwierigkeiten bereitet.[11]

---

9 Vgl. *Renzikowski*, in: Joecks/Miebach (Hrsg.), Münchener Kommentar zum Strafgesetzbuch, 3. Aufl. 2017, Bd. 3, § 184i Rn. 1. Die §§ 177 ff. StGB verlangen grundsätzlich die Vornahme einer sexuellen Handlung, die nach der Legaldefinition des § 184h StGB im Hinblick auf das jeweils geschützte Rechtsgut von einiger Erheblichkeit sein muss.

10 Sehr kritisch *Renzikowski*, in: Joecks/Miebach (Hrsg.) (Fn. 9), § 184j Rn. 7 („völlig missglückt", „inkonsistent und unverständlich"); auch *Noltenius*, in: Wolter (Hrsg.) (Fn. 4), § 184j Rn. 3.

11 Die Schwierigkeiten potenzieren sich durch die Subsidiaritätsklausel. Eine Verurteilung nach § 184j StGB erfolgt nur, wenn die Tat nicht in anderen Vorschriften mit schwererer Strafe bedroht ist. Damit stellt sich insbesondere die Frage, inwieweit § 184j StGB neben der Beihilfestrafbarkeit einen eigenständigen Anwendungsbereich hat, siehe hierzu *Renzikowski*, in: Joecks/Miebach (Hrsg.) (Fn. 9), § 184j Rn. 17; auch *Laue*, in: Dölling u.a. (Hrsg.), Handkommentar, Gesamtes

Im Zentrum der von § 184j StGB erfassten Sachverhalte steht die Gruppe, die eine andere Person zur Begehung einer Straftat an ihr bedrängt. Ausweislich der Gesetzesbegründung ist eine Personengruppe eine Mehrheit von mindestens drei Personen.[12] Die Anforderungen, die an den inneren Zusammenhalt bzw. die innere Verbindung zwischen den Gruppenmitgliedern gestellt werden sollen, sind allerdings gering.[13] Während bei der verfassungsfeindlichen Sabotage (§ 88 StGB) und der Bildung bewaffneter Gruppen (§ 127 StGB) die Gruppe durch eine gemeinsame Zwecksetzung gekennzeichnet ist,[14] scheint dies bei § 184j StGB zunächst nicht zwingend zu sein.[15] So geht der Gesetzgeber davon aus, dass die Beteiligung an der Gruppe kein bewusstes und gewolltes Zusammenwirken voraussetzt.[16] Allerdings sollen bloße Ansammlungen nicht vom Tatbestand erfasst sein,[17] wobei aber offen bleibt, wie Ansammlungen und Gruppen i.S.d. § 184j StGB konkret voneinander abgegrenzt werden können.[18] Trotz des in der Gesetzesbegründung anklingenden weitgehenden Ver-

---

Strafrecht, 4. Aufl. 2017, § 184j StGB Rn. 4. Da in diesem Beitrag das § 184j StGB zugrundeliegende Zurechnungsmodell im Mittelpunkt steht, soll dieses Problem im Folgenden weitgehend außer Acht bleiben.

12 BT-Drs. 18/9097, S. 31. *Eisele*, in: Schönke/Schröder, Strafgesetzbuch, Kommentar, 30. Aufl. 2019, § 184j Rn. 4 hebt hervor, dass hierdurch (immerhin) eine Abgrenzung zur Mittäterschaft ermöglicht wird.

13 Siehe auch *Heger*, in: Lackner/Kühl, Strafgesetzbuch, Kommentar, 29. Aufl. 2018, § 184j Rn. 3; *Wolters*, in: Satzger/Schluckebier/Widmaier (Hrsg.) (Fn. 8), § 184j Rn. 3; *Hoven/Weigend*, JZ 2017, 182 (190); *Fischer*, Strafgesetzbuch und Nebengesetze, Kommentar, 67. Aufl. 2020, § 184j Rn. 7 (der i.E. darauf abstellt, ob sich die Personen als situativ zusammengehörig empfinden).

14 *Steinmetz*, in: Joecks/Miebach (Hrsg.) (Fn. 9), § 88 Rn. 4; *Sternberg-Lieben*, in: Schönke/Schröder (Fn. 12), § 88 Rn. 15; *Paeffgen*, in: Kindhäuser/Neumann/Paeffgen (Hrsg.) (Fn. 8), § 88 Rn. 3a; *Schäfer*, in: Joecks/Miebach (Hrsg.) (Fn. 9), § 127 Rn. 10; *Sternberg-Lieben/Schittenhelm*, in: Schönke/Schröder (Fn. 12), § 127 Rn. 2.

15 Siehe auch *Eisele*, in: Schönke/Schröder (Fn. 12), § 184j Rn. 4 („Nicht erforderlich ist, dass sich die Personen kennen, eine engere Verbindung aufweisen oder sich auf längere Zeit zusammenschließen."); für eine Parallele zu § 127 StGB hingegen *Heger*, in: Lackner/Kühl (Fn. 13), § 184j Rn. 2.

16 BT-Drs. 18/9097, S. 31.

17 BT-Drs. 18/9097, S. 31; *Ziegler*, in: v. Heintschel-Heinegg (Hrsg.), Beck'scher Online-Kommentar, Strafgesetzbuch, 46. Ed. 2020, § 184j Rn. 3; *Heger*, in: Lackner/Kühl (Fn. 13), § 184j Rn. 2; *Fischer* (Fn. 13), § 184j Rn. 6.

18 Siehe auch *Hoven/Weigend*, JZ 2017, 182 (190). Ein Unterschied liegt jedenfalls in der Anzahl der beteiligten Personen. Während bei der Gruppe eine Mindestbeteiligung von drei Personen ausreicht, muss bei einer Ansammlung die Personenmehrheit so groß sein, dass die Zahl der Beteiligten nicht sofort überschaubar ist, *Eisele*, in: Schönke/Schröder (Fn. 12), § 184j Rn. 4. Allerdings deutet sich in der Gesetzesbegründung auch an, dass die Gruppe möglicherweise einen höheren

zichts auf verbindende und organisatorische Merkmale muss die Gruppe aber offenbar in der Lage sein, als Kollektiv zu handeln und einen gemeinsamen Willen zu bilden. Schließlich muss sie eine andere Person zur Begehung einer Straftat bedrängen – was ein gewisses Maß an Zusammenhalt,[19] (konkludenter und ggf. spontaner) Abstimmung und zielgerichtetem Vorgehen[20] zu verlangen scheint.[21] Hier deutet sich auch an, dass § 184j StGB an einer für das deutsche Strafrecht zumindest ungewöhnlichen Idee einer Kollektivverantwortung anknüpft. Während das StGB grundsätzlich davon ausgeht, dass nur individuelle natürliche Personen (mögen sie auch ggf. im Verbund mit anderen agieren) handlungs- und schuldfähig und damit taugliche Täter sind, scheint bei § 184j StGB die Gruppe selbst zum strafrechtlich relevanten Akteur zu werden – auch wenn sie freilich nicht als solche bestraft werden kann.[22]

Das von der Gruppe ausgehende „Bedrängen“ ist gegeben, wenn das Opfer mit Nachdruck an der Ausübung seiner Bewegungsfreiheit oder seiner sonstigen freien Willensbetätigung gehindert wird. Dabei muss die Einwirkung auf das Opfer von „einer gewissen Hartnäckigkeit“ sein; nicht ausreichend soll es sein, wenn dem Opfer lediglich kurzfristig der Weg versperrt wird oder es durch „lautes Grölen“ etc. kurzfristig eingeschüchtert wird.[23] Andererseits ist aber nicht erforderlich, dass es zu körperlichen Berührungen, Nötigungen i.S.d. § 240 StGB oder Freiheitsberaubungen i.S.d.

Grad an innerer Verbundenheit aufweist als die Ansammlung, vgl. das in der Gesetzesbegründung gebildete U-Bahn Beispiel. Nach *Fischer* (Fn. 13), § 184j Rn. 6 kann die Abgrenzung zwischen Ansammlung und Gruppe nicht an das äußere Verhalten der Beteiligten anknüpfen, sondern muss zwingend subjektiv (also anhand des gemeinsam erfolgten Zwecks) erfolgen; ebenso *Wolters*, in: Satzger/Schluckebier/Widmaier (Hrsg.) (Fn. 8), § 184j Rn. 6.

19 *Noltenius*, in: Wolter (Hrsg.) (Fn. 4), § 184j Rn. 6 („situativer und innerer Zusammenhalt“); *Fischer* (Fn. 13), § 184j Rn. 7 (Personen müssen „sich als situativ zusammengehörig empfinden“).

20 Auch die Gesetzesbegründung geht davon aus, dass die Voraussetzung „zur Begehung einer Straftat“ ein subjektives Element hat, BT-Drs. 18/9097, S. 31. *Renzikowski*, in: Joecks/Miebach (Hrsg.) (Fn. 9), § 184j Rn. 10 verlangt das Vorliegen einer deliktischen Absicht, die als gruppenkonstituierendes Merkmal eine Abgrenzung zwischen Gruppe und Ansammlung ermöglichen soll; ähnlich *Fischer* (Fn. 13), § 184j Rn. 11; *Eisele*, in: Schönke/Schröder (Fn. 12), § 184j Rn. 5.

21 Auch *Noltenius*, in: Wolter (Hrsg.) (Fn. 4), § 184j Rn. 8.

22 Vgl. auch *Fischer* (Fn. 13), § 184j Rn. 10, der darauf hinweist, dass das Bedrängen von der Personengruppe ausgehen muss. Da es sich hierbei aber nicht um ein strafrechtliches Subjekt handele, müssten die Mitglieder der Gruppe willentlich zusammenarbeiten.

23 BT-Drs. 18/9097, S. 31.

§ 239 StGB kommt.[24] In subjektiver Hinsicht muss das Bedrängen darauf gerichtet sein, eine Straftat an dem Bedrängten zu begehen. Um welche Straftat es sich handelt, ist nicht von Belang.[25] Die Gesetzesbegründung nennt beispielhaft Sexual-, Körperverletzungs- und Vermögensdelikte.[26]

Die eigentliche, die Strafbarkeit auslösende Tathandlung liegt in der Förderung einer Straftat durch Beteiligung an der Gruppe. Diese Voraussetzung bereitet wohl die größten Interpretationsschwierigkeiten. Zunächst muss es sich dem Gesetzeswortlaut nach bei der geförderten Straftat weder um die von der Gruppe intendierte Straftat noch um die später aus der Gruppe heraus begangene Sexualstraftat handeln.[27] Daher muss sich die geförderte Straftat wohl auch nicht zwingend gegen die Person richten, die von der Gruppe bedrängt wird.[28] Nicht eindeutig ist zudem, ob die geförderte Tat tatsächlich begangen sein muss, d.h. zumindest das Versuchsstadium erreicht haben muss. Hierfür wird angeführt, dass eine noch nicht begangene Straftat nicht gefördert werden könne.[29] Zwingend ist diese Auslegung aber nicht. Vom Wortlaut erfasst sind auch Handlungen, die eine spätere Tatbegehung vorbereiten und in diesem Sinne fördern.[30] Bei einem restriktiveren Verständnis hätte § 184j StGB zudem kaum einen eigenständigen Anwendungsbereich, da der Förderer regelmäßig zumindest

---

24 *Eisele*, in: Schönke/Schröder (Fn. 12), § 184j Rn. 5; *Wolters*, in: Satzger/Schluckebier/Widmaier (Hrsg.) (Fn. 8), § 184j Rn. 7; auch *Renzikowski*, in: Joecks/Miebach (Hrsg.) (Fn. 9), § 184j Rn. 8; *Fischer* (Fn. 13), § 184j Rn. 9; *Noltenius*, in: Wolter (Hrsg.) (Fn. 4), § 184j Rn. 8. A.A. *Laue*, in: Dölling u.a. (Fn. 11), § 184j Rn. 2, dem zufolge „Bedrängen" das gemeinschaftliche Begehen einer Freiheitsberaubung oder Nötigung voraussetzt, der aber zugleich einräumt, dass § 184j StGB bei dieser Auslegung aufgrund der Subsidiaritätsklausel kein eigenständiger Anwendungsbereich verbliebe. *Renzikowski*, in: Joecks/Miebach (Fn. 9), § 184j Rn. 8 weist zu Recht darauf hin, dass man sich kaum Handlungen vorstellen kann, die unterhalb der Schwelle der §§ 239, 240 StGB, aber oberhalb der für ein Bedrängen vorausgesetzten Bagatellgrenze liegen; ebenso *Wolters*, in: Satzger/Schluckebier/Widmaier (Fn. 8), § 184j Rn. 7.

25 *Renzikowski*, in: Joecks/Miebach (Hrsg.) (Fn. 9), § 184j Rn. 9; *Heger*, in: Lackner/Kühl (Fn. 13), § 184j Rn. 3; *Fischer* (Fn. 13), § 184j Rn. 11; *Noltenius*, in: Wolter (Hrsg.) (Fn. 4), § 184j Rn. 10; *Wolters*, in: Satzger/Schluckebier/Widmaier (Hrsg.) (Fn. 8), § 184j Rn. 8; auch *Hörnle*, BRJ 2017, 57 (60).

26 BT-Drs. 18/9097, S. 31.

27 *Eisele*, in: Schönke/Schröder (Fn. 12), § 184j Rn. 10; *Wolters*, in: Satzger/Schluckebier/Widmaier (Hrsg.) (Fn. 8), § 184j Rn. 10; *Bezjak*, KJ 49 (2016), 557 (570); auch *Fischer* (Fn. 13), § 184j Rn. 5, 14; Noltenius, in: Wolter (Hrsg.) (Fn. 4), § 184j Rn. 10 f.

28 *Eisele*, in: Schönke/Schröder (Fn. 12), § 184j Rn. 9.

29 *Renzikowski*, in: Joecks/Miebach (Hrsg.) (Fn. 9), § 184j Rn. 12.

30 *Eisele*, in: Schönke/Schröder (Fn. 12), § 184j Rn. 9.

wegen Beihilfe zur versuchten Haupttat belangt werden könnte und § 184j StGB dann wegen seiner formellen Subsidiarität verdrängt würde.

Die Förderung der Straftat muss durch Beteiligung an der Gruppe erfolgen. Den Begriff der Beteiligung möchte der Gesetzgeber „im umgangssprachlichen Sinne“ verstanden wissen.[31] Verlangt werde weder eine Beteiligung i.S.d. §§ 25 bis 27 StGB noch ein bewusstes und gewolltes Zusammenwirken.[32] Welche Mindestanforderungen an eine Beteiligung zu stellen sind, bleibt allerdings offen. Die bloße passive Anwesenheit am Tatort dürfte jedenfalls nicht genügen.[33] Unklar ist auch, ob und inwiefern dem „Fördern“ eine eigenständige Bedeutung gegenüber dem „Beteiligen“ zukommt. Dies wird zum Teil unter Verweis auf den Wortlaut und das verfassungsrechtliche Verschleifungsverbot[34] bejaht.[35] Allerdings lässt sich die Norm auch dahingehend verstehen, dass mit „Beteiligen an der Gruppe“ lediglich das Mittel der Tatförderung näher beschrieben wird,[36] so dass jede Beteiligung an der Gruppe automatisch eine hinreichende Förderungshandlung darstellt, wenn und weil sie – und dies scheint der Vorstellung des Gesetzgebers zu entsprechen[37] – für sich genommen gruppendynamische Prozesse verstärkt und damit das Risiko von Straftaten erhöht. In systematischer Hinsicht spricht für eine solch weite Auslegung zudem erneut, dass – will man § 184j StGB einen eigenständigen Anwendungsbereich belassen – ihm auch und gerade solche Handlungen unterstellt werden sollen bzw. müssen, die nicht bereits nach den traditionellen Beteiligungsregeln erfasst werden können, die also z.B. nicht (ohne weiteres) als

31 Kritisch zu den damit verbundenen Bestimmtheitseinbußen *Bezjak*, KJ 49 (2016), 557 (569); dagegen *Hörnle*, NStZ 2017, 13 (21).

32 BT-Drs. 18/9097, S. 31.

33 *Renzikowski*, in: Joecks/Miebach (Hrsg.) (Fn. 9), § 184j Rn. 11; *Eisele*, in: Schönke/Schröder (Fn. 12), § 184j Rn. 7; weitergehend wohl *Bauer*, RuP 2017, 46 (56).

34 Aus dem Bestimmtheitsgrundsatz des Art. 103 Abs. 2 GG folgt, dass „die Auslegung der Begriffe, mit denen der Gesetzgeber das unter Strafe gestellte Verhalten bezeichnet hat, nicht dazu führen [darf], dass die dadurch bewirkte Eingrenzung der Strafbarkeit im Ergebnis wieder aufgehoben wird. Einzelne Tatbestandsmerkmale dürfen also auch innerhalb ihres möglichen Wortsinns nicht so weit ausgelegt werden, dass sie vollständig in anderen Tatbestandsmerkmalen aufgehen, also zwangsläufig mit diesen mitverwirklicht werden (Verschleifung oder Entgrenzung von Tatbestandsmerkmalen)“, BVerfG NJW 2013, 365 (366).

35 *Eisele*, in: Schönke/Schröder (Fn. 12), § 184j Rn. 9.

36 Vgl. *Renzikowski*, in: Joecks/Miebach (Hrsg.) (Fn. 9), § 184j Rn. 13.

37 Siehe BT-Drs. 18/9097, S. 31 („motivierend wirkende Dynamik“, die durch „die gegenseitige Bestärkung der Gruppenmitglieder gespeist wird und die dazu führt, dass der Einzelne anderenfalls bestehende Hemmungen überwindet bzw. gar nicht zulässt.“).

Hilfeleisten zu einer konkreten Haupttat i.S.d. § 27 StGB eingestuft werden können.[38]

Unabhängig von diesen schwierigen Auslegungsfragen ist die Beteiligung an der Gruppe jedenfalls nur dann strafbar, wenn von einem Gruppenmitglied eine Straftat nach den §§ 177, 184i StGB begangen wird. Hierbei handelt es um eine objektive Bedingung der Strafbarkeit.[39] Es ist also nicht erforderlich, dass derjenige, der nach § 184j StGB zur Verantwortung gezogen werden soll, einen kausalen, vorhersehbaren Beitrag zu dieser Sexualstraftat geleistet hat, noch, dass ihm diesbezüglich der Vorwurf vorsätzlichen, fahrlässigen oder schuldhaften Verhaltens gemacht werden kann.[40] Nicht verlangt wird zudem, dass sich die Sexualstraftat gegen die Person richtet, die von der Gruppe bedrängt wird.[41] Vielmehr dürfte die objektive Bedingung der Strafbarkeit selbst dann erfüllt sein, wenn die Sexualstraftat an einem anderen Gruppenmitglied begangen wurde.[42]

III. Annäherung an den Unrechtsgehalt des § 184j StGB

Die erheblichen Interpretationsschwierigkeiten, die § 184j StGB aufwirft, stehen in einem offensichtlichen Spannungsverhältnis zum Bestimmtheitsgebot.[43] Ob die Norm bei einer restriktiven und konkretisierenden

---

38 Siehe auch *Fischer* (Fn. 13), § 184j Rn. 14; *Noltenius*, in: Wolter (Hrsg.) (Fn. 4), § 184j Rn. 11; *Wolters*, in: Satzger/Schluckebier/Widmaier (Hrsg.) (Fn. 8), § 184j Rn. 10; *Hoven/Weigend*, JZ 2017, 182 (190); *Bauer*, RuP 2017, 46 (58) sowie *Heger*, in: Lackner/Kühl (Fn. 13), § 184j Rn. 4 (mehr als „Fördern durch Beteiligen" allenfalls bei großen Gruppen) sowie die Ausführungen *Frommel*, in: Kindhäuser/Neumann/Paeffgen (Hrsg.) (Fn. 8), § 184j Rn. 4.

39 BT-Drs. 18/9097, S. 31.

40 *Eisele*, in: Schönke/Schröder (Fn. 12), § 184j Rn. 13; auch *Fischer* (Fn. 13), § 184j Rn. 18; *Noltenius*, in: Wolter (Hrsg.) (Fn. 4), § 184j Rn. 13; *Hörnle*, BRJ 2017, 57; allgemein *Mitsch*, in: Baumann/Weber/Mitsch/Eisele, Strafrecht, Allgemeiner Teil, 12. Aufl. 2016, § 20 Rn. 5 ff.

41 *Fischer* (Fn. 13), § 184j Rn. 19; *Renzikowski*, in: Joecks/Miebach (Hrsg.) (Fn. 9), § 184j Rn. 14; *Heger*, in: Lackner/Kühl (Fn. 13), § 184j Rn. 6; *Hoven/Weigend*, JZ 2017, 182 (190).

42 *Fischer* (Fn. 13), § 184j Rn. 19; *Noltenius*, in: Wolter (Hrsg.) (Fn. 4), § 184j Rn. 14; *Hoven/Weigend*, JZ 2017, 182 (190).

43 *Frommel*, in: Kindhäuser/Neumann/Paeffgen (Hrsg.) (Fn. 8), § 184j Rn. 6; *Hoven/Weigend*, JZ 2017, 182 (191); siehe auch *Noltenius*, in: Wolter (Hrsg.) (Fn. 4), § 184j Rn. 3; *Fischer* (Fn. 13), § 184j Rn. 3; ausführlich Wissenschaftliche Dienste (Deutscher Bundestag), WD 7 - 3000 -113/16, S. 10 ff.

Auslegung[44] noch mit Art. 103 Abs. 2 GG zu vereinbaren ist,[45] sei an dieser Stelle aber offen gelassen. Stattdessen soll versucht werden, das dem § 184j StGB zugrunde liegende Zurechnungsmodell schärfer zu konturieren, das mit seinem ausgeprägten Gruppenbezug vom Individualparadigma des klassischen (deutschen) Strafrechts abzuweichen scheint. Damit ist zugleich die Frage aufgeworfen, wie in kollektiven Handlungszusammenhängen individuelle Verantwortlichkeit zugeschrieben und bewertet werden kann, also inwiefern Beiträge zu Kollektiven bzw. Kollektivtaten dem Einzelnen subjektiv vorwerfbares Unrecht darstellen und als solche Strafe verdienen. Eine vertiefte Auseinandersetzung mit dem recht diffusen[46] Begriff der Strafwürdigkeit würde die Grenzen dieses Beitrages sprengen. Er wird hier holzschnittartig als kritisches Konzept zur Feststellung des Bedarfs an Kriminalisierung oder Entkriminalisierung verstanden, das eng mit dem materiellen Verbrechensbegriff,[47] d.h. mit der Frage, wodurch sich strafbares Handeln qualitativ auszeichnet, verknüpft ist.[48] Unabhängig von den schwierigen und umstrittenen Detailfragen, ergibt sich eine erste Grenze des Strafbaren jedenfalls daraus, dass strafwürdig nur sein kann, was überhaupt im Rahmen der Gesamtrechtsordnung verbietbar ist.[49]

Bei § 184j StGB stellt sich insoweit das Problem, das nicht ohne weiteres erkennbar ist, an welche Verhaltensnorm die Vorschrift anknüpft. Dies liegt zunächst an der geringen Bestimmtheit des Tatbestandes und der schwer fassbaren Tathandlung („Förderung einer Straftat durch Beteiligung an einer Gruppe"). Weitere Schwierigkeiten ergeben sich aus der gewählten Regelungstechnik, bei der ein (zumindest zunächst) zentral erscheinender Aspekt des Gesamtunrechts – nämlich die Begehung einer Sexualstraftat – in eine objektive Bedingung der Strafbarkeit ausgelagert wird.

---

44 Siehe zu dem vom BVerfG aus Art. 103 Abs. 2 GG abgeleiteten Präzisierungsgebot, das die Gerichte bei weit gefassten Tatbeständen verpflichtet, „verbleibende Unklarheiten über den Anwendungsbereich einer Norm durch Präzisierung und Konkretisierung im Wege der Auslegung nach Möglichkeit auszuräumen", BVerfGE 126, 170 (198).

45 So *Eisele*, in: Schönke/Schröder (Fn. 12), § 184j Rn. 1; Wissenschaftliche Dienste (Deutscher Bundestag), WD 7 - 3000 -113/16, S. 10 ff.; siehe auch *Renzikowski*, in: Joecks/Miebach (Hrsg.) (Fn. 9), § 184j Rn. 5.

46 Vgl. *Volk*, ZStW 97 (1985), 871 (872).

47 Siehe *Frisch*, in: FS Stree und Wessels, 1993, S. 69.

48 Siehe auch *Bock/Harrendorf*, ZStW 126 (2014), 337 (365) m.w.N.

49 *Frisch*, in: FS Stree und Wessels, 1993, S. 69 (82 ff.); *Bock/Harrendorf*, ZStW 126 (2014), 337 (367).

1. *Objektive Bedingungen der Strafbarkeit: Unrechtsneutralität und phänomenologischer Zusammenhang zur Tathandlung*

Objektive Bedingungen der Strafbarkeit stehen außerhalb des Unrechts- und Schuldtatbestandes.[50] Von ihrem Eintritt hängt zwar die Strafbarkeit ab, sie muss aber nicht vom Verschulden des Täters umfasst sein.[51] Es kommt also insoweit nicht darauf an, dass dem Täter ein Vorwurf individuellen Fehlverhaltens gemacht werden kann. Ob und unter welchen Voraussetzungen objektive Bedingungen der Strafbarkeit mit dem aus der Menschenwürdegarantie[52] bzw. dem Rechtsstaatsprinzip[53] abgeleiteten Schuldprinzip im Einklang stehen, ist umstritten. Schließlich gestattet dieser für die deutsche Rechtsordnung konstitutive Fundamentalgrundsatz[54] eine strafrechtliche Tatahndung nur dann, wenn und soweit der Täter die Tat persönlich zu verantworten hat.[55] Nach h.M. sind objektive Bedingungen der Strafbarkeit dann verfassungsrechtlich zulässig, wenn sie unrechtsneutral sind, also wenn das tatbestandliche Verhalten für sich genommen, also auch ohne Eintritt der objektiven Bedingung der Strafbarkeit, ein hinreichend strafwürdiges Unrecht darstellt.[56] Die objektive Bedingung der Strafbarkeit hat nach diesem Verständnis strafbarkeitsbegrenzende und damit täterbegünstigende Wirkung: Mit ihr wird auf die Bestrafung eines an sich strafwürdigen Verhaltens verzichtet, weil es im konkreten Fall ohne (schwerwiegende) Folgen geblieben ist und es sich daher als nicht strafbedürftig erwiesen hat.[57]

Übertragen auf den § 184j StGB folgt hieraus zunächst, dass die aus der Gruppe heraus begangene Sexualstraftat für das tatbestandliche Unrecht grundsätzlich irrelevant ist. Dies erscheint merkwürdig, da erst diese die Einstufung des § 184j StGB als Straftat gegen die sexuelle Selbstbestim-

---

50 Siehe nur *Mitsch*, in: Baumann/Weber/Mitsch/Eisele (Fn. 40), § 20 Rn. 2; *Roxin*, Strafrecht, Allgemeiner Teil, Bd. 1, 4. Aufl. 2016, § 23 Rn. 1; auch *Schmidhäuser*, ZStW 71 (1959), 545 (546 f.).

51 *Roxin* (Fn. 50), § 23 Rn. 1.

52 Siehe z.B. BVerfGE 90, 145 (173); BVerfGE 123, 267 (413); BVerfGE 140, 317 (342).

53 Siehe z.B. BVerfGE 20, 323 (331); BVerfGE 58, 163; BVerfGE 123, 267 (413).

54 Vgl. BVerfGE 123, 267 (413).

55 Siehe nur *Freund*, in: Joecks/Miebach (Hrsg.), Münchener Kommentar zum Strafgesetzbuch, 4. Aufl. 2020, Vor §§ 13 ff. Rn. 242 ff.; *Eisele*, in: Schönke/Schröder (Fn. 12), Vor §§ 13 ff. Rn. 103 f.; auch BVerfGE 140, 317 (343).

56 BGHSt 16, 125 (125 f.); siehe auch *Schmidhäuser*, ZStW 71 (1959), 545 (548); *Mitsch*, in: Baumann/Weber/Mitsch/Eisele (Fn. 40), § 20 Rn. 2.

57 Vgl. *Schmidhäuser*, ZStW 71 (1959), 545 (561); *Hörnle*, BRJ 2017, 57 (59).

mung rechtfertigt. Die Tat, die der Täter durch seine Beteiligung an der Gruppe fördert, sowie die Tat, zu deren Begehung die Gruppe eine andere Person bedrängt, müssen zwar vom Vorsatz des Täters umfasst sein,[58] weisen aber – wie gesehen – nicht zwingend einen Sexualbezug auf. § 184j StGB kann also dazu führen, dass jemand wegen einer Sexualstraftat verurteilt wird, obwohl er weder wusste noch hätte wissen können, dass er Teil einer Gruppe war, aus der heraus eine andere Person in ihrer sexuellen Selbstbestimmung verletzt wurde.[59] Dies will die Gesetzesbegründung offenbar damit rechtfertigen, dass derjenige, der sich an einer Gruppe beteiligt, die „böse" Absichten hegt, deren Dynamik verstärkt und damit das Risiko erhöht, dass aus dieser Gruppe heraus Straftaten begangen werden. Selbst wenn man sich aber die allgemeine Einschätzung des Gesetzgebers zur Gefährlichkeit von Gruppen zu eigen macht, kann man wohl nicht davon ausgehen, dass der Bedrängung einzelner Personen durch eine Gruppe eine spezifische oder typische Gefahr von sexuellen Übergriffen innewohnt. Dies tut auch der Gesetzgeber im Übrigen nicht, geht er doch davon aus, dass mit dem tatbestandlich umschriebenen „modus operandi neben den Sexualdelikten auch Vermögens- oder Körperverletzungsdelikte begangen werden."[60]

Vor diesem Hintergrund überzeugt auch der vom Gesetzgeber gezogene Vergleich zur Beteiligung an einer Schlägerei (§ 231 StGB)[61] nicht.[62] Hier hat bereits das tatbestandliche Verhalten – die Beteiligung an einer mit gegenseitigen Körperverletzungen verbundenen Auseinandersetzung (Schlägerei)[63] oder einem von mehreren verübten Angriff, bei dem mindestens zwei Personen in feindseliger Willensrichtung unmittelbar auf den Körper eines anderen einwirken wollen[64] – einen klaren Bezug zum Rechtsgut der

---

58 BT-Drs. 18/9097, S. 31.

59 Siehe auch *Renzikowski*, in: Joecks/Miebach (Hrsg.) (Fn. 9), § 184j Rn. 5 sowie *Hörnle*, BRJ 2017, 57 (60 f.).

60 BT-Drs. 18/9097, S. 31.

61 BT-Drs. 18/9097, S. 31; siehe auch Wissenschaftliche Dienste (Deutscher Bundestag), WD 7 - 3000 -113/16, S. 4; *Hörnle*, BRJ 2017, 57.

62 Ebenso *Renzikowski*, in: Joecks/Miebach (Hrsg.) (Fn. 9), § 184j Rn. 5; *Noltenius*, in: Wolter (Hrsg.) (Fn. 4), § 184j Rn. 13. Zu Wertungswidersprüchen auf Rechtsfolgenseite siehe *Heger*, in: Lackner/Kühl (Fn. 13), § 184j Rn. 7; *Fischer* (Fn. 13), § 184j Rn. 21.

63 BGHSt 15, 369 (370).

64 BGHSt 31, 124 (126).

körperlichen Unversehrtheit,[65] auf das auch die objektive Bedingung der Strafbarkeit Bezug nimmt. Körperliche Auseinandersetzungen zwischen mehreren Beteiligten sind typischerweise in ihren Auswirkungen nicht voll beherrschbar und haben eine erhebliches Eskalationspotential.[66] Ihnen ist damit erfahrungsgemäß die zumindest abstrakte Gefahr schwerwiegender Verletzungen inhärent.[67] Der Eintritt der objektiven Bedingung (schwere Körperverletzung i.S.d. §§ 223, 226 StGB oder Tod eines anderen Menschen) ist eine typische Folge der tatbestandlichen Handlung; sie ist gleichsam in der Beteiligung an einer Schlägerei bzw. einem von mehreren verübten Angriff angelegt.[68] Bei § 184j StGB fehlt es hingegen an einem vergleichbaren phänomenologischen Zusammenhang.[69] Man wird kaum den Erfahrungssatz aufstellen können, dass in Fällen, in denen eine Gruppe eine Person bedrängt, um ihr die Brieftasche zu stehlen, typischerweise die Gefahr besteht, dass aus dieser Gruppe heraus Sexualdelikte gegen beliebige andere Personen begangen werden.[70] Dass auch Beteiligungs- und Förderungshandlungen, die weder objektiv noch subjektiv einen Sexualbezug aufweisen, zu einer Verurteilung wegen einer Sexualstraftat führen können,[71] ist unter schuldstrafrechtlichen Gesichtspunkten bedenklich.[72] Zwar wird das mit dem Urteil verbundene „Labeling", also die Zuschreibung eines (mit-)verantworteten Unrechts, dadurch abgemildert, dass die

---

65 Vgl. auch *Paeffgen/Böse*, in: Kindhäuser/Neumann/Paeffgen (Hrsg.) (Fn. 8), § 231 Rn. 2, denen zufolge § 231 StGB in der Schlägerei-Variante ein Körperverletzungsdelikt, in der Angriffs-Variante ein konkretes Körpergefährdungsdelikt ist. Dagegen *Hohmann*, in: Joecks/Miebach (Hrsg.) (Fn. 9), § 231 Rn. 2. Nach *Hoven*, DRiZ 2017, 280 (284) setzt jeder Teilnehmer an einer Schlägerei erkennbar ein Risiko für die körperliche Unversehrtheit anderer.

66 Vgl. auch *Paeffgen/Böse*, in: Kindhäuser/Neumann/Paeffgen (Hrsg.) (Fn. 8), § 231 Rn. 2.

67 BGHSt 33, 100 (193); *Hohmann*, in: Joecks/Miebach (Hrsg.) (Fn. 9), § 231 Rn. 2.

68 Siehe auch *Sternberg-Lieben*, in: Schönke/Schröder (Fn. 12), § 231 Rn. 1: „[M]it dem Eintritt der Folge wird die Gefährlichkeit eines bereits strafwürdigen Verhaltens geradezu sinnhaft zum Ausdruck gebracht."

69 *Hoven*, DRiZ 2017, 280 (284); auch *Bauer*, RuP 2017, 46 (57); *Fischer* (Fn. 13), § 184j Rn. 20; *Noltenius*, in: Wolter (Hrsg.) (Fn. 4), § 184j Rn. 2, 13; *Wolters*, in: Satzger/Schluckebier/Widmaier (Hrsg.) (Fn. 8), § 184j Rn. 12.

70 Auch *Hoven*, DRiZ 2017, 280 (284); *Bezjak*, KJ 49 (2016), 557 (570); *Fischer* (Fn. 13), § 184j Rn. 20; *Noltenius*, in: Wolter (Hrsg.) (Fn. 4), § 184j Rn. 13.

71 Vgl. auch das Beispiel bei *Heger*, in: Lackner/Kühl (Fn. 13), Vor §§ 174 ff. Rn. 15.

72 Siehe auch die Kritik bei *Heger*, in: Lackner/Kühl (Fn. 13), § 184j Rn. 1 („Fremdkörper im 13. BT-Abschnitt") sowie Wissenschaftliche Dienste (Deutscher Bundestag), WD 7 - 3000 -113/16, S. 29 f. Nach *Ziegler*, in: v. Heintschel-Heinegg (Fn. 17), § 184j Rn. 2 hätte § 184j StGB „systematisch" auch den Delikten gegen die öffentliche Ordnung zugeordnet werden können.

für die Tenorierung maßgebliche gesetzliche Überschrift des § 184j StGB („Straftaten aus Gruppen") neutral gefasst ist.[73] Dies ändert aber nichts daran, dass es sich gesetzessystematisch um eine Straftat gegen die sexuelle Selbstbestimmung handelt.[74]

2. *Strafwürdige Beteiligung an gefährlichen Gruppen?*

Subtrahiert man die objektive Bedingung der Strafbarkeit,[75] so besteht das strafrechtlich relevante Verhalten bei § 184j StGB darin, dass der Täter eine Straftat dadurch fördert, dass er sich an einer Gruppe beteiligt, die eine andere Person zur Begehung einer Straftat an ihr bedrängt. Geht man davon aus, dass sich die Tatförderung zumindest im Regelfall in der Beteiligung an der Gruppe erschöpft bzw. erschöpfen kann (dazu oben II.) und dass die Straftat an der bedrängten Person nicht zwingend das Versuchsstadium erreicht haben muss (dazu oben II.), so reduziert sich der Tatbestand auf die Beteiligung an einer Gruppe, die eine andere Person in krimineller Absicht bedrängt. Die zugrunde liegende Verhaltensnorm würde dementsprechend lauten: „Beteilige Dich nicht an Gruppen, die andere in krimineller Absicht bedrängen" bzw. – sofern es sich um eine zunächst sozial-adäquat agierende Gruppe handelt, die erst später den Willen zur Straftatbegehung fasst – „Entferne Dich von Gruppen, die andere in krimineller Absicht bedrängen". Ob damit hinreichend konkret objektives Handlungsunrecht umschrieben wird, lässt sich bezweifeln.[76] Da „Bedrängen" auch Freiheitsbeeinträchtigungen umfasst, die unterhalb der Schwelle der Freiheitsberaubung bzw. der Nötigung liegen (dazu oben II.), handelt es sich um ein objektives Geschehen, das für den Betroffenen zwar bedrohlich und unangenehm sein mag, aber grundsätzlich als sozial noch tolerierbar gilt.[77] Zum strafwürdigen Unrecht wird es nach der Konstruktion des § 184j StGB erst durch die kriminelle Gruppenintention, wobei der Einzelne insoweit mit zumindest bedingtem Vorsatz handeln muss. Er muss es also

---

73 Hierauf weist *Eisele*, in: Schönke/Schröder (Fn. 12), § 184j Rn. 1 hin; siehe auch *Hörnle*, BRJ 2017, 57 (61).

74 Siehe auch *Hörnle*, BRJ 2017, 57 (61); zu den Spannungen, die sich aus der Verortung der Norm im 13. Abschnitt des StGB und dem fehlenden Sexualbezug der Tathandlung ergeben auch *Wolters*, in: Satzger/Schluckebier/Widmaier (Hrsg.) (Fn. 8), § 184j Rn. 2.

75 Siehe hierzu auch *Hörnle*, BRJ 2017, 57 (59 f.).

76 *Frommel*, in: Kindhäuser/Neumann/Paeffgen (Hrsg.) (Fn. 8), § 184j Rn. 4.

77 Offengelassen bei *Hörnle*, BRJ 2017, 57 (60).

für möglich halten und in Kauf nehmen, dass die Personengruppe, an der er sich vorsätzlich beteiligt, eine andere Person bedrängt und dabei den Zweck verfolgt, an dieser Person eine Straftat zu begehen.[78] Maßgeblich für den strafrechtlichen Vorwurf ist daher die innere Tatseite: der Vorsatz des Täters und insbesondere seine Kenntnis von der kriminellen Gruppenintention.[79]

IV. § 184j StGB als Ausdruck eines systemischen Zurechnungsmodells?

Die Schwierigkeiten, den Regelungs- und Unrechtsgehalt des § 184j StGB zu erfassen, könnten darin begründet liegen, dass ihm ein neues, dem deutschen Strafrecht so noch nicht bekanntes Zurechnungsmodell zugrunde liegt.[80] Im Zentrum der Norm und der Gesetzesbegründung steht die Beteiligung an einer gefährlichen Gruppe und die hiermit verbundene Verstärkung kriminogener gruppendynamischer Prozesse. Die Gruppe bzw. die Beteiligung hieran wird zu einer Art „Zurechnungsscharnier“: Der Einzelne ist Bestandteil der Gruppe und wird als solcher der Gruppe zugerechnet. Die in krimineller Intention handelnde Gruppe selbst wird als Förderer aller aus der Gruppe heraus begangenen Straftaten angesehen. In diesem Sinne begünstigt sie als Kollektiv, in dem abweichendes Verhalten geduldet und verstärkt wird, auch die die Strafbarkeit auslösende Sexualstraftat. Dies gilt auch dann, wenn sich die konstituierende „Gruppenabsicht“ auf die Begehung anderer Straftaten – z.B. Vermögensdelikte – bezieht. Vermittelt über die Gruppenzugehörigkeit wird sodann jedem Gruppenmitglied objektiv eine Mitverantwortung für die kriminellen gruppendynamischen Prozesse und damit auch für die aus der Gruppe heraus begangene Sexualstraftat zugeschrieben. Es besteht damit kein direkter Zusammenhang zwischen der tatbestandlichen Handlung und dem Eintritt der objektiven Bedingung der Strafbarkeit; dieser wird erst mittelbar über die Beteiligung an der gefährlichen Gruppe hergestellt.

---

78 *Hörnle*, BRJ 2017, 57 (60), die zusätzlich verlangt, dass der Einzelne vorsätzlich zum Bedrängungseffekt beiträgt. Dabei dürfte es sich aber bereits um eine einschränkende Auslegung handeln. Nach dem Wortlaut des § 184j StGB kommt es nur darauf an, dass die Gruppe das Opfer bedrängt. Damit scheint es nicht zwingend erforderlich zu sein, dass der Einzelne (über seine allgemeine Beteiligung an der Gruppe hinaus) an der Bedrängung des Opfers mitwirkt.

79 Siehe auch *Hörnle*, BRJ 2017, 57 (60).

80 Siehe auch den Vorwurf von *Fischer* (Fn. 13), § 184j Rn. 20 („schlichte Umgehung der Regeln über die Zurechnung“).

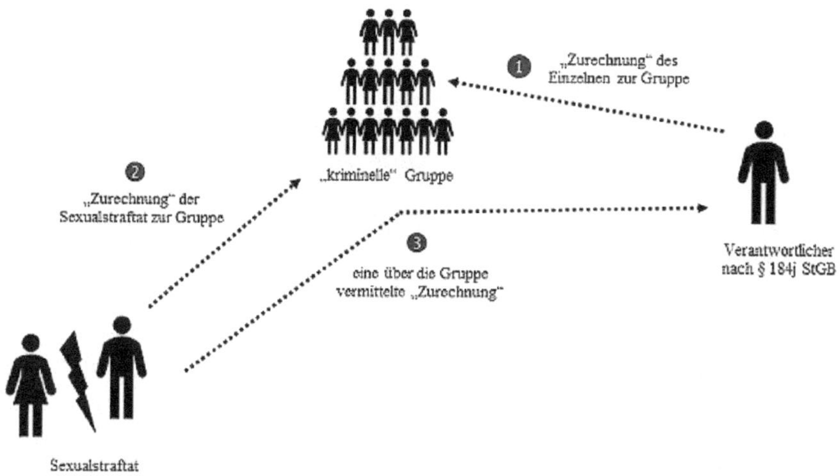

Nach diesem Verständnis liegt § 184j StGB ein systemisches Zurechnungsmodell zugrunde, das individuelle Verantwortlichkeit anhand des Beitrags des Einzelnen im kriminellen Systemverband zuschreibt und für die Begründung seiner strafrechtlichen Verantwortlichkeit maßgeblich an die Beteiligung an diesem Systemverband anknüpft.[81]

V. § 184j StGB: Ein Schritt in Richtung Joint-Criminal-Enterprise-Doktrin?

In seiner kollektivbezogenen Zurechnungsstruktur erinnert § 184j StGB an die aus der völkerstrafrechtlichen Rechtsprechung der *ad-hoc* Tribunale, dem Internationalen Strafgerichtshof für das ehemalige Jugoslawien (ICTY) und dem Internationalen Strafgerichtshof für Ruanda (ICTR), bekannten Figur der Beteiligung an einem *joint criminal enterprise* (JCE).[82] Es

81 Terminologie nach *Vogel*, ZStW 114 (2002), 403 (420 f.), der sich mit der Charakterisierung der mit § 184j StGB strukturell vergleichbaren Joint-Criminal-Enterprise befasst; siehe hierzu auch *Bock*, ZIS 2017, 410 (417) m.w.N.

82 Grundlegend ICTY, *Prosecutor v. Tadic*, IT-94-1-A (Judgement, 15 July 1999), Rn. 224 ff.

handelt sich um eine besondere Form der Tatbegehung (der „commission of a crime“).[83] In objektiver Hinsicht wird dabei dreierlei vorausgesetzt:[84]

- eine Mehrzahl von Personen, die weder in einer militärischen, administrativen oder politischen Struktur bzw. Organisation eingebunden noch im Einzelnen mit Namen identifiziert[85] sein müssen;
- ein (nicht notwendigerweise vor der Tatbegehung vereinbarter) Zweck bzw. Plan, der sich ggf. auch erst während der Tatbegehung aus der konkreten Situation ergeben kann;
- sowie eine Beteiligung an dem gemeinsamen Zweck.

Aus der letzten Voraussetzung folgt, dass die bloße (passive) Mitgliedschaft in einem kriminellen Zweckverbund nicht genügt, um über die JCE-Doktrin strafrechtlich zur Verantwortung gezogen werden zu können.[86] Welche konkreten Anforderungen an das Beteiligungserfordernis zu stellen sind, ist allerdings unklar und umstritten. Während einige Kammern jeden auch noch so geringfügigen Förderungsakt ausreichen lassen wollen,[87] verlangen andere eine signifikante (aber keine wesentliche, notwendige

83 ICTY, *Prosecutor v. Tadic*, IT-94-1-A (Judgement, 15 July 1999), Rn. 188; ICTY, *Prosecutor v. Milutinovic, Sainovic and Ojdanic*, IT-99-37-AR72 (Decision on Dragoljub Ojdanic's Motion Challenging Jurisdiction – Joint Criminal Enterprise, 21 May 2003); ICTY, *Prosecutor v. Stanisic and Zupljanin*, IT-08-91-A (Judgement, 30 June 2016), Rn. 109; ICTY, *Prosecutor v. Krstic*, IT-98-33-T (Judgement, 02 August 2001), Rn. 601; ICTR, *Ndahimana v. Prosecutor*, ICTR-01-68-A (Judgement, 16 December 2013), Rn. 201; ICTR, *Prosecutor v. Ndindiliyimana et al.*, ICTR-00-56-T (Judgement and Sentence, 17 May 2011), Rn. 1912.

84 ICTY, *Prosecutor v. Tadic*, IT-94-1-A (Judgement, 15 July 1999), Rn. 227; ICTY, *Prosecutor v. Karadzic*, IT-95-5/18-T (Judgement, 24 March 2016), Rn. 560 ff.; siehe auch *Bock*, ZIS 2017, 410 (416); *Ambos*, Treatise on International Criminal Law. Volume I: Foundations and General Part, 2013, S. 124 f.

85 ICTY, *Prosecutor v. Brdanin*, IT-99-36-A (Judgement, 3 April 2007), Rn. 430.

86 ICTY, *Prosecutor v. Brdanin*, IT-99-36-T (Judgement, 1 September 2004), Rn. 263; ICTR, *Prosecutor v. Karemera and Ngirumpatse*, ICTR-98-44-T (Judgement and Sentence, 2 February 2012), Rn. 1437.

87 Sehr weitgehend ICTR, *Prosecutor v. Mpambara*, ICTR-01-65-T (Judgement, 11 September 2006), Rn. 13 („there is no minimum threshold of significance or importance and the act need not independently be a crime") unter Verweis auf ICTY, *Prosecutor v. Kvocka et al.*, IT-98-30/1-A (Judgement, 28 February 2005), Rn. 97 ("there is no specific legal requirement that the accused make a substantial contribution to the joint criminal enterprise"); sehr weit auch ICTY, *Prosecutor v. Vasiljevic*, IT-98-32-A (Judgement, 25 February 2004), Rn. 100 ("participation [...] may take the form of assistance in, or contribution to, the execution of the common purpose.").

oder unverzichtbare) Mitwirkung.[88] Eine direkte und unmittelbare Beteiligung an den Verbrechen selbst ist jedenfalls nicht erforderlich.[89]

Auf subjektiver Ebene wird zwischen drei verschiedenen Formen des JCE unterschieden.[90] In der Grundform (JCE I) wirken die Beteiligten auf Grundlage eines gemeinsamen Plans und mit gemeinsamen Vorsatz zusammen. Die zweite Form (JCE II) ist auf Taten zugeschnitten, die in Konzentrationslagern oder ähnlichen Systemzusammenhängen begangen werden. Im Unterschied zur JCE I muss dem Beschuldigten kein Vorsatz bezüglich konkreter Tathandlungen nachgewiesen werden. Es genügt, wenn er das System der Misshandlung kennt und insoweit mit Förderungsvorsatz gehandelt hat. Dieser kann ggf. allein aus der hierarchischen Stellung der Beteiligten abgeleitet werden. In ihrer dritten Form ermöglicht die JCE-Doktrin die Zurechnung von Exzesstaten, die nicht vom gemeinsamen Plan bzw. dem gemeinsamen Vorsatz umfasst sind. Voraussetzung hierfür ist, dass (i) der Beschuldigte den Vorsatz hatte, sich an dem JCE zu beteiligen und dessen kriminellen Zweck zu fördern und (ii) dass die Begehung der möglichen Exzesstaten vorhersehbar war. Insoweit wird verlangt, dass sich der Beschuldigte bewusst war, dass das JCE höchstwahrscheinlich einen bestimmten Erfolg herbeiführen würde und er dieses Risiko in Kauf nahm.

Aus Sicht der Strafverfolgung liegt der offenkundige Vorteil der JCE-Doktrin darin, dass sie bei Kollektivtaten eine beweistechnisch einfache Möglichkeit bietet, die bei der Tatbegehung nicht anwesenden Hintermänner zur Verantwortung zu ziehen.[91] Insbesondere muss die Anklage nicht nachweisen, dass zwischen der Handlung des Beschuldigten und der konkreten Tat eine direkte Verbindung oder ein unmittelbarer Zusammenhang bestand.[92] Vor allem die dritte Kategorie, die sich mit der Vorhersehbarkeit der (Exzess)Tat begnügt und im Übrigen allein auf die Mit-

---

88 ICTY, *Prosecutor v. Brdanin*, IT-99-36-A (Judgement, 3 April 2007), Rn. 430; ICTY, *Prosecutor v. Karadzic*, IT-95-5/18-T (Judgement, 24 March 2016), Rn. 564; ICTR, *Prosecutor v. Bizimungu et al.*, ICTR-99-50-T (Judgment and Sentence, 30 September 2011), Rn. 1907.

89 ICTY, *Prosecutor v. Vasiljevic*, IT-98-32-A (Judgement, 25 February 2004), Rn. 100; ICTR, *Prosecutor v. Bizimungu et al.*, ICTR-99-50-T (Judgment and Sentence, 30 September 2011), Rn. 1907.

90 Grundlegend ICTY, *Prosecutor v. Tadic*, IT-94-1-A (Judgement, 15 July 1999), Rn. 220; siehe auch *Bock*, ZIS 2017, 410 (416 f.); *Ambos* (Fn. 84), S. 125 ff.

91 *Gustafson*, JICJ 5 (2007), 134 (137, 145); auch *van Sliedregt*, JICJ 5 (2007), 184 (187); *van der Wilt*, JICJ 5 (2007), 91 (98).

92 *Ambos* (Fn. 84), S. 175; auch *van Sliedregt*, JICJ 5 (2007), 184 (187); *van der Wilt*, JICJ 5 (2007), 91 (101).

wirkung an dem „criminal enterprise" abstellt, ähnelt der Pönalisierung der aktiven Gruppenmitgliedschaft[93] wie sie sich im deutschen Strafrecht z.B. in § 129 Abs. 1 StGB (Beteiligung an einer kriminellen Vereinigung),[94] aber nun eben auch in § 184j StGB findet. Wie bei der JCE III ist der Täter Teil einer Personengruppe, die die (kriminelle) Absicht eint, eine Straftat an einer bestimmten, von ihr bedrängten Person zu begehen. Diesen gemeinsamen Zweck fördert der Täter – wenn auch ggf. nur in geringfügiger Weise – durch seine Beteiligung an der Gruppe. Insoweit handelt er vorsätzlich. Die „Zurechnung" der nicht mehr vom Gruppenzweck gedeckten Sexualstraftat erfolgt nach dem Grundgedanken der JCE III allein über die Vorhersehbarkeit der Tatbegehung, die sich nach Vorstellung des deutschen Gesetzgebers aus der für den Täter erkennbaren, allgemeinen Gefährlichkeit von gruppendynamischen Prozessen ergibt.[95]

Ein wichtiger Unterschied zwischen JCE (III) und § 184j StGB besteht allerdings darin, dass erstere eine (wohl sogar täterschaftliche)[96] Mitverantwortung für die im Rahmen des Zweckverbands begangenen (Exzess-)Ta-

---

93 Auch *Danner/Martinez*, Cal. L. Rev. 93 (2005), 75 (117 ff.); *Ohlin*, JICJ 5 (2007), 69 (81); *Ambos* (Fn. 84), S. 173; auch *Bock*, ZIS 2017, 410 (417); ebenso für JCE II *van der Wilt*, JICJ 5 (2007), 91 (97).

94 Hierzu im Kontext des Völkerstrafrechts *Bock*, ZIS 2017, 410 (414 f.).

95 Welche Anforderungen konkret an das Vorhersehbarkeitskriterium i.S.d. JCE III zu stellen sind, ist unklar. Die internationale Rechtsprechung ist insoweit nicht einheitlich. Jedenfalls sind starke Tendenzen zur Objektivierung der Vorhersehbarkeit zu erkennen; siehe ICTY, *Prosecutor v. Karadžić*, IT-95-5/18 (Decision on Prosecution's Motion Appealing Trial Chamber's Decision on JCE III Forseeability, 25 June 2009), para. 18: „JCE III *mens rea* does not require a 'probability' that a crime would be committed. [...]. It is, however, worth noting that the term 'possibility standard' is not satisfied by implausible remote scenarios. Plotted on a spectrum of likelihood, the JCE III *mens rea* standard does not require an understanding that a deviatory crime would *probably* be committed; it does, however, require that the possibility a crime could be committed is suffiently substantial as be foreseeable to an acussed."; ICTY, *Prosecutor v. Milošević* (Decision on Motion for Judgement of Acquittal, 16 June 2004), para. 290 ("reasonably foreseeable"); siehe auch *Ambos*, Internationales Strafrecht, 5. Aufl. 2018, § 7 Rn. 32. Insgesamt ist dem Vorhersehbarkeitskriterium in der völkerstrafrechtlichen Praxis kaum strafbarkeitsbegrenzende Wirkung zugekommen, siehe *Fletcher/Ohlin*, JICJ 3 (2005), 529 (550). JCE III wird daher von Teilen der Literatur mit gewichtigen Argumenten als eine Art objektive Erfolgshaftung angesehen, die mit dem Schuldprinzip nicht zu vereinbaren ist; *Fletcher/Ohlin*, JICJ 3 (2005), 529 (550); *Ambos* (Fn. 84), S. 174; auch *Bock*, ZIS 2017, 410 (417).

96 *Vest*, Völkerrechtsverbrecher verfolgen. Ein abgestuftes Mehrebenenmodell systemischer Tatherrschaft, 2011, S. 289; vertiefend zum Diskussionsstand *Ambos* (Fn. 84), S. 161 m.w.N.

ten begründet, letzterer hingegen – sieht man von der Einordnung der Norm als Sexualstraftat einmal ab – nur die Beteiligung an einer kriminellen Gruppe als solche strafrechtlich erfasst.[97] Auf Ebene der Rechtsfolgen wird dieser Differenzierung freilich nicht konsequent Rechnung getragen. So droht demjenigen, der sich i.S.d. § 184j StGB an einer Gruppe beteiligt, die gleiche Strafe, wie dem Gruppenmitglied, das täterschaftlich die die Strafbarkeit auslösende sexuelle Belästigung nach § 184i StGB begeht (in beiden Fällen: Freiheitsstrafe bis zu zwei Jahren oder Geldstrafe).

VI. Ergänzung der allgemeinen Zurechnungslehre?

Die Überlegung, dass § 184j StGB kein Sexualdelikt im eigentlichen Sinne, sondern eine systemische, gruppenbezogene Zurechnungsregel ist, indiziert, dass die Vorschrift verallgemeinerungsfähig ist, sie also in generalisierender Weise individuelle Verantwortlichkeit in kollektiven Handlungszusammenhängen konstruiert bzw. zuschreibt.[98] Damit läge es nahe, sie aus ihrem Bezug zu den Taten gegen die sexuelle Selbstbestimmung zu lösen und in den Allgemeinen Teil zu überführen. Eine entsprechende Vorschrift könnte lauten:

> *Wer sich an einer Personengruppe beteiligt,[99] die eine andere Person zur Begehung einer Straftat an ihr bedrängt, wird mit Freiheitsstrafe bis zu drei Jahren[100] bestraft, wenn von einem Beteiligten der Gruppe eine Straftat gegen das Leben, die körperliche Unversehrtheit, die persönliche Freiheit, die Ehre, das Eigentum oder das Vermögen[101] begangen wird.*

---

97 Allgemein zum Unterschied zwischen JCE und der Pönalisierung der Mitgliedschaft in einer Gruppe: *Prosecutor v. Milutinovic et al.*, IT-99-37-AR72 (Decision on Dragoljub Ojdanić's Motion Challenging Jurisdiction—Joint Criminal Enterprise, 21 May 2003), Rn. 26: „Criminal liability pursuant to joint criminal enterprise is not a liability for mere membership or for conspiring to commit crimes, but a form of liability concerned with the participation in the commission of a crime as part of a joint criminal enterprise."; auch *Bock*, ZIS 2017, 410 (417).

98 Siehe *Hörnle*, BRJ 2017, 57 (61).

99 Die insoweit von § 184j StGB abweichende Formulierung will der Tatsache Rechnung tragen, dass dem Einleitungssatz „Wer eine Straftat dadurch fördert" (wohl) keine eigenständige, strafbarkeitsbegrenzende Wirkung zukommt, siehe oben II.

100 Der Strafrahmen ist an § 231 StGB angelehnt, da es nunmehr auch denkbar ist, dass aus der Gruppe heraus ein Tötungsdelikt begangen wird.

101 Um dem Bestimmtheitsgebot angemessen Rechnung zu tragen, müssten die Straftaten durch Verweis auf einzelne Tatbestände konkretisiert werden. Bei der

Im Vergleich zu § 184j StGB hat diese allgemeine Konstruktion den Vorzug, dass sie – im Einklang mit der Gesetzesbegründung – den Fokus auf gruppendynamische Prozesse und gruppenspezifische Bedrohungsszenarien legt und nicht auf die Sexualstraftat.[102] Damit entfällt der gegen § 184j StGB gerichtete Vorwurf, dass es an einem phänomenologischen Zusammenhang zwischen Tathandlung und objektiver Bedingung der Strafbarkeit fehlt, der aber notwendig wäre, um die Verurteilung wegen einer Sexualstraftat zu rechtfertigen (s.o. III.1.). Geht man mit dem Gesetzgeber davon aus, dass dem in § 184j StGB umschriebenen „modus operandi" die Gefahr innewohnt, dass aus der Gruppe heraus Sexual-, Vermögens-, und Körperverletzungsdelikte begangen werden, wirkt es willkürlich, wenn die Strafdrohung einseitig und selektiv an eine Verletzung des Rechts auf sexuelle Selbstbestimmung anknüpft.[103] Eine allgemeine Zurechnungsregel würde „gruppenspezifische Phänomene in systematischer und konsistenter Weise" erfassen;[104] der Zusammenhang zwischen Handlung und objektiver Bedingung der Strafbarkeit ließe sich wohl über die vom Gesetzgeber beschriebenen gruppendynamischen Prozesse konstruieren. Die Annahme, dass der Beteiligung an kriminellen Gruppen in Bedrängungsszenarien typischerweise die Gefahr innewohnt, dass es aus der Gruppe heraus zu Übergriffen kommt und dass sich diese gegen unterschiedliche (Individual-)Rechtsgüter richten können, erscheint zumindest nicht unplausibel.

1. Zweifache Erweiterung der Strafbarkeit

Im Vergleich mit den allgemeinen Beteiligungsvorschriften (§§ 25-27 StGB) wäre mit einer gruppenspezifischen Zurechnungsregel wie der hier skizzierten eine Vorverlagerung der Strafbarkeit und Absenkung der subjektiven Tatvoraussetzungen verbunden. Die Vorverlagerung ergibt sich daraus, dass es für die Verwirklichung des Unrechtstatbestandes (also des Tatbestandes abzüglich der objektiven Bedingung der Strafbarkeit) genügt, dass eine andere Person zur Begehung einer Straftat bedrängt wird, wobei

---

Auswahl der Taten wäre zu berücksichtigen, welche Art von Übergriffen bzw. Rechtsgutsverletzungen typischerweise durch gruppenspezifische Prozesse gefördert werden.

102 *Hörnle*, BRJ 2017, 57 (61); auch *dies.*, NStZ 2017, 13 (21).

103 Vgl. allgemein *Schmidhäuser*, ZStW 71 (1959), 545 (561), der darlegt, dass der Einsatz von objektiven Bedingungen der Strafbarkeit nicht zu einer sachfremden, willkürlichen Beschränkung der Strafbarkeit führen darf.

104 *Hörnle*, BRJ 2017, 57 (60).

diese Tat nicht zwingend das Versuchsstadium erreicht haben muss (s.o. II.). Zugleich müssen die vergleichsweise strengen subjektiven Voraussetzungen der Mittäterschaft bzw. Beihilfe nicht erfüllt sein.[105] Bei der Mittäterschaft muss die gemeinsame Tatbegehung bekanntermaßen auf Basis eines gemeinsamen Tatplans erfolgen. Dieser ist Grundlage und Grenze der wechselseitigen Zurechnung von Tatbeiträgen. Auch wenn Handlungen, mit denen nach den Umständen des Falles gerechnet werden muss, noch vom gemeinsamen Tatentschluss erfasst sein sollen,[106] darf die tatsächlich ausgeführte Tat nicht wesentlich von den Vorstellungen der Beteiligten abweichen.[107] Ein Haftung für Exzesstaten, die über den gemeinsamen Tatplan hinausgehen und nicht vom gemeinsamen Willen der Beteiligten gedeckt sind, ist damit ausgeschlossen.[108] Ähnliches gilt für die Beihilfe.[109] Der Gehilfe muss vorsätzlich zu einer vorsätzlichen und rechtswidrigen Tat Hilfe leisten. Auch wenn bezüglich der Haupttat keine Detailkenntnis verlangt wird, so muss der Gehilfe doch ihre wesentlichen Merkmale und insbesondere ihre Unrechts- und Angriffsrichtung zumindest bedingt vorsätzlich erfassen.[110] Eine andere rechtliche Einordnung der Haupttat ist nur unschädlich, wenn es sich nicht um eine grundsätzlich andere Tat handelt.[111] Glaubt der Gehilfe also, den Haupttäter bei einem Diebstahl zu unterstützen, kann er nicht zur Verantwortung gezogen werden, wenn dieser die Situation zur Begehung einer Sexualstraftat nutzt.[112] Eine nach Vorbild des § 184j StGB konstruierte gruppenspezifische Zurechnungsvorschrift würde hingegen auch greifen, wenn (als objektive Bedingung der Strafbarkeit) aus der Gruppe heraus eine völlig andere Straftat begangen wird, als die, auf die nach Vorstellung des Täters das Bedrängen gerichtet war und die damit nach den Wertungen der §§ 25-27 StGB einen

---

105 Siehe hierzu *Hörnle*, BRJ 2017, 57 (61).

106 Siehe z.B. BGH NStZ 2000, 29 (30); BGH NStZ 2001, 71 (72); BGH NStZ 2002, 597; BGH NStZ 2005, 261; BGH NStZ 2017, 272.

107 Z.B. BGHSt 36, 231 (234); BGH NStZ 2009, 25 (26); auch BGH NStZ 2017, 272 (273).

108 BGH NStZ-RR 2017, 77; auch BGH NStZ 2002, 597 (598); BGH NStZ 2017, 272 (273).

109 Siehe *Schild*, in: Kindhäuser/Neumann/Paeffgen (Hrsg.) (Fn. 8), § 27 Rn. 20.

110 BGH NStZ 2011, 399; BGH NStZ 2012, 264; BGH NStZ-RR 2019, 249 (250); ausführlicher mit weiteren Nachweisen zur Rechtsprechung *Heine/Weißer*, in: Schönke/Schröder (Fn. 12), § 27 Rn. 29.

111 BGH NStZ 2011, 399; auch *Joecks*, in: Joecks/Miebach (Hrsg.) (Fn. 55), § 27 Rn. 99.

112 Siehe die Beispiele bei *Joecks*, in: Joecks/Miebach (Hrsg.) (Fn. 55), § 27 Rn. 99; *Heine/Weißer*, in: Schönke/Schröder (Fn. 12), § 27 Rn. 31.

nicht zurechenbaren Exzess darstellt. Ebenso würden Konstellationen erfasst, in denen der Täter bedingt vorsätzlich in Kauf genommen hat, dass das Bedrängen der Begehung irgendeiner Straftat dient, aber noch keine präzise Vorstellung von ihrer Art und Unrechtsrichtung hat.[113]

2. *Kritik*

An dieser zweifachen Ausdehnung der Strafbarkeit muss aber auch die Kritik an einer Verlagerung des § 184j StGB in den Allgemeinen Teil ansetzen. Besteht das unrechtskonstitutierende Verhalten allein in der Beteiligung an einer kriminellen Gruppe in Bedrängungssituationen, ohne dass es darauf ankäme, dass der Täter tatsächlich die Begehung einer Straftat gefördert hat, so wird ein abstrakt gefährliches Verhalten unter Strafe gestellt. Strafrechtliche Verantwortung entsteht also auch dann, wenn sich die vom Täter geschaffene Gefahr nicht realisiert hat – an der bedrängten Person also keine Straftat begangen wurde (diese ggf. noch nicht einmal das Versuchsstadium erreicht hat) und auch nicht festgestellt werden kann, dass die Beteiligung des Einzelnen an der Gruppe (und die damit mutmaßlich verbundene Verstärkung kriminogener gruppendynamischer Prozesse) sich auf den Eintritt der objektiven Bedingung der Strafbarkeit ausgewirkt hat. In solchen Fällen bereitet es zumindest erhebliche Schwierigkeiten, einen „normlegitimierenden Zusammenhang zwischen dem tatbestandlichen Verhalten und dem geschützten Gut" herzustellen.[114] Das Strafrecht wird vielmehr zum Instrument der Gefahrenabwehr – eine Aufgabe, die klassischerweise vom grundsätzlich weniger eingriffsintensiven Polizeirecht wahrgenommen wird. Ist aber – wie *Schünemann* überzeugend dargelegt hat – die moderne Gesellschaft durch multiple, naturwissenschaftlich nicht vollständig erfassbare Kausalzusammenhänge sowie die Ersetzung individueller durch kollektive Handlungszusammenhänge geprägt, so kann das Strafrecht einen effektiven Rechtsgüterschutz nur leisten, wenn es ggf. bereits an der gefährlichen Handlung als solche anknüpfen darf und nicht erst den Eintritt des schädlichen Erfolges abwarten muss.[115] Akzeptiert man daher, dass die Schaffung von abstrakten Gefähr-

113 *Hörnle*, BRJ 2017, 57 (60); *dies.*, NStZ 2017, 13 (21).

114 Vgl. allgemein *Kindhäuser*, Gefährdung als Straftat, 1989, S. 156, der darlegt, dass hierin das zentrale Legitimationsproblem abstrakter Gefährdungsdelikte besteht.

115 *Schünemann*, GA 1995, 201 (211 f.). Grundlegend zu der Frage, ob und inwieweit das Strafrecht auch taugliches bzw. legitimes Instrument zur Bekämpfung moderner sozialer und gesellschaftlicher Risiken ist, *Prittwitz*, Strafrecht und Ri-

dungsdelikten und Vorfeldstrafbarkeiten notwendig ist (bzw. vom Gesetzgeber als notwendig angesehen werden darf),[116] muss sich aber sogleich der Fokus auf die hieran zu stellenden Legitimationsbedingungen richten. Anderenfalls droht eine unreflektierte, unbegrenzte Ausdehnung von Strafbarkeiten, die mit einem modernen, freiheitsorientierten Verständnis von Strafrecht nicht zu vereinbaren ist.[117]

Nach *Schünemanns* vierstufigem Prüfungsmodell ist insoweit zu verlangen, dass es sich (1.) um eine unerträglich gefährliche Handlung handelt,[118] die (2.) nicht von den berechtigten Freiheitsansprüchen des Individuums erfasst sein darf. Zudem muss die Strafnorm (3.) hinreichend bestimmt und (4.) verhältnismäßig sein.[119] Eine allgemeine Pönalisierung von Straftaten aus Gruppen dürfte dabei an der ersten Voraussetzung scheitern. Bedrängungen unterhalb der Schwelle der Nötigung bzw. Freiheitsentziehungen werden – wie bereits gesehen (oben unter II.) – vom Gesetzgeber grundsätzlich nicht als strafwürdiges Unrecht angesehen. Die Annahme, dass die Mitwirkung an einer kriminellen Gruppe in Bedrängungssituationen gruppendynamische Prozesse verstärken kann, erscheint zwar nicht unplausibel. Soll aber bereits die schlichte Beteiligung an der Gruppe genügen, werden also keine konkreten Aufstachelungshandlungen etc. gefordert, so ist der Beitrag des Einzelnen zur Gesamtdynamik äußerst diffus und schwer fassbar. Die Einschätzung als „unerträglich" gefährlich

---

siko, 1993, der es – ungeachtet seiner grundsätzlichen Kritik an den abstrakten Gefährdungsdelikten (S. 243 ff.) und den Schwierigkeiten, individuelle Verantwortlichkeit in kollektiven Risikozusammenhängen zu identifizieren – nicht grundsätzlich ausschließt, dass Gegenstand des strafrechtlichen Vorwurfs auch die Gefährdung der Rechtsgüter anderer oder aller sein könne, S. 383.

116 Anders noch *Binding*, Lehrbuch des Gemeinen Deutschen Strafrechts, BT II/1, 2. Aufl. 1904, S. 3 ff., der abstrakte Gefahren grundsätzlich als „große Polizeiübertretungen" dem Ordnungsrecht zuweisen wollte. Sehr kritisch *Herzog*, Gesellschaftliche Unsicherheit und strafrechtliche Daseinsvorsorge, 1991, S. 70 ff., dem zufolge das Strafrecht durch die Anerkennung abstrakter Gefährdungsdelikte zu einem politischen Instrument zur Umsetzung gesellschaftspolitischer regulatorischer Entscheidungen verkommt, wodurch nicht nur die Fähigkeit der Gesellschaft zur Selbstregulierung von Risiken zersetzt, sondern auch grundlegende strafrechtliche Prinzipien zur Begründung und Zuschreibung individueller Verantwortlichkeit unterlaufen würden.

117 Siehe hierzu *Bock/Harrendorf*, ZStW 126 (2014), 337 (374 f.).

118 Dies dürfte weitgehend der Forderung *Jakobs* entsprechen, dass der Strafvorwurf an die generelle Gefährlichkeit der Handlung anknüpfen muss, ZStW 97 (1985), 751 (773); siehe auch *Bock/Stark*, in: Ambos u.a. (Hrsg.), Core Concepts in Criminal Law and Criminal Justice, Vol. I, 2020, S. 54 (65 ff., 87).

119 *Schünemann*, GA 1995, 201 (212 f.).

dürfte er kaum verdienen. Dies gilt umso mehr, wenn sich die kriminelle Absicht der Gruppe auf jede beliebige Straftat beziehen kann, also nicht verlangt wird, dass sie ein hochrangiges Rechtsgut in erheblicher Weise beeinträchtigen will.[120]

Der geringe objektive Unrechtsgehalt wird auch nicht hinreichend durch (erhöhte) subjektive Tatvoraussetzungen kompensiert.[121] Generell ist die Tendenz des modernen Strafgesetzgebers, in Abkehr vom klassischen Tatstrafrecht bei der Begründung von Gefährlichkeiten und Pönalisierungsbedarfen weniger an objektive Handlungen, als vielmehr an innere Momente, Pläne und Gesinnungen anzuknüpfen[122], kritisch zu sehen. Sie gerät – gerade, wenn der Tatbestand äußerlich neutrale oder unspezifische Handlungen erfasst – gefährlich in die Nähe eines reinen Gesinnungsstrafrechts,[123] das sich durch die Pönalisierung von Gedanken und Planungen in Widerspruch zur freiheitlichen Werteordnung des Grundgesetzes setzt.[124] Zur Verhinderung ungerechtfertigter Überpönalisierungen stellt der BGH bei der strafrechtlichen Ahndung neutraler Beihilfehandlungen beispielsweise erhöhte Anforderungen an die subjektiven Tatvoraussetzungen: Zielt das Handeln des Haupttäters ausschließlich darauf ab, eine strafbare Handlung zu begehen, und weiß dies der Hilfeleistende, so macht er sich der Beihilfe schuldig. Durch die Solidarisierung mit dem Täter verliere sein Tun seinen Alltagscharakter. Weiß der Hilfeleistende dagegen nicht, wie der von ihm geleistete Beitrag vom Haupttäter verwendet wird, hält er es lediglich für möglich, dass sein Tun zur Begehung einer Straftat genutzt wird, so ist sein Handeln regelmäßig noch nicht als strafbare Bei-

---

120 Zur Legitimität von Vorfeldstrafbarkeiten zum Schutz hochrangiger Rechtsgüter vgl. *Bock/Harrendorf*, ZStW 126 (2014), 337 (377); *Bock/Stark*, in: Ambos u.a. (Hrsg.) (Fn. 118), S. 54 (67 ff., 87); auch *Puschke*, Legitimation, Grenzen und Dogmatik von Vorbereitungstatbeständen, 2017, S. 438.

121 So aber *Hörnle*, BRJ 2017, 57 (60); allgemein hierzu *Bock/Stark*, in: Ambos u.a. (Hrsg.) (Fn. 118), S. 54 (78 ff.); auch *Puschke* (Fn. 120), S. 438.

122 Besonders augenfällig ist dies bei § 89a Abs. 2a StGB, der ein äußerlich neutrales Verhalten – Ausreise aus der Bundesrepublik – unter Strafe stellt, sofern der Handlungszweck darin besteht, eine schwere staatsgefährdende Gewalttat vorzubereiten und der Täter im Zielstaat bestimmte Unterweisungen erhalten will.

123 Siehe auch die Kritik bei *Bezjak*, KJ 49 (2016), 557 (570).

124 *Puschke* (Fn. 120), S. 241. Siehe auch *Jakobs*, ZStW 97 (1985), 751 (756), der dem bürgerlichen Strafrecht des freiheitlichen Staates das Feindstrafrecht gegenüberstellt, das den Bürger durch eine strafrechtliche Kontrolle der Interna zum Feind degradiert. Zu den späteren Tendenzen *Jakobs*, das Feindstrafrecht als Maßnahme zur Bekämpfung des Terrorismus zu legitimieren, *Jakobs*, HRRS 2004, 88. Zu Recht kritisch hierzu u.a. *Bung*, HRRS 2006, 63; *Saliger*, JZ 2006, 756; *Sinn*, ZIS 2006, 107.

hilfehandlung zu beurteilen. Etwas anderes gilt nur dann, wenn das vom Gehilfen erkannte Risiko strafbaren Verhaltens des von ihm Unterstützten derartig hoch ist, dass er sich mit seiner Hilfeleistung die Förderung eines erkennbar tatgeneigten Täters angelegen sein lässt.[125]

§ 184j StGB und damit auch eine entsprechend ausgestaltete Zurechnungsnorm bleiben hinter diesen Standards zurück. Auch bei diffusen, mehrdeutigen Bedrängungslagen, beispielsweise dem „Antanzen“ einer Frau durch eine Gruppe von Männern,[126] genügt auf subjektiver Ebene *dolus eventualis*: Die Strafbarkeit tritt bereits dann ein, wenn der Täter es für möglich hält und billigt, dass die Gruppe eine Straftat begehen will. Eine hinreichende, unrechtskonstituierende Solidarisierung mit der kriminellen Gruppenintention, die sich nicht in klar erkennbarer Weise äußerlich manifestiert hat, kann hierin nicht gesehen werden. Objektiver wie subjektiver Unrechtsgehalt[127] der Handlung sind daher insgesamt zu gering, um einen Strafvorwurf zu begründen. Vielmehr droht eine verschuldensunabhängige Erfolgshaftung: Der Einzelne wird strafrechtlich zur Verantwortung gezogen, weil sein unerwünschtes, aber objektiv (noch) sozialadäquates Verhalten in einem örtlich-zeitlichen Zusammenhang mit der Begehung einer Straftat durch eine andere Person steht, mit der er nur lose über eine ggf. spontan konstituierte Gruppenmitgliedschaft verbunden ist. Und dies bringt uns zurück zu den „tumultartigen Zuständen“, die eine strafrechtliche Aufarbeitung der Kölner Silvesternacht in weiten Teilen unmöglich gemacht haben. Strafbarkeitslücken, die dadurch entstehen, dass der Täter nicht identifiziert werden kann, muss ein Rechtsstaat hinnehmen. Er darf prozessuale Beweisprobleme nicht durch eine unreflektierte Ausdehnung der Strafbarkeit und eine bedenkliche Verdünnung des individuellen Schuldvorwurfs zu kompensieren suchen.

VII. Fazit

§ 184j StGB ist das besorgniserregende Ergebnis eines gesetzgeberischen Aktionismus, der durch die Kölner Silvesternacht ausgelöst wurde. Die Norm ist inhaltlich schwer fassbar und in ihrer dogmatischen Konstruktion nicht frei von Widersprüchen. Zudem ist sie gesetzessystematisch falsch

---

125 Grundlegend BGHSt 46, 107 (112). Ausführlich hierzu und der hierauf aufbauenden Rechtsprechung *Rackow*, Neutrale Handlungen als Problem des Strafrechts, 2007, S. 306 ff.

126 Siehe *Eisele*, in: Schönke/Schröder (Fn. 12), § 184j Rn. 5.

127 Siehe auch die Kritik bei *Bezjak*, KJ 49 (2016), 557 (570).

verortet: Es handelt sich nicht um ein Sexualdelikt, sondern um eine systemische, gruppenbezogene Zurechnungsregel. Sie in den Allgemeinen Teil zu überführen, würde aber zu einer erheblichen, mit dem Schuldgrundsatz und den Grundprinzipien einer freiheitlichen Strafrechtsordnung allenfalls schwer vereinbaren Ausdehnung der Strafbarkeit führen. Wenn der Gesetzgeber gruppendynamische Phänomene in sinnvoller, konsistenter und rechtsstaatlich unbedenklicher Weise (neu) regeln will, erfordert dies grundlegende dogmatische und empirische Vorarbeiten. Bis diese geleistet sind, sollte § 184j StGB – im Einklang mit dem Vorschlag der Reformkommission zum Sexualstrafrecht[128] – ersatzlos gestrichen werden.

128 Reformkommission zum Sexualstrafrecht, Abschlusskommission, 19.07.2017, S. 14 – Empfehlung 12.

Kollektive als Zurechnungssubjekte

Joachim Renzikowski

I. Vorbemerkung: Zum Begriff der Zurechnung

Auf den ersten Blick scheint das Thema nicht viel mit der Normentheorie zu tun zu haben. Schließlich wird etwa die Frage, ob und inwieweit juristische Personen bestraft werden können, bislang nicht im Kontext der Unterscheidung von primären Verhaltens- und sekundären Sanktionsnormen diskutiert. Ein Bezug ergibt sich aus dem Begriff der „Zurechnung". Denn alle Normen richten sich an Personen, d.h. Subjekte, deren „Handlungen einer Zurechnung fähig sind".[1] Der hierbei angesprochene Begriff der Zurechnung, wie er in einer bis auf *Aristoteles* zurückreichenden Tradition in der praktischen Philosophie der Aufklärung ausgearbeitet wurde,[2] ist streng zu unterscheiden von der heute in der Strafrechtsdogmatik üblichen Verwendung dieses Ausdrucks. So bezeichnet die sog. „objektive Zurechnung" die Verwirklichung eines unerlaubten Risikos in einem rechtlich missbilligten Erfolg und beschreibt damit nichts anderes als einen unerwünschten Geschehensablauf, in den ein Mensch als potentieller Täter involviert ist, und der daher grundsätzlich Gegenstand von Verhaltensnormen sein kann. Aber die „objektive Zurechnung" sagt nach ihrem Selbstverständnis nichts darüber aus, ob der Normadressat diesen Geschehensablauf auch hätte vermeiden können, denn das Schuldurteil kommt ja erst nach der Feststellung der Rechtswidrigkeit. Davon abgesehen knüpft sie an ein Verständnis von Kausalität als Äquivalenz aller Bedingungen an, welches etwa die Geburt eines Kindes zugleich als Verursachung seines Todes ansieht, so dass man sich fragen kann, ob es sich überhaupt um einen sinnvollen Begriff handelt.[3]

---

1 *Kant*, Metaphysik der Sitten (2. Aufl. 1798), in: Kants gesammelte Schriften. Hrsg. v. d. Königlich Preußischen Akademie der Wissenschaften, Band 6, 1907, S. 203 (223).

2 Allgemein dazu *Aichele*, in: Hilgendorf/Joerden (Hrsg.), Handbuch Rechtsphilosophie, 2017, S. 401 ff.

3 Zur Kritik s. etwa *Aichele*, ZStW 123 (2011), 260 ff.

In der Einleitung zur Rechtslehre definiert *Kant* die Zurechnung als

> „das Urteil, wodurch jemand als Urheber (*causa libera*) einer Handlung, die alsdann Tat (*factum*) heißt und unter Gesetzen steht, angesehen wird; welches, wenn es zugleich die rechtlichen Folgen aus dieser Tat bei sich führt, eine rechtskräftige (*imputatio iudiciaria s. valida*) ... sein würde. (...) Der rechtliche Effekt einer Verschuldung ist die Strafe (*poena*).“[4]

Tat ist

> „eine Handlung, die unter den Gesetzen der Verbindlichkeit steht, folglich auf das Subjekt in derselben nach der Freiheit seiner Willkür betrachtet wird. Der Handelnde wird durch einen solchen Akt als Urheber der Wirkung betrachtet, und diese zusamt der Handlung selbst können ihm zugerechnet werden, wenn man vorher das Gesetz kennt, kraft welches auf ihnen eine Verbindlichkeit ruht.“[5]

Eine Handlung ist demnach nur dann eine Tat, wenn sie unter eine Verhaltensnorm, sei es eine Norm des Rechts oder der Moral, subsumiert werden kann,[6] womit wir wieder bei der Normentheorie sind: Wer kann Adressat einer Verhaltensnorm sein? Wem kann der Verstoß gegen eine Verhaltensnorm vorgeworfen werden? Eben diese Frage beantwortet die Zurechnung. Oder konkret, da es immer um Personen geht: Sind Personen nur Individuen, oder können auch Kollektive Personen sein?

Wie gesagt, charakterisiert die Zurechnungsfähigkeit die Person. Nach dem obigen Zitat fährt *Kant* fort: „Die moralische Persönlichkeit ist also nichts anderes als die Freiheit eines vernünftigen Wesens unter moralischen Gesetzen.“[7] Diese Freiheit taucht auch in dem Zurechnungsbegriff auf. Grundlage jeder Zurechnung und zugleich ihre Voraussetzung ist die von *Kant* so genannte „freie Willkür“. Unter Willkür versteht *Kant* die Fähigkeit, etwas „nach Belieben zu tun oder zu lassen“, verbunden „mit dem Bewußtsein des Vermögens seiner Handlung zur Hervorbringung des Objekts“.[8] Willkür setzt demnach neben der Vorstellung eines tatsächlich erreichbaren Handlungsziels die Kenntnis der zu seiner Erreichung geeigne-

---

4 *Kant*, MdS, AA VI, S. 227.

5 *Kant*, MdS, AA VI, S. 223.

6 Näher dazu *Hruschka*, in: Schröder (Hrsg.), Theorie der Interpretation vom Humanismus bis zur Romantik – Rechtswissenschaft, Philosophie, Theologie, 2001, S. 203 ff.; *Aichele*, JRE 15 (2007), 251 ff.

7 *Kant*, MdS, AA VI, S. 223.

8 *Kant*, MdS, AA VI, S. 213.

ten Mittel, m.a.W. die prospektive Kenntnis der entsprechenden kausalen Prozesse voraus. Die Willkür ist „frei", wenn sie in „Unabhängigkeit ihrer Bestimmung durch sinnliche Antriebe" „zu Handlungen aus reinem Willen bestimmt werden" kann. Hierin unterscheidet sich die „menschliche Willkür ..., welche durch Antriebe zwar affiziert, aber nicht bestimmt wird", von der „tierische[n] Willkür (arbitrium brutum)", die nur „durch Neigung (sinnlichen Antrieb, stimulus) bestimmbar ist".[9] Dieser Zurechnungsbegriff schließt die Verantwortlichkeit eines Kollektivs nicht aus.

II. Persona moralis simplex und Persona moralis composita

Ein Subjekt, das in seinen Handlungen der Gesetzgebung der praktischen Vernunft folgen, d.h. zwischen verschiedenen denkbaren Handlungsmaximen auswählen und sich damit für oder gegen die Befolgung einer Norm entscheiden kann, ist eine Person.[10] Der von *Kant* verwendete Ausdruck der „moralischen Persönlichkeit" ist eine direkte Übersetzung von *Pufendorfs persona moralis*.

Der Begriff der „moralischen Persönlichkeit" verdeutlicht zunächst, dass man ‚Person' nicht ohne weiteres mit ‚Mensch' gleichsetzen kann. Nicht jeder Mensch ist schon per se zurechnungsfähig, man denke etwa an Kleinkinder oder Geisteskranke. Die Altersgrenzen für die Strafmündigkeit, oder die Gründe, die nach den §§ 20, 21 StGB die Zurechnungsfähigkeit aufheben oder einschränken, sind normative Setzungen. Eine Person ist somit kein Gegenstand der Empirie, sondern gehört in die Welt des Rechts bzw. der praktischen Philosophie.[11] Auch muss man die Person von der physischen Substanz unterscheiden. Der physische Körper ‚Mensch' ist es zwar, der ein bestimmtes Ereignis hervorbringt. Aber erst die freie Willkür, auf die die fragliche Handlung zurückgeht, ist hinreichende Bedingung eines Zurechnungsurteils. Aus dem Begriff der Zurechnung folgt aber nicht, dass diese freie Willkür nur an einen bestimmten individuellen physischen Körper gebunden sein kann. Die herkömmliche Redeweise von der ‚natürlichen Person' im Gegensatz zur ‚juristischen Person' ist deshalb ungenau. Klarer wäre die Unterscheidung zwischen einer *persona moralis simplex* zur Bezeichnung von Individuen und einer *persona moralis*

---

9 Ibid.

10 Näher dazu *Aichele*, in: Kaufmann/Renzikowski (Hrsg.), Zurechnung als Operationalisierung von Verantwortung, 2004, S. 247 ff.

11 So in aller Deutlichkeit *Kelsen*, Reine Rechtslehre, 1934, S. 52 f.

composita zur Bezeichnung von Kollektiven. Die letztere Ausdrucksweise war in der Aufklärung nicht unüblich. Im Folgenden wird zu zeigen sein, wie diese *persona moralis composita* gebildet wird.[12]

Die rechtliche Verantwortlichkeit von Kollektiven und ihren Mitgliedern füreinander war allerdings kein neues Problem, sondern wurde seit dem Mittelalter diskutiert.[13] Zu Beginn der Neuzeit befasste sich etwa *Grotius* im Zusammenhang mit seiner Lehre vom gerechten Krieg mit den Folgen staatlichen Unrechts. Die Schuld der obersten Staatsgewalt sollte nur dann auf die Untertanen übergehen, wenn sie in das Verbrechen eingewilligt oder auf Befehl des Herrschers selbst Unrecht getan hatten.[14] Im 17. und 18. Jahrhundert war die Vorstellung, dass auch Kollektivpersonen schuldhaft handeln können, in der Rechtsphilosophie und in der Rechtswissenschaft weit verbreitet.[15]

Soweit ersichtlich kann *Pufendorf* als Schöpfer der *persona moralis composita* gelten. Er schreibt:

> „Eine zusammengesetzte moralische Person wird begründet, wenn mehrere menschliche Individuen sich so untereinander vereinigen, dass, was sie kraft derselben Vereinigung wollen und tun, für einen Willen und für eine Handlung und nicht für viele gehalten wird. Und dies wird dann als geschehen verstanden, wenn die Einzelnen ihren Willen dem Willen eines einzigen Menschen oder einer Versammlung so unterwerfen, dass sie für den Willen und die Handlung aller anerkennen und von anderen dafür gehalten haben wollen, was immer der- oder dieselbe bezüglich jenem, was sich auf die Natur dieser Vereinigung als solcher bezieht und mit ihrem Zweck übereinstimmt, entschieden und ausgeführt haben mag."[16]

---

12 Dazu eingehend *Aichele*, JRE 16 (2008), 1 (3 ff.). Nebenbei zeigt sich hieran, dass die Entgegensetzung von naturalistischem und kommunikativ begründetem Strafrecht (so *Dust*, Täterschaft von Verbänden, 2019, S. 18 f.) – was immer das heißen soll – verfehlt ist.

13 Näher dazu *Maihold*, Strafe für fremde Schuld, 2005, S. 64 ff.

14 *Grotius*, De Jure Belli ac Pacis, Libri tres, editio nova, 1680, lib. II, cap. XXI, §§ 7, 17 f.; s. dazu auch *Recknagel*, Einheit des Denkens trotz konfessioneller Spaltung. Parallelen zwischen den Rechtslehren von Francisco Suárez und Hugo Grotius, 2010, S. 268 ff.

15 S. die Nachweise bei *Aichele*, JRE 16 (2008), 1 (7 f.).

16 *Pufendorf*, De jure naturae et gentium, ed. secunda, 1684, lib. I, cap. 1, § 13: „Persona moralis *composita* constituitur, quando plura individua humana ita inter se uniuntur, ut quae vi istius unionis volunt aut agunt, pro una voluntate, unaque actione, non pro pluribus censeantur. Idque tunc fieri intelligitur, quando singuli voluntatem suam voluntati unius hominis aut consilii ita subjiciunt, ut pro omni-

Wenn *Pufendorf* von einer „zusammengesetzten moralischen Person" spricht, dann gibt es offensichtlich auch ‚schlichte' moralische Personen, die heutzutage so genannten ‚natürlichen Personen'.[17] Mehrere Individuen können nun durch Willensübereinkunft eine moralische Person begründen. Kraft dieser Übereinkunft wird der Wille jedes Einzelnen zum gemeinsamen Willen aller. Auf diese Weise bilden die Individuen in Beziehung auf die moralische Person ein einheitliches Ganzes, d.h., sie können im Hinblick auf ihre Handlungen im Rahmen dieser Gemeinschaft nicht unterschieden werden.

Dieses auf *Leibnitz* zurückgehende Argument der logischen Identität des Ununterscheidbaren findet sich ausdrücklich bei *Nettelbladt*, bei dem es heißt:

> „Daher bilden viele menschliche Individuen eine moralische Person, oder aufgrund dieses zu prüfenden Prinzips eben nicht. So oft vieler einzelner Menschen Vorstellung, Willen und Kräfte auf dasselbe gerichtet werden, so sollen sie jedes Mal gleichermaßen als eine Person angesehen werden, und so sind sie die moralische Person. So werden nämlich ihre Vorstellung, ihre Willen und ihre Kräfte wie eine einzige Vorstellung, ein einziger Wille und eine einzige Kraft angesehen, und wenn sie sich auch von einem Mensch in der Zahl ihrer Körper unterscheiden, so ist dieser Unterschied nicht zu berücksichtigen."[18]

Was also der *persona moralis composita* zugerechnet, d.h. auf ihren Willen zurückgeführt werden kann, kann aufgrund der formalen Identität in gleicher Weise allen ihren Teilen, also den einzelnen Individuen zugerechnet werden. Oder in der Terminologie *Kants*: Eine moralische Person ist dadurch gekennzeichnet, dass sie als *„causa libera"* eine Handlung hervor-

---

um volunate & actione velint agnoscere, & ab aliis haberi, quicquid iste decreverit aut gesserit circa illa, quae ad unionis ejus naturam ut talem spectant, & fini ejusdem congruunt." Übersetzung von *Aichele*, JRE 16 (2008), 1 (9).

17 S. dazu *Auer*, in: Gröschner/Kirste/Lembcke (Hrsg.), Person und Rechtsperson, 2015, S. 81 ff.

18 *Nettelbladt*, Systema elementare universae jurisprudentiae naturalis in usum praelectionum academicarum adornatum (5. Aufl. 1785), in: Ecole (Hrsg.), Christian Wolff, Gesammelte Werke, Abteilung III, Bd. 39, 1, 1997, § 84 S. 48: „An plura individua humana moralem personam constituant, vel non, ex hoc principio diiudicandum. Quoties plurium individuorum humanorum intellectus, voluntates et vires tendunt ad idem, toties, quoad hoc idem, pro una persona sunt habenda, sicque sunt persona moralis. Tum enim eorum intellectus, voluntates et vires sunt ut unus intellectus, una voluntas, et una vis, sicque ab uno homine non nisi in corporum numero differunt, quae differentia hic non est attentenda."

bringen kann; sie hat also das Vermögen, zu handeln. Dieses Vermögen hat sie, weil sie einen gesetzgebenden Willen besitzt, d.h. aus einer Einheit verschiedener menschlicher Willen besteht. Ihre Taten können aber nicht nur ihr, d.h. dem Kollektiv zugerechnet werden, sondern sie können jedem Mitglied dieser moralischen Person zugerechnet werden, weil sie sich ihrer Art nach, d.h. nach der Beteiligung an der moralischen Person, nicht voneinander unterscheiden. Auch wenn die Teile einer moralischen Person einzelne physische Personen sind, stellt jede Handlung, die sie in ihrer Funktion als Teil der moralischen Person vornehmen, eine Handlung des Ganzen und somit auch jedes einzelnen Teiles dar.

> „Insofern folglich eine physische Person Teil einer moralischen Person ist und dieser moralischen Person Taten zugerechnet werden, handelt es sich dabei nicht um fremde Taten, die dieser einzelnen physischen Person zugerechnet werden, auch wenn sie nicht deren physische Ursache war.“[19]

III. Anwendungen

1. Mittäterschaft

Ein erster Anwendungsbereich der *persona moralis composita* ist die Mittäterschaft.[20] Die Deutung der Mittäterschaft als Personengemeinschaft, der das gemeinsame Werk als Ganzes zugerechnet wird, findet sich auch in der heutigen Beteiligungsformendogmatik,[21] auch wenn die Vertreter dieser Ansicht nicht mit der *persona moralis composita* argumentieren. Der Haupteinwand lautet, es sei unklar, weshalb ein Einzelner als Mittäter für die eigenverantwortlichen Tatbeiträge der anderen mitverantwortlich sein solle.

---

19 *Aichele*, JRE 16 (2008), 1 (22).

20 So bereits *Nettelbladt*, Systema Elementare Iurisprudentiae Positivae Germanorum Communis Generalis, 1781, § 877; ebenso auch die Deutung von *Haas*, in: Kaufmann/Renzikowski (Hrsg.), Zurechnung und Verantwortung, ARSP-Beiheft 134, 2012, S. 125 (133).

21 S. etwa *Joerden*, Strukturen des strafrechtlichen Verantwortlichkeitsbegriffs: Relationen und ihre Verkettungen, 1988, S. 78 ff.; *Renzikowski*, Restriktiver Täterbegriff und fahrlässige Beteiligung, 1997, S. 100 f.; *Heinrich*, Rechtsgutszugriff und Entscheidungsträgerschaft, 2002, S. 287 f.; *Mylonopoulos*, GA 2011, 462 (464 f.); *Stratenwerth/Kuhlen*, Strafrecht, Allgemeiner Teil, 6. Aufl. 2011, § 12 Rn. 77.

Die Bildung einer Kollektivperson könne nur eine kollektive Verantwortlichkeit, nicht aber die Verantwortung eines Einzelnen begründen.[22]

Nun wird die *persona moralis composita* durch den übereinstimmenden Willen mehrerer Individuen gebildet. Diese Individuen können zwar als physische Körper voneinander und auch von dem Kollektiv unterschieden werden, aber darauf kommt es für die moralische Person nicht an. Es ist gerade der Witz der *persona moralis composita*, dass die Individuen in Beziehung auf die moralische Person nicht im Hinblick auf ihre Handlungen im Rahmen dieser Gemeinschaft voneinander unterschieden werden können, aber auch nicht im Hinblick auf die Gemeinschaft selbst. In logischer Hinsicht ist alles eins. Durch die formale Betrachtung – und logische Analysen sind immer formal – wird also der Einwand entkräftet.

2. *Kausalität bei Gremienentscheidungen – ein Scheinproblem*

Ein Nebeneffekt der Lehre von der *persona moralis composita* ist, dass sie den Streit über die Kausalität bei Gremienentscheidungen[23] als Scheinproblem entlarvt. Das Kausalitätsproblem stellt sich vor allem für diejenigen, die für Mittäterschaft einen kausalen Beitrag jedes Mittäters verlangen.[24] Auf der Grundlage der Äquivalenztheorie genügt dafür schon die (Mit-)Verursachung des gemeinsamen Tatplans, der dann seinerseits die Ursache der einzelnen Tathandlungen ist. Es ist klar, dass die Kausalität bei einer geheimen Abstimmung oder bei einer höheren Zahl von Ja-Stimmen als erforderlich Schwierigkeiten bereitet, da in beiden Konstellationen die einzelne abgegebene Stimme, zumal wenn sie unbekannt ist, nicht ohne weiteres als notwendige Bedingung für die später eingetretene Rechtsgutsverletzung angesehen werden kann. Auf der anderen Seite versteht sich dann von selbst, dass sich diejenigen, die sich der Stimme enthalten oder dagegen stimmen, nicht strafbar machen.

Für die Lehre von der *persona moralis composita* ist dies alles einerlei. Zunächst einmal ist die Abstimmung keineswegs das tatbestandsmäßige Verhalten, sondern der die wechselseitige Zurechnung nach § 25 Abs. 2 StGB begründende Tatplan, der von den Mittätern ja noch in die Tat umgesetzt

---

22 *Kindhäuser*, in: FS Hollerbach, 2001, S. 627 (630 f.); *Jakobs*, in: FS Lüderssen, 2002, S. 559 (564 ff.); *van Weezel*, Beteiligung bei Fahrlässigkeit, 2006, S. 163 ff.

23 Vgl. *Puppe*, in: Kindhäuser/Neumann/Paeffgen (Hrsg.), Nomos Kommentar, Strafgesetzbuch, 5. Aufl. 2017, Bd. 1, Vor § 13 Rn. 108, 108a m.w.N.

24 Vgl. etwa *Puppe*, GA 2004, 129 (131).

werden muss.[25] Allein durch eine Abstimmung ist noch gar nichts passiert. Aber die Verantwortlichkeit trifft alle an der Abstimmung Beteiligten, auch diejenigen, die sich der Stimme enthalten oder dagegen sind – weil und soweit sie sich dem mehrheitlich gebildeten Willen unterwerfen. Das Mehrheitsprinzip regelt lediglich das Zustandekommen der Entscheidung. Jeder, der dem Kollektivwillen folgt, ist Teil der *persona moralis composita* und damit auch als Einzelner verantwortlich. Schließlich ist es seine Wahl, zu kooperieren – statt auszutreten.

Dazu ein Beispiel: Vor einigen Jahren wurde gegen die Mitglieder einer Kammer des OLG Naumburg wegen Rechtsbeugung ermittelt. Den Ermittlungen lag der Fall „Görgülü" zugrunde, in dem die fragliche Kammer sich mehrmals mit hanebüchenen Begründungen geweigert hatte, Urteile des EGMR oder des BVerfG umzusetzen. Schließlich traf das BVerfG die fragliche Sorgerechtsanordnung selbst und bescheinigte der Kammer, offensichtlich willkürlich entschieden zu haben.[26] Damit lag der Tatbestand der Rechtsbeugung praktisch auf der Hand.[27] Das OLG Naumburg verweigerte jedoch die Eröffnung der Hauptverhandlung gegen die Kollegen mit der Begründung, dass sich nur diejenigen Richter strafbar gemacht hätten, die nachweislich für die rechtsbeugende Entscheidung gestimmt hätten. Solche Feststellungen könnten aber wegen des Beratungsgeheimnisses (§ 43 DRiG) hier nicht getroffen werden.[28] In der Sache liefe diese Rechtsauffassung darauf hinaus, dass sich nur Einzelrichter nach § 339 StGB strafbar machen könnten. Die Lehre von der *persona moralis composita* kommt zu einem anderen Ergebnis: Auch der Richter, der die Entscheidung nicht gebilligt hat, aber die Urteilsurkunde unterzeichnet, trägt damit das Urteil mit. Es ist das Urteil des Kollegialgerichts und damit auch sein Urteil. Wenn er den rechtsbeugenden Charakter einer solchen Entscheidung kennt, macht er sich folglich auch als Mittäter strafbar.[29]

---

25 Vgl. BGHSt 37, 106 (129 f.); *Knauer*, Die Kollegialentscheidung im Strafrecht, 2001, S. 159 ff.; *Schaal*, Strafrechtliche Verantwortlichkeit bei Gremienentscheidungen in Unternehmen, 2001, S. 192 ff.; abl. *Sofos*, Mehrfachkausalität beim Tun und Unterlassen, 1999, S. 132 ff., 156 ff.

26 BVerfG NJW 2005, 1105 ff. (einstweilige Anordnung), 2685 ff. (Hauptsacheentscheidung).

27 So auch *Lamprecht*, NJW 2007, 2744 (2745).

28 OLG Naumburg NJW 2008, 3585 ff.; krit. *Erb*, NStZ 2009, 189 ff.; *Mandla*, ZIS 2009, 143 ff.

29 Ebenso *Sinner*, in: Matt/Renzikowski (Hrsg.), Strafgesetzbuch, Kommentar, 2. Aufl. 2020, § 339 Rn. 35; *Hecker*, in: Schönke/Schröder, Strafgesetzbuch, Kommentar, 30. Aufl. 2019, § 339 Rn. 3; *Uebele*, in: Joecks/Miebach (Hrsg.), Münchener Kommentar zum Strafgesetzbuch, 3. Aufl. 2019, Bd. 5, § 339 Rn. 56.

3. Von der Mittäterschaft zur Beteiligung?

Auf den ersten Blick scheint der Begriff der Zurechnung, so wie er sich in der praktischen Philosophie der Aufklärung herausgebildet hat, der Bewertung des Teilnehmers als (Mit-)Urheber der Haupttat entgegenzustehen. *Causa libera* ist zunächst einmal der Haupttäter allein, weil er die Tat aus freiem Willen heraus begangen hat. Da eine freiwillige Handlung per se nicht verursacht sein kann, sonst wäre sie ein notwendig stattfindendes Ereignis und eben nicht frei,[30] haben weder der Anstifter noch der Gehilfe die Haupttat verursacht und sind deshalb auch keine freien Urheber dieser Tat.[31]

In der praktischen Philosophie der Aufklärung hat man dies jedoch anders gesehen, und wie leicht zu erkennen ist, bietet die *persona moralis composita* den Ansatzpunkt hierfür. Die *persona moralis composita* wird konstituiert durch den übereinstimmenden Willen ihrer Mitglieder, die aufgrund der Willensübereinstimmung eine Einheit bilden, der alle Handlungen zur Ausführung dieses Willens zugerechnet werden können, sowohl dem Kollektiv wie jedem einzelnen Mitglied. Dafür ist nicht erforderlich, dass jedes Mitglied der *persona moralis composita* selbst einen ursächlichen Beitrag geliefert hat, zumal die Vorstellung äquivalenter Kausalität im 17. und 18. Jahrhundert unbekannt war, weil man noch logisch zwischen notwendigen und hinreichenden Bedingungen unterscheiden konnte. Ein Mindestmaß wechselseitiger Abstimmung ist aber regelmäßig bei der Beihilfe notwendig – außer, wenn sie heimlich geleistet wird. Und der üblicherweise geforderte „doppelte Vorsatz" des Teilnehmers, der sich auch auf die Haupttat erstrecken muss, zeigt, dass ein mit dem Täterwillen übereinstimmender Wille vorliegt.

So argumentiert etwa der hallenser Kollege von *Thomasius*, *Samuel Stryk* in seiner Disputation „De imputatione facti alieni" von 1688 ausdrücklich gegen eine Zurechnung fremder Schuld, die unter keinen Umständen gerechtfertigt werden könnte.

> „Weil daher eine so große Verknüpfung einer Tat mit einer Person besteht, hält es unser Recht gänzlich für unbillig, des einen Schuld auf

30 S. dazu *Renzikowski*, in: FS Puppe, 2011, S. 201 (211 ff.). Den zugrunde liegenden Begriff der Ursache als „*conditio per quam*" hat *Kindhäuser*, in: FS Kargl, 2015, S. 253 (266 ff.); *ders.*, in: FS Paeffgen, 2015, S. 129 ff. näher ausgearbeitet.

31 So der Kern *meiner* Argumentation in: Maurach/Gössel/Zipf, Strafrecht, Allgemeiner Teil, 8. Aufl. 2014, § 47 Rn. 27, 29, § 50 Rn. 19 ff. et passim; ebenso *Haas*, in: Matt/Renzikowski (Hrsg.) (Fn. 29), Vor § 25 Rn. 14, 20 ff.

> einen anderen abzuwälzen und so die Tat des einen einem anderen zuzurechnen."[32]

Dabei soll es sich sogar um ein göttliches Rechtsprinzip handeln.[33] Kein Problem ist dagegen der von ihm so genannte „*concursus moralis*", die moralische Beihilfe, die durch Tun oder Unterlassen vor, während und auch nach der Tat geleistet werden kann.[34] Der die Tat nicht selbst Ausführende kann seine Billigung ausdrücklich (*voluntate expressa*) oder konkludent durch seine Unterstützung (*tacita*) äußern.[35] Als Erscheinungsformen des concursus moralis durch Tun nennt *Stryk* Auftrag und Befehl (*mandando & iubendo*), Aufhetzung und Überredung (*instigando, persuadendo*), betrügerischen Rat (*fraudulenter consulendo*), Anerkennung (*ratihabendo*) und Aufnahme des Täters (*receptando*).[36] Während diese Formen sämtlich eine ausdrückliche Willensbekundung enthalten, kann moralische Beihilfe stillschweigend etwa durch die Nutzung eines Vorteils aufgrund der Tat oder durch die Annahme einer Erbschaft begangen werden.[37] Moralische Beihilfe durch Unterlassen besteht darin, eine Tat nicht zu verhindern oder nicht aufzudecken oder dem Opfer nicht die erforderliche Hilfe zu leisten.[38] Es spielt keine Rolle, dass wir heute diese Handlungen anders einordnen bzw. differenzierter beurteilen. *Stryk* entwickelt jedenfalls eine sys-

---

32 *Stryk*, Disputatio inauguralis De imputatione facti alieni, 1688, Ingressus (A 2): „Cum itaque tanta facti cum persona connexio sit, iniqvum omnino existimarunt jura nostra, unius culpam in alterum devolvere, & ita factum alterius alteri imputare." Näher dazu *Aichele*, in: Kühl (Hrsg.), Zur Kompetenz der Rechtsphilosophie in Rechtsfragen, ARSP-Beiheft 126, 2011, S. 31 (46 ff.), dort auch die Übersetzung dieses Zitats.

33 *Stryk*, De imputatione facti alieni, I. § 24 (10): „Concordant cum hisce principiis Divina humanaque jura, qvae non admitunt ut alter ob alterius factum mereatur poenam." Die Vorstellung, dass Umstände nach der Tat die Zurechnung der Tat selbst begründen können, geht auf die mittelalterliche Lehre von der Teilnahme nach der Tat zurück und past natürlich nicht zum Begriff der „causa libera"; dazu näher *Altenhain*, Das Anschlußdelikt, 2002, S. 8 ff., 16 f.

34 Ibid., § 56 (16): „Concursus vero ille moralis (...) sese exerit commitendo, nunc omittendo, & utroqve modo nunc ante factum, nunc in facto, nunc post factum alterius."

35 *Stryk*, De imputatione facti alieni, I. § 57 (17 f.): „Concurrit ergo qvis ad factum alienum I. COMMITENDO, & qvidem vel Voluntate expressa vel tacita."

36 Ibid., §§ 57–64 (17 f.).

37 Ibid., §§ 65–67 (18): „Concursus vero ille moralis (...) sese exerit commitendo, nunc omittendo, & utroqve modo nunc ante factum, nunc in facto, nunc post factum alterius."

38 Ibid., §§ 68–71 (18).

tematische Theorie der Zurechnung, die sich auch und gerade auf zusammengesetzte moralische Personen anwenden lässt.

Stryks Begriffsbildung bleibt nicht allein. Sie findet sich in ähnlicher Weise in *Baumgartens* Initia philosophiae practicae von 1760,[39] die dann zum Vorbild von *Kants* Metaphysik der Sitten werden. Zwar kann der billigenden Person dieselbe Tat zugerechnet werden wie dem Täter, aber daraus folgt nicht dasselbe Maß der Bestrafung. Vielmehr ist die Zurechnung quantifizierbar, was *Baumgarten* weiter herausarbeitet.[40] Auch das Strafgesetzbuch für das Königreich Bayern von 1813 unterscheidet zwischen verschiedenen Formen der Urheberschaft. Art. 45 lautete:

> „Nicht blos I. derjenige, welcher das Verbrechen durch eigene körperliche Kraft und That unmittelbar bewirkt, sondern auch II. wer dem Vollbringer vor oder bei der Ausführung in der Absicht, damit das Verbrechen entstehe, eine solche Hülfe geleistet hat, ohne welche diesem die That nicht möglich gewesen wäre; endlich III. alle diejenigen, welche mit rechtswidriger Absicht Andere zur Begehung oder Ausführung des Verbrechens bewogen haben, sollen als die Urheber desselben bestraft werden."[41]

Eine Graduierung der Urheberschaft ist dann in den Art. 73 ff. im Detail geregelt. Man wird diesen Überlegungen nicht gerecht, wenn man sie leichter Hand als überholt abtut. Die damalige Begrifflichkeit erklärt jedenfalls viel präziser, weshalb und inwiefern ein Teilnehmer für die Haupttat mitverantwortlich ist und weshalb sich sein Strafmaß an dem der Haupttat ausrichtet, als die vorherrschende sog. „akzessorietätsorientiere Verursachungstheorie".[42] Man könnte fast den Eindruck gewinnen, als sei die Ansicht der funktionalen Strafrechtsdogmatik damals schon vorweggenommen worden, die rechtswidrige Tat sei als „soziale Störung" für alle Beteiligten dieselbe, ihre kollektive Leistung führe zu kollektiver Verant-

---

39 Vgl. *Baumgarten*, Anfangsgründe der praktischen Metaphysik, übers. und hrsg. v. Aichele, 2019, §§ 150, 152, der ebenfalls mehrere Urheber einer zusammengesetzten Tat kennt.

40 Ibid., §§ 152 ff.; s. auch schon *Stryk*, De imputatione facti alieni, I. § 72 (19).

41 Näher dazu *Eckstein*, in: Koch u.a. (Hrsg.), Feuerbachs Bayerisches Strafgesetzbuch: die Geburt liberalen, modernen und rationalen Strafrechts, 2014, S. 271 ff.

42 Z.B. *Joecks*, in: Joecks/Miebach (Hrsg.), Münchener Kommentar zum Strafgesetzbuch, 3. Aufl. 2017, Bd. 1, Vor §§ 26, 27 Rn. 10 ff.; *Heine/Weißer*, in: Schönke/Schröder (Fn. 29), Vor §§ 25 ff. Rn. 19, jew. m.w.N.; zur Kritik *Renzikowski*, in: Maurach/Gössel/Zipf (Fn. 31), § 50 Rn. 13.

wortung, ihre Rollen seien nicht qualitativ verschieden, sondern nur quantitativ graduierbar.[43]

Die Naturrechtslehre der Aufklärung verfügt noch nicht über eine derartig ausdifferenzierte Beteiligungsformenlehre wie wir heute mit den §§ 25 ff. StGB. Diese Begrifflichkeiten bilden sich erst viel später heraus. Aus normtheoretischer Perspektive ist es jedenfalls ein Vorteil, das verbotene Verhalten möglichst genau zu beschreiben, und in diesem Sinne lassen sich unterschiedliche Verhaltensnormen für Täter und Beteiligte formulieren.[44] Damit spezifiziert sich dann auch der Zurechnungsgegenstand.

4. *Kriminelle Vereinigungen*

Eine kriminelle Vereinigung ist gemäß § 129 StGB ein Zusammenschluss verschiedener Personen, dessen „Zwecke oder deren Tätigkeit darauf gerichtet sind, Straftaten zu begehen." Als Vereinigung gilt der auf eine gewisse Dauer angelegte organisatorische Zusammenschluss von mindestens drei Personen, die bei Unterordnung des Willens des Einzelnen unter den Willen der Gesamtheit gemeinsame Zwecke verfolgen und unter sich derart in Beziehung stehen, dass sie sich untereinander als einheitlicher Verband empfinden.[45] Sieht man davon ab, dass nach der Rechtsprechung allein der gemeinsame Wille zur Begehung von Straftaten noch nicht für § 129 StGB ausreichen soll, selbst wenn einer der Beteiligten als Anführer feststeht,[46] liest sich dies wie eine Definition der *persona moralis composita*.

Gegen diese kollektivistische Unrechtsbegründung des § 129 StGB wird gelegentlich eingewendet, dass eine Rechtsordnung rechtswidrige Organisationen nicht als Personen anerkennen könne,[47] ein Vorwurf, der auch in der Diskussion über die Verbandsstrafe auftauchte.[48] Doch dieser Einwand geht in die Irre. Bei der Zurechnung und dem dabei vorausgesetzten Be-

---

43 Vgl. *Lesch*, Das Problem der sukzessiven Beihilfe, 1992, S. 197 ff., 278 et passim; *Jakobs*, in: FS Puppe, 2011, S. 547 (555 ff.); *van Weezel* (Fn. 22), S. 50 ff., 60 ff.; *Robles Planas*, GA 2012, 276 (278 ff.); nahestehend auch *Frister*, in: FS Dencker, 2012, S. 119 (124 ff.).

44 S. dazu *Renzikowski*, in: Maurach/Gössel/Zipf (Fn. 31), § 50 Rn. 19 ff.

45 Vgl. BGHSt 28, 147 (148 f.); 54, 216 (221); 57, 14 (16); BGH NJW 2015, 1540.

46 S. BGH NStZ 1982, 68 f.; NJW 1992, 1518.

47 In diese Richtung etwa *Lampe*, ZStW 106 (1994), 683 (725); *Cancio Melià*, in: FS Jakobs, 2007, S. 27 (44 ff.).

48 Vgl. *Jarcke*, Handbuch des gemeinen deutschen Strafrechts, Erster Band, 1827, § 21; *Abegg*, Lehrbuch der Strafrechtswissenschaft, 1836, § 71; *Köstlin*, System des deutschen Strafrechts, 1855, § 40 1).

griff der Person geht es nicht um die Anerkennung irgendwelcher Akte als rechtmäßig bzw. rechtswirksam, sondern um das Gegenteil: Wie muss eine Entität beschaffen sein, damit man ihr bestimmte Handlungen zurechnen kann, die alsdann als rechtswidrige Taten zu würdigen sind? Die Frage nach der rechtlichen Anerkennung von Delikten ist bei der Deliktsfähigkeit von vornherein falsch gestellt.

Wenn aber gleichwohl die Mitgliedschaft in einer kriminellen Vereinigung nicht identisch mit der mittäterschaftlichen Begehung einer Straftat ist,[49] wo liegt dann auf der Basis der *persona moralis composita* der Unterschied? Diese Frage kann man auch in umgekehrter Richtung stellen, denn die Strafbarkeit der Mitgliedschaft in einer kriminellen Vereinigung setzt nicht voraus, dass tatsächlich aus dieser Vereinigung heraus Straftaten begangen wurden.[50]

Was den ersten Punkt betrifft, so ist daran zu erinnern, dass die Zurechnung quantifizierbar ist. Man kann also bei Zurechnungsurteilen über die einzelnen Mitglieder einer *persona moralis composita* durchaus nach ihrem jeweiligen Anteil an einer bestimmten Tat gewichten. Das besondere Unrecht der Beteiligung an einer kriminellen Vereinigung besteht in der Bildung einer Unrechtsperson. § 129 StGB bestraft also die Mitwirkung an der *persona moralis composita* selbst.[51]

5. Zur Strafbarkeit juristischer Personen

Der bereits erwähnte *Nettelbladt* hat bemerkenswerterweise andernorts die Strafbarkeit juristischer Personen ausgeschlossen. So könne selbst eine gemeinsame schuldhafte Handlung aller Einzelnen, die die *universitas* konstituieren, der Gemeinschaft selbst nicht zugerechnet werden, da ihr weder Wille noch Verstand zukäme. Stattdessen könnten die einzelnen Mitglieder sich nur als „*coauctores*“, also als Mittäter strafbar machen.[52] Diese Ar-

49 S. BGH NStZ 2011, 577 (578).

50 Wie etwa *Köhler*, Strafrecht, Allgemeiner Teil, 1997, S. 567, fordert.

51 Näher dazu *Montenegro*, GA 2019, 489 (497 f.).

52 *Nettelbladt*, Systema Elementare Iurisprudentiae Positivae Germanorum Communis Generalis, 1781, § 877: „(V)niversitatem ipsam numquam dolum et culpam comittere posse, cum dolus et culpa nuncquam finem communem tangant, sicque hoc respectu, deficiente intellectu et voluntate vniversitatis, et eius dolum et culpam concipi non posse: ast, quod attinet singulos ex vniversum, non solum vnus vel nonnulli ex iis, sed et omnes dolum vel culpam committere possent; licet, si omnes qui ad vniversitatem pertinent, nemine excepto, dolum vel culpam commiserunt, tale factum tamen pro facto vniversitatis cuius auctor esse debet ip-

gumentation lässt sich freilich nicht damit vereinbaren, dass *Nettelbladt* an anderer Stelle einer *universitas* ausdrücklich Rechte und Pflichten zuschreibt, was ihre Fähigkeit zu rechtlich relevantem Tun und Unterlassen impliziert.[53] Zudem widerspricht er seiner eigenen These von der logischen Ununterscheidbarkeit der einzelnen Mitglieder der *universitas* voneinander und von der *universitas* selbst (s.o.).

Die praktische Philosophie stellt also mit der *persona moralis composita* eine Zurechnungsfigur zur Verfügung, mit deren Hilfe jedem Mitglied des Kollektivs sowie der Kollektivperson selbst dasjenige in identischer Weise zugerechnet werden kann, was aus dem vereinigten Willen aller resultiert, der den Grund des Zurechnungsurteils darstellt.[54] Eine Zurechnung der entsprechenden einzelnen, gemäß des einheitlichen Willens vorgenommene Handlung an die derart bestimmte *persona moralis composita* – und damit auch ihre Bestrafung – ist damit prinzipiell möglich.

Bei großen Unternehmen wie Aktiengesellschaften, multinationalen Konzernen usw. kann man sich freilich fragen, was der einzelne Aktionär oder auch der einzelne Monteur am Fließband mit den Sünden des Vorstands zu tun haben. Obwohl diese Sünden nicht aus einer Willensübereinkunft mit diesen Leuten hervorgegangen sind, obwohl sie nicht selbst gehandelt haben und also für die Begehung der Straftat nichts können, werden sie durch eine Milliardengeldbuße ebenfalls getroffen, auch wenn

---

sa vniversitas, habere necquit, sed pro facto tali singulorum ex vinversitate, cuius coauctores sunt omnes que universitatem constituunt." – „Die Gemeinschaft selbst kann niemals vorsätzlich oder fahrlässig verbrechen, weil Vorsatz und Fahrlässigkeit nie das gemeinsame Ziel betreffen, und damit in dieser Hinsicht durch einen Mangel an Einsicht und Wille der Gemeinschaft es ihr nicht möglich ist, Vorsatz und Fahrlässigkeit überhaupt zu fassen. Indes soweit es die Einzelnen aus der Gemeinschaft betrifft, können sie nicht nur allein oder als wenige, sondern auch alle vorsätzlich oder fahrlässig verbrechen. Es ist möglich, dass wenn ausnahmslos alle, die zur Gemeinschaft gehören, vorsätzlich oder fahrlässig verbrechen, eine solche Tat dennoch für eine Tat der Gemeinschaft angesehen wird, deren Urheber selbst der Gemeinschaft verbunden ist. Sie kann nicht dafür gehalten werden, sondern für die Tat solcher Einzelner der Gemeinschaft, die alle als Mittäter die Gemeinschaft begründen." S. auch *Haas*, in: Kaufmann/Renzikowski (Hrsg.) (Fn. 20), S. 133.

53 *Nettelbladt*, Systema elementare universae jurisprudentiae naturalis (Fn. 52), §§ 83 f. und 373 ff.

54 M.a.W.: Die *persona moralis composita* eignet sich als Grundlegung einer Theorie über „Systemunrecht und Unrechtssysteme" (*Lampe*, ZStW 106 [1994], 683 ff.). Die beliebte Behauptung, der Freiheitsbegriff der Aufklärung habe die Straf- und Schuldfähigkeit von Verbänden ausgeschlossen, so *Dust* (Fn. 12), S. 40 f. m.w.N. ist daher falsch.

sie formal-rechtlich nicht die Adressaten der Sanktion sind, sondern das Unternehmen. Von einer Bestrafung für fremde Schuld kann jedoch keine Rede sein, denn die Sanktion greift nicht in ihre Rechte ein. Anteilseigner und Arbeitnehmer sind rechtlich nicht anders betroffen als etwa die Mitglieder einer Familie, deren wirtschaftliche Grundlage möglicherweise durch die Inhaftierung eines Familienmitglieds entzogen wird. Man könnte sogar erwägen, ob sie nicht insofern sogar Mitglieder der *persona moralis composita* sind, indem sie ihr Vermögen oder ihre Arbeitskraft investiert und es dem Unternehmen dadurch erst ermöglicht haben, das fragliche Delikt zu begehen. Denn die Zurechnung ist graduierbar, gewissermaßen von 100 für den Täter bis zu 0,1 für den entferntesten Mitläufer. Die *imputatio iuris* bezieht sich zudem nicht ausschließlich auf Strafe im klassischen Sinn, sondern als Sanktion kann auch eine zivilrechtliche Vermögenseinbuße aufgefasst werden. Und die Zurechnung in der leichtesten Form erklärt, dass keine völlig Unbeteiligten getroffen werden.

6. *Einwände*

Einige Bedenken gegen die Begründung der Verbandssanktion mit der Zurechnungsfigur der *persona moralis composita* habe ich bereits an anderer Stelle angesprochen.[55] Auf sie möchte ich hier nicht noch einmal eingehen. Stattdessen sollen zwei weitere Probleme erörtert werden.

a) Das Problem der Identität

Unternehmen verändern sich: Bestandteile werden veräußert, neue Firmen hinzugekauft, nach dem Rücktritt des Aufsichtsratsvorsitzenden wird ein neuer gewählt, die Aktionäre ändern sich ständig usw. Damit verbunden ist das Problem, dass etwa die Anteilseigner, die zum Zeitpunkt der fraglichen Straftat am Unternehmen beteiligt waren, nicht mehr von einer Jahre später verhängten Sanktion betroffen sind, weil sie ihre Anteile inzwischen mit Gewinn veräußern konnten, bevor der Kurs des Unternehmens eingebrochen ist.

Aus diesem Grund wendet man gegen ein Verbandsstrafrecht ein, dass einem Unternehmen diese Identität fehlt. Gewissermaßen wird ein ande-

55 *Renzikowski*, GA 2019, 149 (153 f.: Juristische Person als Fiktion; 156 ff.: Höchstpersönlichkeit der Strafe).

rer bestraft als derjenige, der die Straftat begangen hat.[56] In der Tat wäre das nichts anderes als eine illegitime Bestrafung für fremde Schuld. Dieses Problem lässt sich dann lösen, wenn man zwischen den essentiellen Merkmalen und den Akzidentien unterscheidet. Für eine juristische Person ist es essentiell, dass sie Organe hat wie einen Vorstand, oder auch ein Vermögen. Es ist aber nicht essentiell, wie die Organe personell zusammengesetzt sind. Ein Verein wird nicht dadurch „ein anderer", dass der Vorsitzende durch eine Wahl ausgewechselt wird. Die VW-AG wird nicht dadurch „eine andere", dass sie künftig auch Elektroautos produziert. Grundsätzlich bestimmt sich die Identität einer juristischen Person nach Gesellschaftsrecht.[57]

Im Übrigen ist es, wie bereits ausgeführt, ja auch nicht der physische Körper, der eine Person ausmacht, sondern die freie Willkür, genauer: das Vermögen, die eigenen Handlungen nach Maximen zu bestimmen. Irgendetwas Physisches ist nur deshalb erforderlich, weil ein Wille allein keine Veränderung in der Außenwelt bewirken kann, aber nichts spricht dafür, dass dieser Körper stets dieselbe unveränderte Beschaffenheit haben muss. Dieser Einwand trägt also nicht.

b) Unzulässige Doppelbestrafung

Der Vorwurf einer unzulässigen Doppelbestrafung (vgl. Art. 103 Abs. 3 GG) lässt sich in zwei Richtungen erheben: Entweder erledigt die Bestrafung der einzelnen Mitglieder der *persona moralis composita* die parallele Sanktionierung des Verbands als solchen oder die Strafe gegen den Verband erledigt parallele Sanktionen gegen seine Mitglieder.[58] Die logische Ununterscheidbarkeit der einzelnen Mitglieder der *persona moralis composita* voneinander und von der Gesamtheit steht der vordergründigen Ausflucht entgegen, zwischen dem Individuum und dem Kollektiv als verschiedenen Subjekten zu unterscheiden.

Dennoch kann dieser Einwand entkräftet werden. Strafe ist dem Begriff nach ein Übel, welches den Täter für seine unrechte Tat trifft und, darin besteht der Grundgedanke des Talionsprinzips, dem „Wesen" seiner Tat

56 S. etwa *Sola*, GA 2016, 625 ff.

57 Zu den damit verbundenen Problemen s. *Rogall*, in: Mitsch (Hrsg.), Karlsruher Kommentar zum Gesetz über Ordnungswidrigkeiten, 5. Aufl. 2018, § 30 Rn. 48 ff.

58 In diese Richtung *Jakobs*, in: FS Lüderssen (Fn. 22), S. 564 ff.; *Kindler*, Das Unternehmen als haftender Täter, 2008, S. 282 ff.

entspricht.[59] Das Wesen des Verbrechens besteht nun darin, dass der Straftäter seine Freiheit missbraucht und dadurch die Gesetze der Freiheit verletzt. Auf diese Weise schließt sich der Straftäter in gewisser Weise von der Teilhabe an der bürgerlichen Gesellschaft aus.[60] Mit der Strafe wird dem Straftäter dasselbe zurückgegeben: Strafen sind eine Weise, den Straftäter von der vollen Teilhabe an der Gesellschaft durch eine Einbuße seiner Rechte auszuschließen.

Die Strafe muss aber nicht nur dem „Wert" der Straftat, sondern auch der Eigenart des Zurechnungssubjekts entsprechen. Das lässt sich an einem Vergleich der Bestrafung von Mittätern und Verbänden exemplifizieren. Die gemeinsam begangene Tat (§ 25 Abs. 2 StGB) wird dem Kollektiv und damit jedem einzelnen Komplizen in gleicher Weise zugerechnet (s. oben III.1.). Die Bestrafung erschöpft sich jedoch in der Sanktionierung jedes Mittäters, denn darüber hinaus, d.h. ihre physischen Körper (Freiheitsstrafe) oder ihr Vermögen (Geldstrafe) ist schlichtweg nichts mehr übrig, was noch von einer Sanktion erfasst werden könnte. Bei einem Unternehmen ist das jedoch anders. Neben den Verantwortlichen, die in eigener Person zur Rechenschaft gezogen werden, stehen die ökonomischen Ressourcen des Unternehmens zur Verfügung, die ja erst die Straftat ermöglicht haben. Die ökonomische Sanktion gegen das Unternehmen entspricht dem Wert dieser Tat und ist einerseits ein Eingriff in die ihm eingeräumte wirtschaftliche Betätigungsfreiheit (vgl. Art. 12 GG) und entzieht ihm andererseits wirtschaftlichen Nutzen aus dieser Straftat. Eine doppelte Bestrafung liegt hierin ebenso wenig wie in der Möglichkeit, gegen einen Einzelnen neben der Hauptstrafe (z.B. Geldstrafe) eine Nebenstrafe (z.B. Fahrverbot) zu verhängen.

---

59 Nach *Hegel* das „*Wesentliche*, was der Verbrecher verdient hat" (Grundlinien der Philosophie des Rechts, 1821, § 101). Ähnlich heißt es bei *Kant*, MdS, AA VI, S. 363: „Nur dann kann der Verbrecher nicht klagen, daß ihm unrecht geschehe, wenn er seine Übeltat sich selbst über den Hals zieht und ihm, wenngleich nicht dem Buchstaben, doch dem Geiste des Strafgesetzes gemäß das widerfährt, was er an anderen verbrochen hat."

60 Nach *Kant*, MdS, AA VI, S. 331 macht eine Tat, die sich gegen das „gemeine Wesen", d.h. die rechtlich verfasste Gesellschaft selbst richtet, denjenigen, der sie begeht, „unfähig ..., Staatsbürger zu sein". S. dazu auch *Ripstein*, JRE 16 (2008), 238 (250 ff.).

IV. Schluss

Die in der Aufklärung entwickelte Figur der *persona moralis composita* zeigt, inwieweit Kollektive als Zurechnungssubjekte angesehen werden können. Aus dieser Analyse folgt allerdings keineswegs, dass der Gesetzgeber diese Begrifflichkeit aufgreifen und in das Strafrecht inkorporieren muss. Einerseits ist die Beteiligungsformenlehre unserer heutigen Strafrechtsdogmatik auf eine etwas andere Weise ausdifferenzierter als die Vorstellungen des 18. Jahrhunderts. Zudem finden sich rechtsvergleichend noch ganz andere Modelle der Verteilung der Verantwortlichkeit auf verschiedene Beteiligte. Andererseits sind alle möglichen Gründe denkbar, auf ein eigenes Unternehmensstrafrecht zu verzichten. Ebenso wenig ist vorbestimmt, wie ein solches Verbandsstrafrecht konkret ausgestaltet sein muss. Lediglich seine systematisch stimmige Möglichkeit sollte hier aufgezeigt werden.

„Die" Verhaltensnorm der strafrechtlichen Geschäftsherrenverantwortlichkeit*

Markus Wagner

I. Einführung

„Die Kleinen fängt man, die Großen lässt man laufen" – mit diesem Sprichwort äußert der Volksmund seit jeher seinen Unmut (nicht nur, aber auch) über die Justizpraxis.[1] Begeht eine Person, die einem größeren Systemkomplex angehört, eine Straftat, so wird regelmäßig gefordert, dass auch die übergeordneten Personen bis hin zur Spitze des Systems – gleichgültig ob in der Wirtschaft, dem Militär, der Verwaltung oder der Politik – „zur Verantwortung gezogen werden", worunter zumeist verstanden wird, dass auch die Führungspersonen bestraft werden sollen. Eine der tragenden Säulen des deutschen Strafrechts ist aber das Schuldprinzip, wonach jeder nur für eigenes Verhalten bestraft werden kann, das er zu verantworten hat, weshalb eine Sanktion nicht ausschließlich darauf gestützt werden darf, dass der Betreffende sich in einer rechtlich übergeordneten Position befunden hat. Daher wurden in Wissenschaft und Rechtsprechung bekanntermaßen beträchtliche argumentative Bemühungen unternommen, um zu begründen, unter welchen Voraussetzungen auch Führungspersonen strafrechtlich für Straftaten ihrer Untergebenen verantwortlich sein können.

Zunächst ging man davon aus, dass die Beteiligungsdogmatik der richtige Ort sei, um nicht nur überhaupt (irgend)eine, sondern „sogar" täterschaftliche Verantwortung der Hintermänner begründen zu können. Hierfür stehen in Deutschland prominent vor allem die Rechtsprechung des BGH zur Strafbarkeit der Mitglieder des nationalen Verteidigungsrates der

* Ich danke den Anwesenden der Veranstaltung für die fruchtbaren Diskussionsbeiträge nach meinem Vortrag, die ich gerne aufgegriffen und nach Möglichkeit in dieser Ausarbeitung berücksichtigt habe. Für wertvolle Hinweise und Anregungen bereits im Vorfeld danke ich darüber hinaus Frau wissMit *Jeannine Ann Boatright*, Herrn wissMit *Maximilian Hartwig*, Herrn wissMit *Dennis Klein*, Herrn wissMit *Thomas Kolb*, Herrn Herrn wissMit *Johannes Mayser* und Frau wissMit *Désirée Mehl*.

1 Vgl. z.B. *Rotsch*, Individuelle Haftung in Großunternehmen, 1998, S. 1.

DDR[2], *Roxins* Konzept zur mittelbaren Täterschaft kraft Organisationsherrschaft[3] sowie *Schroeders* „Täter hinter dem Täter"[4]. Zwar hat der diesen Konzepten zugrunde liegende Gedanke im Ausland[5] und auch im Völkerstrafrecht[6] seinen Siegeszug angetreten, soweit es um sog. „Unrechtsregime" geht. Seine Übertragung auf moderne Unternehmensstrukturen im nationalen Wirtschaftsstrafrecht bereitet hingegen immense Schwierigkeiten.[7]

Aus diesem Grund scheint die Rechtsprechung sich zur Begründung der strafrechtlichen Verantwortlichkeit von Leitungspersonen des Wirtschaftslebens von der Beteiligungsdogmatik ab- und der Unterlassungsdogmatik zugewandt zu haben. In der Entscheidung betreffend Entgeltbetrügereien der Berliner Stadtreinigung hat der *5. Strafsenat* des BGH implizit die sog. „Geschäftsherrenverantwortlichkeit" anerkannt[8], was vom *4. Strafsenat* in der sog. „Mobbing"-Entscheidung[9] bestätigt wurde. Danach hat ein Betriebsinhaber bzw. Vorgesetzter i.S.d. § 13 Abs. 1 StGB „rechtlich dafür einzustehen", dass nachgeordnete Unternehmensmitarbeiter keine Straftaten begehen. Diese Pflicht soll jedoch auf sog. „betriebsbezogene" Straftaten begrenzt sein, was nach dem *4. Strafsenat* solche sind, die „einen inneren Zusammenhang mit der betrieblichen Tätigkeit des Begehungstäters oder mit der Art des Betriebes aufweis[en]" und nicht „lediglich bei Gelegenheit" der betrieblichen Tätigkeit verübt werden.[10]

Auf diese Rechtsprechung hat jüngst der *5. Strafsenat* des BGH Bezug genommen.[11] Angeklagt war u.a. der Betreiber (T.G.) eines Spätkaufs mit Internetcafé in Berlin. Dort hatte er seinen ebenfalls angeklagten Bruder (G.G.) beschäftigt. Der Bruder machte sich die Tätigkeit im Laden zunut-

---

2 BGH, Urt. v. 26.07.1994 – 5 StR 98/94, BGHSt 40, 218.

3 *Roxin*, GA 1963, 193; *ders.*, Strafrecht, Allgemeiner Teil, Bd. 2, 2003, § 25 Rn. 105 ff.; *ders.*, Täterschaft und Tatherrschaft, 10. Aufl. 2019, S. 242 ff.

4 *Schroeder*, Der Täter hinter dem Täter, 1965.

5 Überblick dazu bei *Muñoz Conde*, in: Zöller u.a. (Hrsg.), Gesamte Strafrechtswissenschaft in internationaler Dimension, Festschrift für Jürgen Wolter zum 70. Geburtstag am 7. September 2013, 2013, S. 1415 ff.

6 Dazu *Ambos*, Internationales Strafrecht, 5. Aufl. 2018, § 7 Rn. 25 ff. m.w.N.

7 Vgl. den Überblick zu Gegeneinwänden in der Literatur bei *Heine/Weißer*, in: Schönke/Schröder, Strafgesetzbuch, Kommentar, 30. Aufl. 2019, § 25 Rn. 30 m.w.N.

8 BGH, Urt. v. 17.07.2009 – 5 StR 394/08, BGHSt 54, 44.

9 BGH, Urt. v. 20.10.2011 – 4 StR 71/11, BGHSt 57, 42 m. Anm. *M. Wagner*, ZJS 2012, 704.

10 BGH, Urt. v. 20.10.2011 – 4 StR 71/11 Rn. 13 f., BGHSt 57, 42 (45 f.).

11 BGH, Beschl. v. 06.02.2018 – 5 StR 629/17, NStZ 2018, 648; dazu *M. Wagner*, NZWiSt 2019, 365.

ze, um Marihuana und Kokain zu verkaufen, wobei er später auch einen weiteren Angestellten einbezog. Der Inhaber des Spätkaufs wusste hiervon, eine aktive Beteiligung konnte ihm aber nicht nachgewiesen werden. Das Landgericht Berlin verurteilte ihn wegen Beihilfe durch Unterlassen zu bewaffnetem Handeltreiben mit Betäubungsmitteln in nicht geringer Menge zu einer Freiheitsstrafe von zwei Jahren. Der *Senat* verwarf die hiergegen eingelegte Revision gem. § 349 Abs. 2 StPO. Den Inhaber habe eine Garantenpflicht nach den Grundsätzen der Geschäftsherrenverantwortlichkeit getroffen, die dieser verletzt habe. Da der angestellte Bruder „unter Nutzung der Verkaufs- und Lagerräume gleichsam in Erweiterung des legalen Geschäftsbetriebes" Betäubungsmittel verkauft habe, handle es sich auch um betriebsbezogene Taten. „Die Ausstattung der Räume (abgeklebte Scheiben) sowie die Art und Weise des Geschäftsbetriebes (hohe Frequenz, kurze Aufenthaltszeiten)" habe den Betäubungsmittelhandel zusätzlich erleichtert. Die Antwort auf die Frage, durch welches Verhalten der angeklagte Ladeninhaber den Betäubungsmittelhandel seines Bruders hätte unterbinden können und müssen, bleiben sowohl die erstinstanzliche Kammer wie auch der *Senat* schuldig.

Wolfgang Frisch hat jüngst die Forderung erneuert, dass es eine zentrale Aufgabe der (Straf-)Rechtswissenschaft sein muss, in präzise formulierter Art und Weise die Verhaltensnormen herauszuarbeiten, auf deren Negierung ein strafrechtlicher Vorwurf nach Maßgabe der jeweiligen Sanktionsnorm aufbauen kann.[12] Wie gleichermaßen wichtig und schwierig dieses Unterfangen ist, zeigt sich bei der Geschäftsherrenverantwortlichkeit besonders deutlich. Im Folgenden soll der Versuch unternommen werden, die Rahmenlinien der Verhaltensnorm(en) zu skizzieren, welche der Geschäftsherrenverantwortlichkeit zugrunde liegen (III.). Dazu muss zunächst jedoch die Methodik der Ermittlung von Verhaltensnormen im Allgemeinen näher beleuchtet werden (II.). Schließlich wird – nachdem die Grenzen der Aussagekraft dieser Untersuchung aufgezeigt werden (IV.) – ein abschließendes Fazit gezogen (V.).

II. Allgemeines zu Verhaltensnormen

Selbst unter „den Normentheoretikern" existiert insoweit kein gefestigtes Konzept der Ermittlung von Verhaltensnormen.[13] Will man sich einer Me-

---

12 *Frisch*, GA 2019, 185 (197 ff.) m.w.N.

13 Darauf weist etwa *Popp*, Gläubigerschädigung, 2014, S. 184, hin.

thode annähern, wie Verhaltensnormen ermittelt werden können, sind streng voneinander zu unterscheidende Vorfragen zu beantworten. So stellt sich zunächst die Frage, welche Rechtsnatur Verhaltensnormen zukommt (1.). In einem zweiten Schritt ist zu klären, welche Rechtsquellen herangezogen werden dürfen (und müssen) bzw. welche nicht (2.). Anschließend wird behandelt, nach welchem Muster Verhaltensnormen strukturiert sind (3.), für welchen Zeitpunkt (4.) und auf Grundlage welcher Perspektive sie zu formulieren sind (5.). Schließlich verbleiben die Fragen, welche Bestandteile Verhaltensnormen aufweisen (6.) und in welchem Verhältnis sie zum formellen Gesetzestext stehen (7.).

In terminologischer Hinsicht sei klargestellt, dass der *Normbegriff*, der den nachfolgenden Ausführungen zugrunde liegt, den *abstrakten Rechtssatz* bezeichnet, wie er sich aus der Rechtsordnung ableiten lässt, während die konkrete Verhaltensanweisung, die sich als Subsumtionsergebnis an einen bestimmten Adressaten in einer aktuellen Situation richtet, als „Pflicht" bezeichnet wird.[14]

1 . *Rechtsnatur*

Vergleichsweise noch am einfachsten zu beantworten ist die Frage nach der Rechtsnatur von Verhaltensnormen. Insoweit scheint weitgehend Konsens darüber zu bestehen, dass Verhaltensnormen nicht dem Strafrecht selbst, sondern dem Zivilrecht oder öffentlichen Recht (oder eventuell so-

---

14 In diesem Sinne bereits *Armin Kaufmann*, Die Dogmatik der Unterlassungsdelikte, 1959, S. 7. Vgl. zur abweichenden Terminologie, die unter „Norm" ausschließlich die Verhaltensanweisung in der konkreten Situation versteht, etwa *Rostalski*, Der Tatbegriff im Strafrecht, 2019, S. 73 ff., insbesondere S. 76 mit dortiger Fn. 176 und S. 77 mit dortiger Fn. 178, jeweils m.w.N. In der Sache werden die dortigen Einwände gegen das Konzept *Kindhäusers* (Gefährdung als Straftat, 1989, S. 50 ff.) und *Vogel* (Norm und Pflicht bei den unechten Unterlassungsdelikten, 1993, S. 41 ff.), die – anders konturiert – zwischen Verhaltensnorm und Pflichtwidrigkeit unterscheiden, hier geteilt; aufgrund der Unterschiede zu diesem Konzept stehen aber diese Einwände der hiesigen Terminologie nicht entgegen. Zuzugeben ist, dass es sich bei der (Verhaltens-)Norm im hiesigen Sinne lediglich um einen „Zwischenschritt" handelt (so *Rostalski* [a.a.O.], S. 77 mit dortiger Fn. 178). Das ändert aber nichts daran, dass die Rechtsordnung mit dem Institut der abstrakten Normenkontrolle (Art. 93 Abs. 1 Nr. 2 GG, §§ 13 Nr. 6, 76 ff. BVerfGG) deutlich macht, dass die Überprüfung der Legitimität einer Norm auch unabhängig vom konkreten Einzelfall möglich ist (ihre Erstreckung auf einen konkreten Fall bedarf freilich der ergänzenden Prüfung).

gar Regelungskomplexen nicht-staatlichen Ursprungs[15]) zuzuordnen sind. Zwar ist vereinzelt die Rede von „strafrechtlichen Verhaltensnormen“.[16] Damit ist aber zumeist lediglich gemeint, dass die (ungeschriebene) Verhaltensnorm mittels Umkehrschluss aus einer (geschriebenen) Strafvorschrift abgeleitet wird, weil es sich um Rechtsbereiche handelt, in denen keine geschriebenen außerstrafrechtlichen Regelungen existieren.[17]

Soweit dies anders gesehen wird,[18] beruht diese Annahme auf der unzutreffenden Prämisse, dass der in der Sanktionsnorm liegende Eingriff bereits bei der Legitimation der Verhaltensnorm selbst zu berücksichtigen sei.[19] Das Gegenteil ist der Fall: Die Sanktionsandrohung ist ein von der Verhaltensanordnung gänzlich zu trennender Eingriff, der einer separaten Prüfung der verfassungsrechtlichen Rechtfertigung bedarf; auf den in der Verhaltensnorm liegenden Grundrechtseingriff hat die Sanktionsandrohung jedoch keine Wirkung.[20]

Die Rechtsnatur von Verhaltensnormen ergibt sich vor allem aus ihrer Funktion im System der Rechtsordnung: Zum einen hat die Aussage, dass ein bestimmtes Verhalten von der Gesellschaft nicht akzeptiert und daher als „rechtswidrig“ klassifiziert wird, bereits per se wertenden Charakter und beeinflusst idealerweise auch ohne Sanktionsandrohung die Entscheidung des jeweiligen Normadressaten, wie er sich seinen Mitbürgern gegenüber verhält. Zum anderen ist die strafrechtliche Sanktion nicht die einzige Reaktionsmöglichkeit, die das Rechtsystem für den Fall eines Verstoßes gegen eine Verhaltensnorm bereithält. So enthält beispielsweise § 823 Abs. 2 BGB die Generalklausel des zivilen Deliktsrechts bei Verletzung von Verhaltensnormen. Wird insoweit auf Strafvorschriften Bezug genommen, ist dies nur tragfähig, sofern das Schutzgesetz eine ungeschriebene Verhaltensnorm ist, deren Existenz im Umkehrschluss aus einer Strafvorschrift

---

15 Dazu *M. Wagner*, Die Akzessorietät des Wirtschaftsstrafrechts, 2016, passim.

16 Vgl. etwa BVerfG (1. Kammer des *Ersten Senats*), Nichtannahmebeschl. v. 24.05.2006 – 1 BvR 1060/02, Rn. 35, BVerfGK 8, 107 (116 – betreffend § 218 StGB); *Hörnle*, ZStW 127 (2015), 851 (867 – betreffend Sexualdelikte).

17 Vgl. die Beispiele in der vorstehenden Fußnote.

18 So bspw. *Puschke*, Legitimation, Grenzen und Dogmatik von Vorbereitungstatbeständen, 2017, S. 158: „Der Sanktionsnorm i.S.e. Strafandrohung kommt jedoch entscheidende Bedeutung bei der Bestimmung der konkreten Grundrechtsrelevanz des Strafrechts und damit auch der Verhaltensnorm zu. Zum einen ergibt sich aus ihr überhaupt erst, dass das Verbot dem Strafrecht und nicht dem sonstigen öffentlichen Recht oder Zivilrecht zuzuordnen ist.“

19 So bspw. *Kaspar*, Verhältnismäßigkeit und Grundrechtsschutz im Präventionsstrafrecht, 2014, S. 364 ff.; *Puschke* (Fn. 18), S. 158 f. m.w.N.

20 Zutreffend *Rostalski* (Fn. 14), S. 64 ff., insb. S. 68 ff.

abgeleitet werden kann; die strafrechtliche Sanktionsandrohung als solche ist hingegen für den Haftungstatbestand bedeutungslos.[21]

Diesen Erwägungen liegt als Prämisse die Vorstellung einer einheitlichen Rechtsordnung zugrunde:[22] Ein bestimmtes Verhalten kann von der Rechtsordnung nur entweder gebilligt oder missbilligt werden. Nicht möglich ist es, dass die Rechtsordnung das Verhalten zugleich billigt und nicht billigt oder dass sie gar keine Stellung dazu bezieht. Konfligierende Gründe für und gegen die Rechtmäßigkeit oder Rechtswidrigkeit des Verhaltens sind abzuwägen und eine eindeutige Entscheidung zu treffen.

2. *Quelle der Herleitung*

Teilt man die Prämisse, dass Verhaltensnormen nicht selbst strafrechtlicher, sondern zivil- oder öffentlich-rechtlicher Natur sind, so drängt der Schluss sich auf, dass sie folgerichtig auch den Vorschriften des Zivilrechts und des öffentlichen Rechts zu entnehmen sind. Doch bereits an dieser Stelle besteht Uneinigkeit. Während Teile der normentheoretischen Literatur auf die zivil- und öffentlich-rechtlichen Vorschriften zurückgreifen[23], leiten andere Stimmen Verhaltensnormen ausschließlich im Umkehrschluss[24] aus Strafvorschriften ab[25].

Diese unterschiedliche Herangehensweise hat solange keine praktische Bedeutung, als keine Konflikte mit anderen Normen bestehen. Das ist primär in einfach gelagerten Sachverhaltskonstellationen des Kernstrafrechts der Fall: Ob das Verbot, einem anderen gegen seinen Willen nicht ins Gesicht zu schlagen, sich im Umkehrschluss aus Normen des StGB oder des BGB ergibt, ist in der Sache irrelevant. In komplexen Fällen zeigen sich jedoch die Konsequenzen der unterschiedlichen methodischen Herleitungsformen, die an folgenden Beispielen verdeutlicht sein sollen:

---

21 Grundlegend *Deutsch*, in: Amelung u.a. (Hrsg.), Strafrecht – Biorecht – Rechtsphilosophie, Festschrift für Hans-Ludwig Schreiber zum 70. Geburtstag am 10. Mai 2003, 2003, S. 43 (45 f.); *Lüderssen*, in: Arnold u.a. (Hrsg.), Menschengerechtes Strafrecht, Festschrift für Albin Eser zum 70. Geburtstag, 2005, S. 163 (169 f.); dazu bereits *M. Wagner* (Fn. 15), Rn. 170, 207.

22 Dazu *M. Wagner* (Fn. 15), Rn. 60 ff., insb. Rn. 95 ff.

23 Bspw. *A. Schneider*, Die Verhaltensnorm im Internationalen Strafrecht, 2011, S. 40 f. mit dortiger Fn. 33.

24 Bspw. *A. Schneider* (Fn. 23), S. 40 f.; *M. Wagner* (Fn. 15), Rn. 165 m.w.N.

25 So bspw. *Ast*, Normentheorie und Strafrechtsdogmatik, 2010, S. 10; *ders.*, in: A. Schneider/M. Wagner (Hrsg.), Normentheorie und Strafrecht, 2018, S. 201; *Kindhäuser* (Fn. 14), S. 29; *Popp* (Fn. 13), S. 179 ff.; *Vogel* (Fn. 14), S. 28.

(1) Leitet man im Umkehrschluss aus § 263 Abs. 1 StGB – vereinfacht gesprochen – ein allgemeines vermögensbezogenes Täuschungsverbot ab,[26] so enthält dieses isoliert betrachtet keinerlei Maßstäbe über die normativen Erwartungen des jeweiligen Marktumfelds, die Grund und Grenze des Rechtsinstituts der konkludenten Täuschung darstellen. Der Rückgriff auf außerstrafrechtliche Vorschriften bleibt daher nicht erspart, denn die einschlägigen Vorschriften etwa des Wettbewerbs-, Arzneimittel- oder Lebensmittelrechts gehen jedenfalls einer aus § 263 Abs. 1 StGB abgeleiteten Verhaltensnorm im Wege des lex specialis- (und regelmäßig vermutlich auch des lex posterior-)Grundsatzes vor.[27] Dies zeigt die Diskussion über den Einfluss des europäischen Verbraucherleitbildes auf die Auslegung des Betrugstatbestandes,[28] insbesondere in Konstellationen wie dem „Todesanzeigen-Fall"[29].

Ist eine Berücksichtigung der außerstrafrechtlichen Vorschriften aber ohnehin vonnöten, so erscheint es praktikabler, von vornherein auf die entsprechenden Täuschungsschutzvorschriften als Verhaltensnormen abzustellen, also z.B. auf §§ 3, 5 UWG, § 11 LFGB oder § 8 AMG. Erst dann, wenn keine entsprechenden Vorschriften existieren und auch der Rückgriff auf allgemeine Wertungen wie §§ 241 Abs. 2, 242 BGB keine verlässliche Aussage bietet, ist es angezeigt, eine ungeschriebene Verhaltensnorm unmittelbar aus § 263 Abs. 1 StGB abzuleiten.

Nicht verhehlt werden soll dabei aber, dass diese Vorgehensweise einen zusätzlichen Prüfungsschritt erforderlich macht: nämlich die Überprüfung der Schutzzweckkohärenz.[30] Denn die Sanktionsnorm des Betrugstatbestandes kann nur bei Verstößen gegen solche Verhaltensnormen angewandt werden, die Täuschung verbieten *und* dem Schutz des Vermögens dienen.[31]

---

26 Näher dazu *Ast* (Fn. 25 – 2018), S. 201 ff.

27 Dazu *M. Wagner* (Fn. 15), Rn. 192 ff.

28 Jüngst zu dieser Thematik exemplarisch *Hoyer*, ZIS 2019, 412.

29 BGH, Urt. v. 26.04.2001 – 4 StR 439/00 = BGHSt 47, 1.

30 Dazu *M. Wagner* (Fn. 15), Rn. 755 ff.

31 Jedenfalls im Ergebnis besteht insoweit kein Unterschied zu den Konzepten von *Freund* und *Rostalski*, deren strafzwecktheoretisches Konzept teilweise vom hiesigen Konzept abweicht. Während *Freund* den Schutzzweck der Sanktionsnorm in der Geltungskraft der Verhaltensnorm sieht (*Freund*, in: Erb/Schäfer [Hrsg.], Münchener Kommentar zum Strafgesetzbuch, Bd. 1, 4. Aufl. 2020, Vor §§ 13 ff. Rn. 67 ff.), dient sie nach *Rostalski* dazu, den „fortdauernden vernunftrechtlichen Status des Täters als Gleicher im Recht zu bestätigen" (*Rostalski* [Fn. 14], S. 19 ff.), vgl. *Freund/Rostalski*, Strafrecht, Allgemeiner Teil, 3. Aufl. 2019, § 1 Rn. 24 ff., 46, 49. Das Schutzgut der Verhaltensnorm sei lediglich reflexhaft mitgeschützt

(2) In der Sache wird die hier favorisierte Methodik auch verwendet, wenn der Begriff der sexuellen Handlung in § 184h StGB kontextabhängig[32] ausgelegt wird. Denn da objektiv neutrale Handlungen bereits von den Sanktionsnormen des Sexualstrafrechts ausgenommen werden, kann insoweit auch keine Verhaltensnorm aus diesen Strafvorschriften abgeleitet werden. Dem ist zuzustimmen: Der Gynäkologe ist nicht dem Grunde nach ein gewerbsmäßiger Serien-Sexualstraftäter, den lediglich ausnahmsweise die Einwilligung vor einem Strafverfahren bewahrt. Hier gelten vielmehr die Verhaltensnormen des Medizinrechts einschließlich des jeweiligen konkreten Behandlungsvertrages. Erst wenn der Rahmen der lex artis verlassen wird, ist Raum für die dem Sexualstrafrecht vorgelagerte Verhaltensnormordnung.

(3) Besonders bedeutsam wird der Unterschied in der Methodik der Ermittlung der Verhaltensnorm dann, wenn verschiedene Ebenen bzw. Rechtsordnungen betroffen sind. Leitet man aus § 239 Abs. 1 StGB ein umfassendes Verbot von Eingriffen in die persönliche Fortbewegungsfreiheit ab, gerät man in Konflikt mit dem Föderalismus. Denn da § 239 StGB eine Vorschrift des Bundesrechts ist, muss eine daraus im Umkehrschluss abgeleitete Verhaltensnorm ebenfalls bundesrechtlicher Natur sein. Das führt aber prima facie zu der Konsequenz, dass aufgrund von Art. 31 GG alle Vorschriften in landesrechtlichen Polizeigesetzen, die eine Festnahme gestatten, unwirksam wären. Zur Vermeidung dieser Methodik der Herleitung von Verhaltensnormen muss man auf die Auslegung zurückgreifen, dass in § 239 StGB der Gesetzgeber nur insoweit von seiner konkurrierenden Gesetzgebungskompetenz Gebrauch gemacht hat, als sie ihm überhaupt zusteht. Praktikabler erscheint es daher, von vornherein auf das Landespolizeirecht als anwendbare Verhaltensnormordnung zurückzugreifen.

3. *Struktur der Verhaltensnorm*

Grundsätzlich unabhängig von der Frage, aus welchen Vorschriften man eine Verhaltensnorm ableitet, ist diejenige nach der Struktur einer Verhal-

---

(*Freund/Rostalski* [a.a.O.], § 1 Rn. 49). Das ändert aber nichts daran, dass auch *Freund* und *Rostalski* eine Strafbarkeit nur auf eine zum Verhaltensnormverstoß „passende" Sanktionsnorm stützen (*Freund/Rostalski* [a.a.O.], § 2 Rn. 7, 12 f.), was dem gedanklichen Schritt entspricht, der hier als „Schutzzweckkohärenz" bezeichnet wird.

32 Vgl. *Hörnle*, in: Joecks/Miebach (Hrsg.), Münchener Kommentar zum Strafgesetzbuch, Bd. 3, 3. Aufl. 2017, § 184h Rn. 4 m.w.N.

tensnorm. Damit ist vor allem gemeint, ob eine Verhaltensnorm vom Erfolg her formuliert werden kann.

Dieses Verfahren wenden vor allem diejenigen Stimmen an, die die Verhaltensnorm (ausschließlich) im Umkehrschluss aus der Sanktionsnorm ableiten.[33] Nach dieser Methode liegt also beispielsweise den §§ 212, 222 StGB die Verhaltensnorm „Du sollst nicht töten!“ zugrunde.

Dieser Ansatz vermeidet zwar die Schwäche eines kausalen Handlungsbegriffs, der nicht auf die Steuerbarkeit des individuellen Verhaltens abstellt. Allerdings gibt er dem Einzelnen gerade nicht vor, wie er sich zu verhalten hat. Vielmehr handelt es sich lediglich um eine Zielvorgabe, die den Normadressaten dazu zwingt, zu evaluieren, welche seiner Verhaltensweisen zum Tod eines anderen Menschen führen könnten. Dies mag in klassischen Lehrbuchfällen wie z.B. beim Schusswaffeneinsatz unproblematisch sein. In komplexen Strukturen oder unter naturwissenschaftlich unsicherer Tatsachengrundlage – man denke nur an den Lederspray-Fall oder denjenigen des Einsturzes der Eishalle in Bad Reichenhall – gestaltet die Vorhersehbarkeit der Kausalverläufe sich als wesentlich schwieriger.

Aus diesem Grund wird von Teilen der Literatur vorgetragen, derlei Kausierungsverbote seien „sinnlos“.[34] Die Verhaltensnorm dürfe gerade nicht vom Erfolg her formuliert, sondern müsse als Verhalten gefasst werden.[35] Nach diesem Verständnis liegt den §§ 212, 222 StGB nicht eine einzige Verhaltensnorm zugrunde, sondern eine Vielzahl verschiedener, wie z.B. „Du sollst nicht den Abzug einer geladenen Waffe betätigen, wenn sie auf einen Menschen gerichtet ist!“ etc.[36]

Verhaltensnormen sollen Rechtsgüter schützen. Effektiver Rechtsgüterschutz kann aber nur gelingen, wenn dem Normadressaten klar ist, wie er

---

33 Bspw. *Kindhäuser* (Fn. 14), S. 60; *Seher*, Zurechnung im Straftatbestand, 2007, S. 320; *Vogel* (Fn. 14), S. 45.

34 So deutlich *Armin Kaufmann*, in: Stratenwerth u.a. (Hrsg.), Festschrift für Hans Welzel zum 70. Geburtstag am 25. März 1974, 1974, S. 393 (395); zust. etwa *Freund/Rostalski* (Fn. 31), § 2 Rn. 33 mit dortiger Fn. 45; *Renzikowski*, in: Borowski/Paulson/Sieckmann (Hrsg.), Rechtsphilosophie und Grundrechtstheorie, Robert Alexys System, 2017, S. 631 (634 f.); *Robles Planas*, in: Böse/Schumann/Toepel (Hrsg.), Festschrift für Urs Kindhäuser zum 70. Geburtstag, 2019, S. 393 (394) m.w.N.

35 Bspw. *Ast* (Fn. 25 – 2010), S. 29, 48 ff.; *Mikus*, Die Verhaltensnorm des fahrlässigen Erfolgsdelikts, 2002, S. 28 ff.; *A. Schneider* (Fn. 23), S. 41 f. m.w.N.

36 A.A. etwa *Renzikowski*, Restriktiver Täterbegriff und fahrlässige Beteiligung, 1997, S. 225 f. m.w.N., der hierin lediglich eine die allgemeine Verhaltensnorm („Jedermann soll nicht töten!“) konkretisierende Sorgfaltsregel sieht, der keine eigenständige Bedeutung zukommen soll.

sich verhalten muss, damit die in Betracht kommenden Rechtsgüter nicht gefährdet oder sogar verletzt werden. Die besseren Argumente sprechen daher für die letztgenannte Auffassung. Denn der Umstand, dass dem Normadressaten möglicherweise hinterher der Vorwurf gemacht werden kann, dass er die Schädigungseignung seiner Handlung hätte erkennen können und müssen, hilft für die Zukunft nur bedingt und für die bereits beeinträchtigten Rechtsgüter gar nicht weiter. Vorrangiger Lösungsansatz muss immer derjenige sein, der die Rechtsgutsbeeinträchtigung gänzlich zu vermeiden geeignet und nicht nur in der Lage ist, retrospektiv zu reagieren.[37]

Für die verhaltensbezogene Herleitung spricht auch die Betrachtung der gesetzgeberischen Perspektive. Verhaltensnormen sind Eingriffe in Grundrechte, weil sie die Freiheit des Bürgers beschränken, sein Leben auf beliebige Art und Weise zu gestalten. Wird die Verhaltensnorm aber vom Erfolg her konstruiert, ist weder eindeutig, in den Schutzbereich welchen Grundrechts das Verbot überhaupt eingreift, noch kann eine Interessenabwägung im Rahmen der Rechtfertigung dieses Grundrechtseingriffs erfolgen, weil gar nicht bestimmt ist, welche Güter gegeneinander abgewogen werden müssen.

Demnach ist es abzulehnen, Verhaltensnormen nach Art eines Kausierungsverbots (oder -gebots) zu strukturieren.[38] Diese Auffassung hat in der Konsequenz zwei weitere Vorteile.

Zum einen: Konstruierte man die Verhaltensnorm vom Erfolg her, so müsste man bereits in diesem Rahmen auch Zurechnungsfragen erörtern; denn verboten könnte dann nur eine solche Herbeiführung des tatbestandsmäßigen Erfolges sein, die dem Handelnden auch zurechenbar ist. Erfolgszurechnung ist hingegen eine spezifische Frage der Sanktionsnorm.[39] Auf diese Art und Weise würde entweder die Einheit der (Verhaltens-)Rechtsordnung wieder aufgehoben oder aber den anderen Rechtsgebieten, die an den Verhaltensnormverstoß anknüpfen, spezifisch strafrechtliche Maßstäbe auferlegt, die insoweit häufig nicht sachdienlich sein werden.

Zum anderen können mit der hiesigen Auffassung Wertungswidersprüche zu anderen Rechtsgebieten (vgl. bereits 2.) einfacher vermieden werden. Denn zweifellos kennt die Rechtsordnung beispielsweise kein indiffe-

---

37 Zutreffend etwa *Freund*, in: Erb/Schäfer (Hrsg.) (Fn. 31), Vor §§ 13 ff. Rn. 180 f.

38 Exemplarisch *Freund*, in: Erb/Schäfer (Hrsg.) (Fn. 31), Vor §§ 13 ff. Rn. 180 f.; *ders./Rostalski* (Fn. 31), § 2 Rn. 22; jeweils m.w.N.

39 Vgl. dazu auch *A. Schneider* (Fn. 23), S. 42.

rentes Verbot des Herbeiführens der eigenen Insolvenz. Fokussierte man sich nur auf den Erfolg, wäre dies aber die Konsequenz der Ableitung eines Kausierungsverbots aus § 283 Abs. 2 StGB. Wäre es daher ohnehin erforderlich, das Verbot dergestalt näher zu konturieren, dass die Herbeiführung der Insolvenz nur durch die in § 283 Abs. 1 Nrn. 1–8 StGB genannten Verhaltensweisen verboten ist, so bietet die Strukturierung vom Erfolg her keine Vereinfachung mehr gegenüber dem hier favorisierten Ansatz. Soweit die Verhaltensnormen insoweit daher nicht ohnehin bereits z.B. den handelsrechtlichen Buchführungspflichten entnommen werden können (§ 283 Abs. 1 Nrn. 5–7 StGB), so muss z.B. die § 283 Abs. 1 Nr. 1 Var. 3 StGB zugrunde liegende Verhaltensnorm dergestalt formuliert werden: „Du sollst nicht in einer den Anforderungen einer ordnungsgemäßen Wirtschaft widersprechenden Weise Gegenstände zerstören, die potenziell zur Insolvenzmasse gehören, sofern dieses Verhalten geeignet ist, deine Insolvenz (i.S.v. Überschuldung oder drohender[40] oder tatsächlicher Zahlungsunfähigkeit) herbeizuführen!". Das Eignungserfordernis ist dabei hinreichend; für die Feststellung der Verhaltensnormverletzung ist es nicht erforderlich, dass die Krise auch eintritt. Es ist aber zugleich auch notwendig, weil das Verbot der Zerstörung eigener Sachen in die Eigentumsgarantie des Art. 14 Abs. 1 S. 1 GG eingreift und mit Blick auf Art. 14 Abs. 2 S. 1 GG nur durch das Erfordernis der Eignung zur Herbeiführung der Krise gerechtfertigt werden kann.

Diese Strukturierung von Verhaltensnormen ist hingegen streng von den Fragen zu trennen, *zu welchem Zeitpunkt*, *von wem* und *auf Grundlage welches Erkenntnishorizonts* die Verhaltensnorm im konkreten Einzelfall zu ermitteln ist.

4. *Maßgeblicher Zeitpunkt*

Einfach ist die Frage zu beantworten, für welchen Zeitpunkt die Verhaltensnorm bestimmt werden muss. Denn die beabsichtigte handlungsleitende Funktion kann sie nur dann entfalten, wenn im Zeitpunkt des präsumtiv tatbestandsmäßigen Verhaltens klar war, wie der Normadressat sich hätte verhalten müssen.[41] Demnach muss der Inhalt der Verhaltens-

---

40 Krit. dazu *Rotsch/M. Wagner*, in: Momsen/Grützner (Hrsg.), Wirtschafts- und Steuerstrafrecht, Handbuch für die Unternehmens- und Anwaltspraxis, 2. Aufl. 2020, § 8 Rn. 133 ff. m.w.N.

41 Exemplarisch *A. Schneider* (Fn. 23), S. 41 f. m.w.N.; a.A. *Kindhäuser* (Fn. 14), S. 53; *Vogel* (Fn. 14), S. 53 ff.

norm spätestens kurz vor dem Moment feststehen, in dem der Selbstbestimmungsvorgang des Normadressaten beginnt.

In der Praxis wird die Frage nach dem Inhalt einer Verhaltensnorm regelmäßig aber erst retrospektiv im Rahmen eines gerichtlichen Verfahrens aufgeworfen. Die entscheidungsberechtigten Verfahrensbeteiligten stehen dann vor der – psychologisch gesehen höchst problematischen – Aufgabe, die Verhaltensnorm nach Maßgabe des Erkenntnishorizonts im Tatzeitpunkt – bzw. präziser: kurz davor – zu (re-)konstruieren.

5. Maßgeblicher Erkenntnishorizont

Schwieriger gestaltet sich die Beantwortung der Frage, *wessen* Erkenntnishorizont zur Konstruktion der Verhaltensnorm im Tatzeitpunkt zu ermitteln ist. Klar ist lediglich, dass die Antwort zwischen zwei extremen Polen liegt:

Die eine Extremperspektive ist diejenige des sog. *Laplace*schen Weltgeistes.[42] Sie kann schon allein deshalb nicht maßgeblich sein, weil dadurch in der Sache der maßgebliche Beurteilungszeitpunkt verschoben würde, was folgendes Beispiel verdeutlichen soll:

> Ein Getränkehersteller vertreibt einen neuartigen Energydrink. Aufgrund eines bislang gänzlich unbekannten chemischen Reaktionsmechanismus' verbinden sich bei Raumtemperatur und leichtem Schütteln (wie z.B. bei Transport in einem LKW) zwei der bekannten Zutaten zu einem hochgiftigen Stoff, weshalb die ersten Käufer zu Tode kommen.

Legte man die extrem-objektive Perspektive zugrunde, so hätte der Hersteller sich rechtswidrig verhalten, obwohl nicht nur er, sondern kein Mensch im Zeitpunkt der Herstellung und Auslieferung die Gefahr hätte erkennen können.

Das andere Extrem ist es, ausschließlich darauf abzustellen, was der konkrete Normadressat in der konkreten Situation wusste und was nicht.[43] Eine derartige Subjektivierung untergräbt den Zweck der Verhaltensnorm, nämlich den Rechtsgüterschutz.

---

42 Zutreffend dazu *Freund/Rostalski* (Fn. 31), § 2 Rn. 28 ff. m.w.N.

43 Dazu (ablehnend) *Freund*, in: Erb/Schäfer (Hrsg.) (Fn. 31), Vor §§ 13 ff. Rn. 182 m.w.N.

Diese Erwägungen ermöglichen es aber, die maßgebliche Perspektive näher einzugrenzen: Mag auch kein *subjektiver* Blickwinkel einzunehmen sein, so muss er aber jedenfalls *individualisiert* sein. Für die Bestimmung der Verhaltens*norm* (nicht: der Verhaltens*pflicht*verletzung[44]) ist daher auf eine fiktive Maßstabsperson abzustellen, deren Erkenntnishorizont sich fließend mit der Fortentwicklung des menschlichen Wissens verändert. Ob eine Verhaltens*norm*verletzung vorliegt, ist dann anhand der Maßstabsperson im soeben benannten[45] Zeitpunkt zu bestimmen. Wie ihr Erkenntnishorizont näher zu konturieren ist, ist Gegenstand einer umfangreichen Kontroverse, die hier nicht nachgezeichnet und erst recht in diesem Rahmen – wenn überhaupt – nicht gelöst werden kann. Für die Feststellung der Verletzung der Verhaltens*pflicht* kommt es hingegen auf die individuellen (Erkenntnis-)Fähigkeiten des konkreten Pflichtadressaten an (ultra posse nemo obligatur).

6. *Bestandteile*

Nach dem bisher Gesagten ist auch deutlich geworden, dass eine Verhaltensnorm ausschließlich objektive Bestandteile hat. Das ergibt sich aus der Funktion des Rechtsgüterschutzes, der nicht von vornherein davon abhängen darf, was der Normadressat sich in der konkreten Situation denkt oder nicht. Das abstrakt verbotene Verhalten wird nicht dadurch weniger gefährlich, dass der Normadressat seine Gefährlichkeit nicht erkennt. Umgekehrt kann ein objektiv sozialadäquates Verhalten nicht dadurch inadäquat und daher verboten sein, dass der Normadressat es mit unredlichen Motiven ausführt.[46]

7. *Materielle Norm und formeller Gesetzestext*

Die vorstehenden Ausführungen mögen unter einem Aspekt verwundern: Einerseits wird verlangt, dass die Verhaltensnorm dem Einzelnen für einen effektiven Rechtsgüterschutz konkrete Vorgaben dazu macht, wie er sich zu verhalten hat, andererseits ist es aber nicht erforderlich, dass diese Vorgaben (noch nicht einmal in ihrer vom konkreten Sachverhalt abstrahier-

---

44 S.o. II. bei und mit Fn. 14.

45 S.o. 4.

46 *Freund*, in: Erb/Schäfer (Hrsg.) (Fn. 31), Vor §§ 13 ff. Rn. 189 m.w.N.

ten Form) verschriftlicht sind, sodass der Adressat sie wahrnehmen und sein Handeln an ihnen ausrichten kann. Zwar ist dies kein Problem des strafrechtlichen Gesetzlichkeitsprinzips, weil Art. 103 Abs. 2 GG nur für Sanktions-, nicht aber für Verhaltensnormen gilt.[47] Soweit die betreffende Verhaltensnorm nicht ohnehin im Zivilrecht oder öffentlichen Recht verschriftlicht ist, bleibt dem Normadressaten nichts anderes übrig, als sich an allgemeinen Erfahrungssätzen zu orientieren, die regelmäßig auch den rechtlichen Verhaltensnormen zugrunde liegen werden. Dieser unbefriedigende Kompromiss ist dem Umstand geschuldet, dass eine abschließende formelle Normierung von (sei es auch nur abstrahierten) Verhaltensnormen praktisch nicht möglich ist und aufgrund des großen Umfangs an Normtext auch nicht mehr überschaubar wäre. Dementsprechend ist es dem Gesetzgeber möglich, mit zielorientierten Formulierungen der Gestalt „Du sollst nicht töten!" zu arbeiten, auch wenn darin keine Verhaltensnorm liegt, sondern lediglich ein Hinweis auf eine Vielzahl ungeschriebener Verhaltensnormen, die alle demselben Zweck dienen.

III. Übertragung dieser Grundsätze auf die Geschäftsherrenverantwortlichkeit

Das Konzept der strafrechtlichen Geschäftsherrenverantwortlichkeit beruht nach überwiegender Auffassung[48] auf dem Gedanken, dass die Einrichtung eines Betriebes eine Gefahrenquelle schafft, für die der Inhaber nicht nur in Bezug auf die Sach-, sondern auch in Bezug auf die Personalgefahren verantwortlich ist.[49] Allerdings soll es sich dabei um keine umfassende Verantwortlichkeit für alle von den Mitarbeitern ausgehenden Gefahren handeln, sondern nur für „betriebsbezogene" Risiken.[50]

Die Frage einer strafrechtlichen Verantwortlichkeit kann sich aber nur stellen, wenn das Verhalten des Unternehmensinhabers überhaupt rechts-

---

47 Dazu bspw. *Birkenstock*, Die Bestimmtheit von Straftatbeständen mit unbestimmten Gesetzesbegriffen am Beispiel der Verletzung des Verkehrsverbots bedenklicher Arzneimittel unter besonderer Berücksichtigung des Bundesverfassungsgerichts, 2004, S. 146 und passim; *Freund*, JZ 2014, 362 f.; *A. Schneider*, in: Kuhli/Asholt (Hrsg.), Strafbegründung und Strafeinschränkung als Argumentationsmuster, 2017, S. 141 (145); *Stein*, Die strafrechtliche Beteiligungsformenlehre, 1988, S. 74 f.; *Steinbeck*, Die vorsätzliche Insolvenzverschleppung, Eine normentheoretische Untersuchung zu § 15a Abs. 1 i.V.m. Abs. 4 InsO, 2013, S. 58; *M. Wagner* (Fn. 15), Rn. 489 ff.

48 A.A. bspw. *Rogall*, ZStW 98 (1986), 573 (616 ff.); *Roxin* (Fn. 3 – AT), § 32 Rn. 133.

49 Exemplarisch *G. Dannecker/C. Dannecker*, JZ 2010, 981 (990) m.w.N.

50 S.o. I.

widrig ist, mithin die spezielle betriebsbezogene Gefahr, die sich in der Straftatbegehung durch den Mitarbeiter verwirklicht, auch ein rechtlich missbilligtes Risiko[51] ist. Da die Geschäftsherrenverantwortlichkeit als *Unterlassungs*strafbarkeit gedacht ist, muss der Inhaber also ein entsprechendes *Ge*bot verletzt haben.

Nach dem oben Gesagten[52] kann ein solches Gebot nicht vom Erfolg her im Sinne von „Du sollst alle betriebsbezogenen Straftaten deiner Mitarbeiter verhindern!" formuliert werden, sondern muss auf ein bestimmtes steuerbares eigenes Verhalten gerichtet sein. Auf den eingangs dargestellten Fall gewendet: Was hätte T.G. tun müssen?

1. *Anerkennung der Geschäftsherrenverantwortlichkeit auf Verhaltensnormebene*

a) Mögliche Rechtsgrundlagen einer Verhaltenspflicht

Bevor die Frage betreffend die Entscheidung des BGH beantwortet werden kann, muss zunächst geklärt werden, woraus eine entsprechende Handlungspflicht hergeleitet werden und welchen Inhalt sie haben kann.[53] Da eine solche Handlungspflicht auf das Verhalten des Vorgesetzten bezogen ist, muss es sich um eine andere Verhaltensnorm handeln als diejenige, die der unmittelbar handelnde Unternehmensmitarbeiter übertritt.

Ein Gebot, das teleologisch auf die Verhinderung von Straftaten durch Unternehmensmitarbeiter gerichtet ist, kann sich jedenfalls nicht aus den § 13 StGB, §§ 8, 130 OWiG selbst ergeben, denn diese Vorschriften setzen ihrerseits das Bestehen einer außerstrafrechtlichen Pflicht bereits voraus. Dasselbe gilt für § 831 BGB.[54] Eine Pflicht zum Einschreiten gegen Straftaten Untergebener lässt sich zwar grundsätzlich im Umkehrschluss aus § 357 StGB, § 14 VStGB ableiten. Diese Vorschriften richten sich aber an einen speziellen Personenkreis und lassen keinen zwingenden Schluss auf

---

51 Zur Formel von der objektiven Zurechnung aus normentheoretischer Sicht bspw. *Frisch*, GA 2018, 553; *Rostalski* (Fn. 14), S. 114 ff.; *A. Schneider* (Fn. 23), S. 42; *M. Wagner* (Fn. 15), Rn. 302 ff. m.w.N.

52 S.o. II. 3.

53 Zum Folgenden bereits *M. Wagner*, NZWiSt 2019, 365 (367 f.).

54 *G. Wagner*, in: Säcker/Rixecker/Oetker/Limperg (Hrsg.), Münchener Kommentar zum Bürgerlichen Gesetzbuch, Bd. 7, 8. Aufl. 2020, BGB § 831 Rn. 11; vgl. auch bereits *M. Wagner*, NZWiSt 2019, 365 (368).

eine allgemeine Überwachungspflicht von Vorgesetzten auch im Kontext von Wirtschaftsunternehmen zu.

Gerade in größeren Unternehmen wird es regelmäßig nicht darum gehen, dass der Inhaber von einer bestimmten konkret bevorstehenden Straftat durch Mitarbeiter Kenntnis erlangt und diese nicht unterbindet; vor allem bei international agierenden Unternehmen mit tausenden von Mitarbeitern wird selbst ein Kennenmüssen am Grundsatz „ultra posse nemo obligatur" scheitern. Vielmehr geht es um die Einrichtung von Präventivsystemen, die dazu dienen, den wesentlichen Teil der systemisch veranlagten Gelegenheiten zu eliminieren; sprich: um Compliance-Management-Systeme (CMS). Damit deckt die Frage nach der zentralen der Geschäftsherrenverantwortlichkeit zugrunde liegenden Verhaltensnorm sich weitgehend mit derjenigen nach der Verpflichtung zur Einrichtung eines CMS. Sie wird bekanntermaßen hochgradig kontrovers diskutiert.

Vereinzelt finden sich im Wirtschaftsrecht Spezialregelungen, die bestimmte Formen von Unternehmen zur Einrichtung solcher Organisationssysteme verpflichten, die bestimmte Formen von Rechtsverstößen aus dem Unternehmen heraus verhindern oder jedenfalls erschweren sollen. Entsprechende Pflichten enthalten beispielsweise die §§ 25a, 25c KWG für den Finanzsektor (vgl. auch die Verweisung in § 80 Abs. 1 S. 1 WpHG). Im Bereich des Umweltrechts normieren die §§ 52a, 53 BImSchG die Schaffung von Überwachungsplänen und das Einsetzen eines Immissionsschutzbeauftragten.

Auch wenn die Singularität derartiger Vorschriften den Umkehrschluss nahezulegen scheint, dass immer dann, wenn es an einer entsprechenden Regelung fehlt, auch keine Pflicht zur Einrichtung eines CMS besteht, ist eine solche mittlerweile im Ergebnis rechtsformübergreifend anerkannt.[55] Vor allem für die Praxis grundlegend war insoweit das „Siemens/Neubürger"-Urteil des LG München I[56], das den normativen Ursprung der Pflicht zwar offenließ, ihn aber auf das Gesellschaftsrecht eingrenzte: In Frage käme entweder § 91 Abs. 2 AktG oder die allgemeine Legalitätspflicht gem. §§ 76 Abs. 1, 93 Abs. 1 AktG. Legt man diese Auffassung zugrunde, so gelten die Ausführungen jedenfalls auch für Gesellschaften mbH entsprechend.

Diese Vorschriften betreffen allein das Innenverhältnis der Gesellschaft und treffen daher keine Aussage zu einer Pflicht im Außenverhältnis, wie

---

55 Vgl. etwa *Pelz*, in: Hauschka/Moosmayer/Lösler (Hrsg.), Corporate Compliance, 3. Aufl. 2016, § 45 Rn. 45 m.w.N.

56 LG München I, Urt. v. 10.12.2013 – 5 HK O 1387/10 = NZG 2014, 345.

sie für eine strafrechtliche Verantwortlichkeit erforderlich ist.[57] Allerdings müssen Innen- und Außenverantwortlichkeit im Sinne einer einheitlichen Rechtsordnung sorgsam aufeinander abgestimmt sein.[58]

Ein anderer Ansatz ist die Herleitung der Verhaltensnorm nicht aus dem Gesellschaftsrecht, sondern aus dem Deliktsrecht des BGB.[59] Im Bereich der Verkehrspflichtendogmatik wurden in § 823 *Abs. 1* (!) BGB Organisationspflichten entwickelt, die darauf abzielen, Schädigungen Dritter aus dem Unternehmen heraus zu verhindern.[60] Erkennt man dieses Konstrukt an, bilden jedenfalls diese Verkehrspflichten rechtsformübergreifend die Verhaltensnormen, die der strafrechtlichen Geschäftsherrenverantwortlichkeit zugrunde liegen.[61]

b) Inhalt der Verhaltensnorm

Damit ist aber noch nichts darüber ausgesagt, was der eigentliche Inhalt einer solchen Verhaltensnorm ist, also welches Verhalten konkret geboten ist. Hierzu schweigen sich alle angesprochenen Rechtsvorschriften aus. Regelmäßig findet sich der Hinweis, eine pauschalisierende Pflichtenkonturierung verbiete sich, weil die konkrete Art und der konkrete Umfang der Maßnahmen sich an den Besonderheiten des jeweiligen Unternehmens ausrichten müssten.[62] Damit ist freilich für den Normadressaten wenig gewonnen.

In diesem Zusammenhang ist ins Gedächtnis zu rufen, dass *ex ante* feststehen muss, welche Maßnahmen der Normadressat zu ergreifen hat.[63] Wird nur eine Zielvorgabe formuliert und die Art und Weise ihrer Erreichung dem Normadressaten überlassen, droht im Falle des Prozesses ein Rückschaufehler des Gerichts. Diesem Umstand sind wohl auch die deut-

---

57 *C. Dannecker*, NZWiSt 2012, 441 (445 f.); dazu bereits *M. Wagner*, NZWiSt 2019, 365 (368).

58 Dazu *Kuhlen*, NZWiSt 2015, 121 ff. und 161 ff.

59 Vgl. im hiesigen Zusammenhang z.B. *Petermann*, in: Eisele/Koch/Theile (Hrsg.), Der Sanktionsdurchgriff im Unternehmensverbund, 2014, S. 99 (110) m.w.N.

60 Zum Ganzen *G. Wagner*, in: Säcker/Rixecker/Oetker/Limperg (Hrsg.) (Fn. 54), BGB § 823 Rn. 108 f., der allerdings auch darauf hinweist, dass diese Auslegung sich nicht recht mit § 831 BGB verträgt.

61 Vgl. bereits *M. Wagner*, NZWiSt 2019, 365 (368).

62 Exemplarisch *Staudinger*, in: Schulze u.a., Bürgerliches Gesetzbuch, Handkommentar, 10. Aufl. 2019, § 823 Rn. 65.

63 S.o. II. 4.

lich überspannten – ex post aufgestellten – Anforderungen des LG München I zuzuschreiben.[64]

Auch die Risikomanagement-Pflichten gem. §§ 25a, 25c KWG sind eher zielorientiert formuliert. Aus diesem Grund war gegen den diese Geschäftsleiterpflichten flankierenden Straftatbestand gem. § 54a KWG bereits während des Gesetzgebungsverfahrens der Vorwurf der mangelnden Bestimmtheit erhoben worden.[65] Um diesem Vorwurf zu begegnen, wurde der Vorschrift letztlich Abs. 3 angefügt.[66] Danach ist wegen Verletzung der Pflicht zur Umsetzung eines Risikomanagementsystems der Geschäftsleiter eines Kreditinstituts strafbar, wenn die BaFin in einer vollziehbaren Anordnung die Anforderungen konkretisiert hat und er diesen Vorgaben zuwiderhandelt.[67]

Dies ist einigermaßen erstaunlich, wenn man sich im Vergleich die Rechtsprechung und Literatur zur Geschäftsherrenverantwortlichkeit vor Augen führt. Für den engen Kreis der Geschäftsleiter von Kreditinstituten, bei dem man regelmäßig von entsprechend geschulten Personen ausgehen darf, werden enorme verfassungsrechtliche Bedenken erhoben, weil die ausführlichen gesetzlichen Vorschriften noch nicht hinreichend bestimmt seien. Gleichzeitig wird aber ohne Not ein Rechtsinstitut anerkannt, wonach dieselben Fragen sich ohne normative Rückkopplung bei möglicherweise wesentlich weniger spezifisch ausgebildeten Personen stellen.

2. *Die Verhaltenspflicht des T.G. im konkreten Fall*

Wie schwierig es sich gestalten kann, das erwartete Verhalten zu formulieren, zeigt der eingangs geschilderte Fall, obwohl er gerade deswegen dafür prädestiniert sein müsste, weil der Sachverhalt in räumlicher, sachlicher und personeller Hinsicht überschaubarer ist als diejenigen Geschehnisse, die üblicherweise dem Wirtschaftsstrafrecht zugeordnet werden:

---

64 Vgl. *Kuhlen*, NZWiSt 2015, 121 (126 ff.).

65 Bspw. Strafrechtsausschuss des Deutschen Anwaltvereins, NZG 2013, 577 (580). Zu beachten ist aber, dass der normative Anknüpfungspunkt dieses Vorwurfs nicht Art. 103 Abs. 2 GG sein kann (der nur für die Sanktionsnorm gilt; hier ist aber bereits die Verhaltensnorm betroffen), sondern „nur“ die allgemeinen rechtsstaatlichen Bestimmtheitsanforderungen (s.o. Fn. 47).

66 Hierzu *Pananis*, in: Leitner/Rosenau (Hrsg.), Wirtschafts- und Steuerstrafrecht, Kommentar, 2017, KWG § 54a Rn. 3 m.w.N.

67 Hiergegen wird freilich der Einwand erhoben, der BaFin dürfe nicht faktisch die Position zukommen, den Inhalt des strafbaren Verhaltens bestimmen zu können; vgl. exemplarisch *Ahlbrecht*, BKR 2014, 98 (102) m.w.N.

Bei einem derart kleinen Betrieb liegt es fern, T.G. dazu verpflichten zu wollen, ein Compliance-Management-System zu etablieren. Selbst wenn man so weit gehen wollte, wäre es aber auch nicht zur Verhinderung des Drogenhandels geeignet gewesen, weil letztlich beide Mitarbeiter und damit seine gesamte Belegschaft involviert waren. Es hätte sicherlich nichts geändert, wenn er seinen Bruder oder den gesondert verfolgten Mitarbeiter zum Compliance-Officer erhoben und beauftragt hätte, den jeweils anderen Mitarbeiter zu überwachen und über potenzielle Straftaten zu berichten.

Wenig vielversprechend scheint auch eine Kündigung. Denn im Falle eines gerichtlichen Verfahrens hätte T.G. dann die Taten seines Bruders offenbaren müssen, um die Kündigung zu rechtfertigen, was ihm nicht zugemutet werden kann. Da der *Senat* aber in erster Linie auf die äußeren Umstände der Geschäftsräumlichkeiten abstellt, wäre eine Kündigung auch insoweit nicht geeignet, als sein Bruder auch vor der Ladentheke den Verkauf hätte fortsetzen können; ein gerichtlich durchsetzbares Hausverbot setzte wiederum eine Begründung voraus.[68]

Das Abliefern der Betäubungsmittel bei einer Behörde selbst wäre strafrechtlich unbedenklich; ein etwaiger[69] Diebstahl wäre jedenfalls gem. § 34 StGB gerechtfertigt[70] und die kurzzeitige Sachherrschaft zum Zwecke der Ablieferung begründet keinen gem. § 29 Abs. 1 Nr. 3 BtMG strafbaren Besitz[71]. In der Praxis hätte der Angeklagte sich aber dennoch zum einen erheblichen Verdachtsmomenten ausgesetzt und ein Strafverfahren gegen sich und jedenfalls seinen Bruder riskiert. Dem stehen die verfassungsrechtlichen Garantien des Grundsatzes „nemo tenetur se ipsum accusare" sowie des Art. 6 GG entgegen, nach denen niemand verpflichtet werden darf, sich selbst bzw. seine Angehörigen zu belasten (vgl. auch §§ 52, 55 StPO).[72] Zum anderen hätte das kompensationslose Entfernen der Betäubungsmittel seinen Bruder möglicherweise in Gefahr seitens der – unbekannt gebliebenen – Lieferanten gebracht.

Ebenfalls aus Gründen der Verhältnismäßigkeit nicht legitimierbar wäre eine Verpflichtung, das Geschäft zu schließen oder an einen anderen Ort zu verlagern. Zu denken wäre möglicherweise an eine Pflicht, die abgeklebten Scheiben freizulegen, um so die Räumlichkeiten des Geschäfts besser einsehbar zu gestalten, um Betäubungsmittelkäufer und -verkäufer

68 Dazu bereits *M. Wagner*, NZWiSt 2019, 365 (368).

69 Dazu im Überblick *Oğlakcıoğlu*, ZJS 2010, 340 (344 f.) m.w.N.

70 *Oğlakcıoğlu*, ZJS 2010, 340 (345) m.w.N.

71 Vgl. nur OLG Hamm, Beschl. v. 10.07.2000 – 2 Ss 547/2000 = NStZ 2000, 600.

72 Vgl. bereits *M. Wagner*, NZWiSt 2019, 365 (368).

gleichermaßen abzuschrecken. Ob diese Maßnahme tatsächlich zur Unterbindung des Handels geeignet gewesen wäre, ist letztlich Tatfrage und zu bezweifeln. Die Überlegung zeigt jedoch spätestens, dass der Drogenhandel nichts mit der Geschäftstätigkeit selbst zu tun hatte und daher gerade nicht „betriebsbezogen" und somit kein Fall der Geschäftsherrenverantwortlichkeit ist.

3. *Folgerungen*

Da die Verhaltensnorm nicht vom Erfolg her in der Form „Du sollst (betriebsbezogene) Straftaten deiner Mitarbeiter verhindern!" formuliert werden darf, sondern eine (möglichst) konkrete Verhaltensanweisung zum Ausdruck bringen muss, gibt es nicht „die" eine Verhaltensnorm der strafrechtlichen Geschäftsherrenverantwortlichkeit. Vielmehr handelt es sich um einen Sammelbegriff für die Gesamtsumme all jener den Geschäftsherrn treffenden (Handlungs-)Pflichten, die teleologisch gesehen darauf abzielen, solche Verhaltensweisen von Unternehmensmitarbeitern zu verhindern, die bei Hinzutreten der erforderlichen Umstände (Vorsatz, Erfolgseintritt etc.) strafbar sein können und „betriebsbezogen" sind. Phänomenologisch können insoweit zwei Untergruppen unterschieden werden: abstrakte Vorkehrungen (a) und Maßnahmen bei erkanntem konkret-individuellem Risiko (b).

a) Abstrakte Vorkehrungspflichten

Einen Geschäftsherrn treffen zahlreiche Pflichten, deren Einhaltung die Gelegenheit zu betriebsbezogenen Straftaten durch die Mitarbeiter einschränkt.

So ist ein Arbeitgeber, der als Halter über einen Fuhrpark verfügt und Mitarbeitern Dienstfahrzeuge überlässt, dazu verpflichtet sicherzustellen, dass die jeweiligen Mitarbeiter auch über eine entsprechende Fahrerlaubnis verfügen; anderenfalls liegt ein gem. § 21 Abs. 1 Nr. 2, Abs. 2 Nr. 3 StVG strafbares „Zulassen" vor.[73] Es scheint jedoch Einigkeit dahingehend zu bestehen, dass eine Kontrolle vor jedem Fahrtantritt aufgrund des ho-

---

73 Dass die Strafbarkeit in diesem Fall in einem Spezialtatbestand geregelt und daher – jedenfalls nach ganz h.A. – ein Rückgriff auf § 13 StGB (vgl. Art. 1 Abs. 1 EGStGB) nicht erforderlich ist, ändert nichts daran, dass die Fallkonstellation

hen Aufwands nicht zumutbar ist, weshalb verschiedene Prüfintervalle diskutiert werden.[74] Inzwischen ist auch eine elektronische Führerscheinkontrolle denkbar.[75]

Der Träger eines Krankenhauses ist verpflichtet, u.a. Räumlichkeiten und Hilfsmittel in ordnungsgemäßem Zustand bereitzustellen und zu erhalten.[76] Unterläuft einem angestellten Arzt aufgrund veralteter Materialien ein Behandlungsfehler, können die Leitungspersonen entsprechend wegen (fahrlässiger) Körperverletzung durch Unterlassen strafrechtlich verantwortlich sein.

In der Sache speisen für die Geschäftsherrenverantwortlichkeit relevante Verhaltensnormen sich daher weitgehend aus den Pflichten, die im Rahmen von CMS für die jeweilige Branche entwickelt wurden und werden. Allerdings muss – wie oben beschrieben – beachtet werden, dass das hiesige Modell der Verhaltensnormermittlung einen zusätzlichen Prüfschritt erforderlich macht: Die Verletzung einer Verhaltensnorm kann nur dann die Grundlage für die Anwendung einer Sanktionsnorm bilden, wenn beide über denselben Schutzzweck verfügen.[77] Dieses Kohärenzerfordernis führt dazu, dass zahlreiche Compliance-Pflichten nicht zu einer Strafbarkeit kraft Geschäftsherrenverantwortlichkeit führen können, weil sie andere Zwecke als denjenigen des Schutzes des jeweils zu schützenden Rechtsguts verfolgen. So dient etwa der etablierte Standard IDW PS 980[78] vorrangig betriebswirtschaftlichen und weniger juristischen Zwecken (wobei sich gewisse Überschneidungen in Bereichen wie dem Bilanzrecht sowie in Bezug auf die Feststellung von Liquidität und Überschuldung ergeben).[79] Des Weiteren gehen Compliance-Anforderungen häufig über den Zweck des gesetzlich vorgegebenen Rechtsgüterschutzes hinaus und sollen ver-

---

und Vorschrift materiell insoweit der „Geschäftsherrenverantwortlichkeit" zuzuschreiben sind.

74 Überblick bei *Mielchen/Meyer*, DAR 2008, 5.

75 Dazu *Schäler*, DAR 2013, 235.

76 Bspw. *G. Wagner*, in: Säcker/Rixecker/Oetker/Limperg (Hrsg.) (Fn. 54), BGB § 823 Rn. 716.

77 S.o. II. 2.

78 Dabei handelt es sich um vereinheitlichende Leitlinien des Instituts der Wirtschaftsprüfer, nach welchen Grundsätzen die Überprüfung von Compliance-Management-Systemen zu erfolgen hat. Da es sich um ein Regelwerk eines privaten Vereins handelt, das auch nicht in staatlichem Auftrag geschaffen wurde, ist der Standard einerseits keine verbindliche Rechtsquelle; andererseits kann er mittelbar rechtliche Wirkungen entfalten, vgl. dazu etwa *Böttcher*, NZG 2011, 1054 ff. m.w.N.

79 So bspw. auch *Wiedmann/Greubel*, CCZ 2019, 88 (88 f.).

meiden, dass – trotz legalen Verhaltens – der Anschein von strafbarem Verhalten entsteht. Denn ein solcher Verdacht kann Ermittlungsmaßnahmen zur Folge haben, was das Risiko erheblicher Folgeschäden unterschiedlichster Art birgt.[80]

b) Konkrete Reaktionspflichten

Schwieriger gestaltet sich die Formulierung der Verhaltenspflichten, die einschlägig sind, wenn der Geschäftsherr von einer konkret drohenden betriebsbezogenen Straftat durch seine Mitarbeiter Kenntnis erlangt. *Was* in der jeweiligen Situation zu tun ist, hängt maßgeblich von den Umständen des konkreten Einzelfalles ab. Liegt das tatbestandsmäßige Verhalten noch einige Zeit in der Zukunft, werden häufig arbeitsrechtliche Maßnahmen wie das Sperren von Zugangsberechtigungen, fristlose Kündigung etc. ausreichend sein. Erfährt der Geschäftsherr aber, dass ein Mitarbeiter in dieser Minute auf dem Weg zu einem Treffen ist, bei dem er einen Beamten bestechen will, müssen eiligere Mittel ergriffen werden.

Allerdings lassen sich einige Parameter aufstellen, anhand derer ermittelt werden kann, *ob* in einer entsprechenden Situation *überhaupt* eine Pflicht zum Handeln besteht, sprich: ob sich etwaige Verhaltenspflichten legitimieren lassen:

Die erste Weichenstellung erfolgt insoweit über die Fragestellung, ob hinreichende abstrakte Vorkehrungsmaßnahmen zur Verhinderung der betreffenden Straftat getroffen worden sind. Ist dies nicht der Fall, stellt die Straftat des Mitarbeiters sich lediglich als Fortsetzung des ursprünglichen Verhaltensnormverstoßes dar. Strukturell entspricht dies einer Ingerenzgarantenstellung, da das pflichtwidrige Vorverhalten insoweit auch in einem Unterlassen bestehen kann.[81] Hat der Geschäftsherr die Einrichtung des Präventionssystems vorsätzlich unterlassen, so entspricht das Verhindern der konkret drohenden Tat einem Rücktritt vom Versuch dieses Unterlassens. In einer solchen Fallkonstellation ist eine Pflicht zum Einschreiten ohne weiteres legitimierbar.[82]

Weniger selbstverständlich ist dies in den Fällen, in denen zwar ein geeignetes Präventionssystem existiert, der Unternehmensmitarbeiter aber

---

80 Dazu *M. Wagner*, in: Rotsch (Hrsg.), Criminal Compliance – Status quo und Status futurus, 2021, S. 449 (460 ff.).

81 So bereits RG, Urt. v. 02.03.1934 – 1 D 142/33, RGSt 68, 99 (104 f.).

82 Vgl. aber noch unten die Hinweise zur Selbstbelastungsfreiheit.

eine Umgehungsmöglichkeit findet. Der Umstand, dass eine Umgehung (nach ex-post-Erkenntnissen) überhaupt möglich ist, steht der Eignung ex ante nicht entgegen; anderenfalls liefe die Geschäftsherrenverantwortlichkeit auf eine reine Erfolgshaftung hinaus. Problematisch ist vielmehr, ob es legitimierbar ist, den Geschäftsherrn zu erneuten Maßnahmen zu verpflichten, nachdem er bereits taugliche (und regelmäßig kostenintensive) Maßnahmen ergriffen hat. Dies ist aber aufgrund seiner Sonderstellung als Geschäftsherr zu rechtfertigen. Selbst im Rahmen der Jedermannshilfspflicht gem. § 323c Abs. 1 StGB e contrario wird es demjenigen, der notärztliche Hilfe herbeigerufen hat, zugemutet abzuwarten, ob diese auch eintrifft, bevor seine Hilfspflicht erfüllt ist.[83] Auch in anderen Rechtsbereichen ist dieses Muster etabliert: Stellt ein Sozialleistungsempfänger fest, dass Informationen, die er gem. § 60 Abs. 1 SGB I der zuständigen Behörde mitgeteilt hatte, dort offensichtlich nicht angekommen sind (z.B. weil nach wie vor Zahlungen auf sein Konto eingehen, auf die er nach der mitzuteilenden veränderten Tatsachenlage keinen Anspruch mehr hat), lebt die Mitteilungspflicht wieder auf.[84] Dementsprechend wird man weitere Maßnahmen erst recht vom Geschäftsherrn erwarten können, wenn dieser zufällig Kenntnis davon erlangt, dass eines seiner Präventionsinstrumente zu versagen droht.

Je nachdem, worin die Pflicht zum Einschreiten besteht, sind ihr aber Grenzen gesetzt. Dies gilt insbesondere in Bezug auf den nemo-tenetur-Grundsatz. Eine Verhaltensnorm zum Einschreiten gegen die Straftat eines Untergebenen ist dann nicht legitimierbar, wenn sie dazu führen würde, dass der Geschäftsherr sich selbst der Strafverfolgung aussetzen müsste. Dies ist etwa dann der Fall, wenn er kein Anti-Korruptions-Compliance-System etabliert hat und eine Bestechung durch einen Mitarbeiter nur durch eine Einschaltung der Polizei verhindert werden könnte, durch die der Geschäftsherr Gefahr läuft, dass bereits abgeschlossene vergangene Taten offenbart werden und er daher selbst strafrechtlich wegen Unterlassens zur Verantwortung gezogen würde.[85]

---

83 Zutreffend etwa *Freund*, in: Joecks/Miebach (Hrsg.), Münchener Kommentar zum Strafgesetzbuch, Bd. 5, 3. Aufl. 2019, § 323c Rn. 84.

84 Vgl. bspw. OLG Köln, Urt. v. 17.12.2002 – Ss 470/02, NStZ 2003, 374 (375).

85 Zum parallelen Problem der Zumutbarkeit im Rahmen von § 323c Abs. 1 StGB vgl. *Hecker*, in: Schönke/Schröder (Fn. 7), § 323c Rn. 20 m.w.N.

IV. *Klarstellung: Reichweite der Ergebnisse der Untersuchung*

Um Missverständnissen vorzubeugen: Die vorstehenden Ausführungen bedeuten *nicht*, dass *jede* Verletzung von Verkehrssicherungspflichten durch ein Mitglied der Geschäftsleitung eine (Unterlassungs-)Strafbarkeit nach sich zieht. Gegenstand der Untersuchung waren allein die einer solchen möglichen Strafbarkeit zugrunde liegenden Verhaltensnormen, also der äußerste Rahmen rechtlicher Verantwortlichkeit. Gezeigt werden sollte lediglich, dass (bereits außerstrafrechtlich) der Kreis derjenigen Unterlassungen, die der Geschäftsleitung im Zusammenhang mit Straftaten ihrer Mitarbeiter vorgeworfen werden können, deutlich enger ist als weithin angenommen. Damit ist hingegen gerade *keine* Aussage darüber getroffen, ob die Geschäftsleitung auch insoweit „rechtlich dafür einzustehen hat, daß der Erfolg nicht eintritt" (§ 13 Abs. 1 StGB). Erst unter dieser zusätzlichen, spezifisch strafrechtlichen Voraussetzung ist die grundsätzliche Möglichkeit einer Unterlassungsstrafbarkeit eröffnet. Darüber hinaus müssen zahlreiche weitere Merkmale erfüllt sein (die von der Verhaltensnorm und den hiesigen Ausführungen gänzlich unabhängig sind), wie etwa (für eine Vollendungsstrafbarkeit) die Zurechenbarkeit des Erfolges oder (für eine Versuchsstrafbarkeit) das unmittelbare Ansetzen (§ 22 StGB), des Weiteren Vorsatz und Fahrlässigkeit. Die hiesigen Ausführungen sollen also gerade nicht dahingehend missverstanden werden, dass einer umfassenden Kriminalisierung der Verletzung von Verkehrssicherungspflichten das Wort geredet würde.

V. *Fazit*

Tolstoi warnte in „Krieg und Frieden" bereits Mitte des 19. Jahrhunderts davor, den Einfluss militärischer Führungspersonen auf den Verlauf einer Schlacht zu überschätzen. Im Wirtschaftsstrafrecht ist seit einiger Zeit dieselbe Tendenz zu beobachten, die letztlich dem Zweck dient zu verschleiern, dass in der Sache eine rein symbolische Repräsentantenhaftung etabliert wird. Dies ist mit einem Rechtssystem, das Verhaltenssteuerung bezwecken soll, und einem am Schuldprinzip ausgerichteten Strafrechtsverständnis nicht zu vereinbaren. Die Normentheorie kann ihren Teil dazu beitragen, dieser Entwicklung entgegen zu wirken, indem sie den Rechtsanwender dazu zwingt, klar zu formulieren, welches Verhalten die Rechtsordnung vom Geschäftsherrn erwartet hätte.

Die Kollektivierung der Norm und kollektive Normen

Inês Fernandes Godinho

I. Einleitung[1]

Das Thema der Kollektivierung setzt, insbesondere wenn eine Ausländerin versucht, dazu etwas Logisches zu sagen, eine Verständigung über den Begriff voraus.

In einem Rechtslexikon[2] steht der Begriff nicht, also handelt es sich wohl nicht um einen Rechtsbegriff. Suchen wir in einem allgemeinen Wörterbuch[3], finden wir zwei Deutungen: die ältere, traditionelle, und die alltägliche, »normale«. Der normale Gebrauch des Wortes meint die Überführung privater Produktionsmittel in die Gemeinwirtschaft, üblicherweise im landwirtschaftlichen Kontext. Für unser Thema in einem juristischen Arbeitskreis fällt es allerdings schwer, dies als die ausschlaggebende Bedeutung zu akzeptieren, was uns dann zu der zweiten, vom lateinischen *collectivus* abstammenden Bedeutung führt, nämlich der des organisierten Zusammenschlusses von Menschen zu Gemeinschaften, Vereinen oder Genossenschaften. Mit dieser Bedeutung werde ich im Folgenden arbeiten.

Dieser organisierte Zusammenschluss muss sich dennoch im Rahmen des Themas als eine Herausforderung für das Strafrecht darstellen, besonders aus der Perspektive der Normentheorie. Es stellt sich hier keine einfache Aufgabe, deswegen nähere ich mich ihr in mehreren Schritten. Auf der einen Seite wird das Problem der Kollektivierung der Norm behandelt, nämlich die Frage, inwiefern dieser Zusammenschluss von Menschen zu Gemeinschaften etwas mit dem Individuationsprozess bzw. Entstehungsprozess der Norm zu tun hat. Auf der anderen Seite wenden wir uns

---

1 Ich danke Prof. Dr. Petra Weber für die Revision der ersten deutschen Fassung und Prof. Dr. Joachim Renzikowski für die zweite Revision und kritische Anmerkungen.

2 Z.B. *Creifelds*, Rechtswörterbuch, 23. Aufl. 2019 oder *Geiger*, Beck'sches Rechtslexikon, 3. Aufl. 2003.

3 Z.B. Duden-online „Kollektivierung", abrufbar unter https://www.duden.de/rechtschreibung/Kollektivierung (letzter Zugriff am 21.08.2020); Wikipedia „Kollektivierung", Version vom 13.2.2020, 10.19 Uhr, abrufbar unter https://de.wikipedia.org/wiki/Kollektivierung (letzter Zugriff am 21.08.2020).

der kollektiven Norm zu und darüber hinaus der Frage, was eine solche Norm ist. Die Verknüpfung beider Aspekte wird dann in einem dritten Schritt analysiert, indem ich die Kollektivierung der Eigenschaft des Kollektivs gegenüberstelle.

II. Kollektivierung der Norm

Die Frage der Kollektivierung der Norm hängt, im Rahmen dieses Beitrags, mit dem Entstehungsprozess und folglich mit dem Individuationsprozess der Norm zusammen. Ich gehe von der Voraussetzung aus, dass Normen als Folge des organisierten Zusammenschlusses von Menschen zu Gemeinschaften betrachtet werden können und dass es ohne diesen Zusammenschluss keine Normen geben kann. Eigentlich handelt es sich um die Grundlage der Norm, d.h. nicht um ihren Sinn (was sie ist), sondern um ihren Grund (warum sie ist). Das Problem kann auch als Frage formuliert werden: Könnte es »echte« Normen geben, wenn es nur eine Person gäbe? In dem Film *Cast Away* – Verschollen (USA, 2000; mit *Tom Hanks*) befindet sich der Charakter *Chuck Noland* auf einer Insel und versteht, dass er dort allein ist. Recht schnell sucht er die Gesellschaft eines imaginären Freundes, in Gestalt eines Volleyballs namens *Wilson*. *Noland* kann sich nicht als komplett allein verstehen (trotz des Wissens, dass *Wilson* lediglich ein Volleyball ist). Ergibt es in einer solchen Situation – wenn ein Mensch vollständig für sich allein ist – überhaupt Sinn, von (rechtlichen) Normen zu sprechen? Es herrscht wohl Einigkeit darüber, »dass das Recht eine Ordnung menschlichen Handelns ist, die das Zusammenleben regelt«.[4] Wenn das Recht als Koordination menschlichen Zusammenlebens betrachtet wird, fällt die Möglichkeit aus, dass eine Norm nur für einen einzigen Menschen existiert. Die Norm ist, weil es einen Zusammenschluss von Menschen zu einer Gemeinschaft gibt (auf die konkrete Form der Gemeinschaft kommt es nicht an).

Ohne näher auf die Diskussion über Normen als Bestimmungsnormen oder Bewertungsnormen einzugehen[5], zumal auch solche eine Mehrzahl von Personen voraussetzen, kann es eine *strafrechtliche* Tat nur geben, wenn sie als solche in einer Norm in der Form eines Gesetzes vorgesehen

4 *Zippelius*, Rechtsphilosophie, 6. Aufl. 2011, S. 3.

5 *Renzikowski*, in: Borowski/Paulson/Sieckmann (Hrsg.), Rechtsphilosophie und Grundrechtstheorie, 2017, S. 631 (635 ff.).

ist (Gesetzlichkeitsprinzip[6]). Die gesetzliche Norm spiegelt einen Willen wider. Dennoch ist nicht jeder Wille relevant für die Entstehung der Norm. Strafrechtliche Normen können nicht von einem einzelnen Bürger als solche ausgeschrieben oder genehmigt werden. Wenn eine Norm als strafrechtliches Verbot gelten soll, kann es nicht der einfache Bürger sein, der sie vorschreibt. Vielmehr gründen sich strafrechtliche Normen auf einer bestimmten staatlichen *auctoritas*.[7]Auch wenn die Norm einem Willensakt entspricht – schon *Kelsen* sagte, die Norm sei der Sinn eines menschlichen Willensaktes (auf ein Sollen gerichtet)[8] –, heißt das nicht, dass sie nur den Eigenwillen eines einzelnen Menschen darstellt.[9] Dieser Willensakt ist mehr die *voluntas* einer institutionellen Macht. M.a.W.: Nur nach einem Zusammenschluss von Menschen zu Gemeinschaften kann ein Bedarf an Normen entstehen. Dieser Bedarf wird dann vom Individuum anerkannt und die Institution (*auctoritas*) des Normgebers versorgt die Individuen bedarfsgerecht. Wie *Raz* formuliert:

> A person has authority either if he is regarded by others as having authority or if he should be so regarded.[10]

Gesellschaftliche Kollektivierung ist also ein Bestandteil des Individuationsprozesses einer Norm. Wenn ich zum Beispiel allein wohne und zu mir selber sage – vielleicht sogar auf ein Blatt Papier schreibe –, dass ich jeden

---

6 Vgl. *Kindhäuser/Zimmermann*, Strafrecht, Allgemeiner Teil, 9. Aufl. 2020, § 3 Rn. 1 ff.; *Jescheck/Weigend*, Strafrecht, Allgemeiner Teil, 5. Aufl. 1996, S. 131 ff.; *Dias*, Direito Penal, Tomo I, 3. Aufl. 2019, S. 209 ff.; *Costa*, Revista de Legislação e de Jurisprudência 2002, 354 ff.; *Godinho*, in: Sieber/Jarvers/Silverman (Eds.), National Criminal Law in a Comparative Legal Context, Vol. 2.2. 2017, S. 53 ff.; *Palazzo*, Legalità penale. Considerazioni su transformazione e complessità di um principio 'fondamentale', Quaderni Fiorentini per la Storia del Pensiero Giuridico Moderno 26, 2007, S. 1279 (1282 ff.).

7 Es handelt sich hier um *auctoritas* als eine Ordnungsgrundlage; auf die Diskussion über die Unterscheidung zwischen *auctoritas/potestas* wird hier spezifisch nicht eingegangen. Näher dazu *Kessel*, ARSP 1959, 215 (224 ff.).

8 Laut *Kelsen*, Reine Rechtslehre, 2. Aufl. 1960, S. 27: "Das ist der Sinn, den gewisse menschliche Akte haben, die intentional auf das Verhalten anderer gerichtet sind. Sie sind intentional auf das Verhalten anderer gerichtet, wenn sie, ihrem Sinne nach, dieses Verhalten gebieten (befehlen), aber auch wenn sie es erlauben und insbesondere wenn sie es ermächtigen, das heißt: wenn dem anderen eine gewisse Macht verliehen wird, insbesondere die Macht, selbst Normen zu setzen. Es sind – in diesem Sinne verstanden – Willensakte".

9 Ausgenommen, bei *Kelsen*, wenn es sich um eine richterliche Entscheidung handelt.

10 *Raz*, Practical Reasons and Norms, 1999, S. 62 f.

Tag die Küche aufräumen soll, ist das keine Norm. Auch wenn damit ein Sollen gemeint ist – die Küche soll aufgeräumt werden – ist dieses individuelle Sollen kein normatives Sollen.[11] Wir kennzeichnen eine Norm als solche, indem wir sie erkennen, erstens, weil sie uns bekannt gemacht worden ist, und zweitens, weil die Institution, die sie gesetzt hat, dazu legitimiert ist. Zum Beispiel werden die Regularien einer Universität befolgt, weil Professoren und Studenten wissen, dass diese Normen von den entsprechenden Organen – in akademischen Beratungen usw. – erlassen wurden. Auch die Moralnormen entstehen nicht, weil eine Person sich plötzlich eine Norm ausgedacht hat. Die Normen der Moral – trotz aller Unterschiede zu gesetzlichen Normen – setzen auch eine Kollektivierung in ihrem Entstehungsprozess voraus:

Den Ausdruck ‚Kulturnormen' gebrauche ich als einen Sammelnamen für die Gesamtheit derjenigen Gebote und Verbote, die als religiöse, moralische, konventionelle, als Forderungen des Verkehrs und des Berufs an das Individuum herantreten.[12]

Die Frage ist dann, auf welche Gemeinschaften sich Normen beziehen. Gemeinschaften gab es schon immer. Das Modell von (rechtlichen) Gemeinschaften, die durch Individuen und Vertragsbeziehungen konstituiert waren,[13]hat sich seit der Aufklärung entwickelt in einer Auffassung, die menschliche Verbände als lebendige Ganzheiten betrachtet:

> Im Zeitalter des Individualismus und des Rationalismus wollte man die Gesellschaft aus Individuen und Vertragsbeziehungen konstituieren: So führten die Lehren von einem Gesellschafts- oder Herrschaftsvertrag die Entstehung von Gesellschaft und Staat (...) auf einen freien Konsens zwischen den Einzelnen zurück. In der folgenden Zeit wandten sich aber die Organismustheorien gegen diesen Individualismus der Aufklärung: Die menschlichen Verbände seien nicht auf einzelne Individuen und bloß vertragliche oder vertragsähnliche Beziehungen zurückführbar. Vielmehr seien sie lebendige Ganzheiten, in denen, wie in einem lebendigen Organismus, das Ganze und die Teile aufeinander angewiesen seien.[14]

---

11 Demgegenüber anerkennt *von Wright*, Norm und Handlung. Eine logische Untersuchung, 1979, S. 85, neben heteronomen auch autonome Normen, weil er allein auf die Autorität des Normgebers abstellt: „Die Idee autonomer Normen lässt sich aber auch so verstehen, dass man diejenigen Vorschriften als autonom ansieht, die man *sich selbst* gibt.".

12 *Meyer*, Rechtsnormen und Kulturnormen, 1903, S. 17.

13 Man braucht hier nur an *Rousseaus* Gesellschaftsvertrag zu denken.

14 *Zippelius* (Fn. 4), S. 155.

Dagegen dachte *Kelsen*, es gebe kein überindividuelles reales Substrat einer Gemeinschaft; die Frage sei vielmehr diejenige nach einem Einheit stiftenden Faktor in der Gemeinschaft, und dieser sei die Ordnung:

> Die Gesellschaft als Gegenstand einer normativen Gesellschaftswissenschaft ist eine normative Ordnung des gegenseitigen Verhaltens der Menschen. (...) Wenn man sagt, daß eine bestimmte Gesellschaft durch eine normative, das gegenseitige Verhalten einer Vielheit von Menschen regelnden Ordnung konstituiert ist, so muss man sich bewußt bleiben, daß Ordnung und Gesellschaft nicht zwei voneinander verschiedene Dinge, sondern ein und dasselbe Ding sind, daß die Gesellschaft in nichts anderem besteht als in dieser Ordnung, und daß, wenn Gesellschaft als Gemeinschaft bezeichnet wird, im wesentlichen die das gegenseitige Verhalten der Menschen regelnde Ordnung das diesen Menschen Gemeinsame ist.[15]

In einem Beispiel von *Zippelius*:

> Ein Konzert kommt dadurch zustande, dass sich alle Musikanten an der Komposition, mithin an dem objektiven Ordnungsplan orientieren, den sie im Notenblatt vor sich liegen haben, so dass man (...) sagen könnte, das eigentlich Konstitutive im Konzert sei die Komposition.[16]

Diese Perspektive bringt uns aber nicht weiter. Wenn wir uns fragen, was die Gemeinschaft ist, und wenn die Gemeinschaft die Ordnung sein soll, erhalten wir keine Antwort auf die Frage, wer – um beim Beispiel zu bleiben – denn dann der Komponist ist. Wenn die Norm konstitutiv für die Gemeinschaft ist, wie kommt es zur konstitutiven Norm? Diese Frage versuchte *Kelsen* durch die hypothetische »Grundnorm« zu beantworten.[17] Jedoch löst diese das Problem ebenso wenig. Die Norm kann ihrer Ordnungsfunktion genügen, wenn das zu Ordnende die Norm erkennt. Die Norm kann ihre Funktion als (Grund)Bestandteil einer Gemeinschaft nur erfüllen, wenn sie erstens nachvollziehbar ist und zweitens als »legitim« anerkannt wird. Auch wenn Normen als Handlungsmuster verstanden werden – egal ob rechtliche, soziale oder sittliche –, taugen sie nur dann als Muster, wenn ihr Autor als legitim anerkannt ist. Deshalb gelten etwa Ordnungswidrigkeitengesetze nicht supranational. Noch einfacher ist das

---

15 *Kelsen* (Fn. 8), S. 169 f.
16 *Zippelius* (Fn. 4), S. 156.
17 *Kelsen* (Fn. 8), S. 196 ff.

Beispiel der »Höflichkeits«-Normen: Ein portugiesischer Tourist, der sich erstmalig in China befindet, »kann« einen Chinesen nicht über chinesische Höflichkeitsregeln belehren – das wird nicht ernst genommen. Umgekehrt jedoch kann ein Chinese dem portugiesischen Touristen sagen, dass in China etwas so oder so gemacht werden soll.

Der »Normgeber« muss also *auctoritas* haben, eine Legitimität, die Norm zu setzen, ansonsten handelt es sich lediglich um einen (unverbindlichen) Hinweis – und eben keine Norm – für die Gemeinschaft.

Graphisch könnte man es so darstellen:

$K_{(ZG)} \rightarrow BN \rightarrow AL \rightarrow NG \rightarrow N \rightarrow K$, wobei:

$K_{(ZG)}$	die Kollektivierung (als Zusammenschluss zur Gemeinschaft);
BN	der Bedarf einer Norm;
AL	Akzeptierte Legitimität (*auctoritas*);
NG	der Normgeber;
N	die Norm;
K	das Kollektiv ist.

III. Kollektive Normen

Damit überhaupt zwischen ‚Kollektivierung' und ‚kollektiv' unterschieden werden kann, ist es wichtig, nochmals einen Schritt zurück zu gehen, nämlich zu der Bedeutung von ‚kollektiv'. Auch hier sind zwei Bedeutungen zu betrachten:[18] ‚kollektiv' i.S.v. ‚gemeinschaftlich' oder i.S.v. ‚alle Beteiligten betreffend, umfassend'. Die erste Bedeutung führt uns zu einem ganz ähnlichen Blickwinkel wie im vorherigen Punkt. Das bringt uns nicht weiter, soll aber nicht vollends außer Acht gelassen werden. Interessanter für uns ist aber die zweite Bedeutung ‚alle Beteiligten betreffend'.

Oben haben wir die Kollektivierung als Bestandteil des Individuationsprozesses der Norm unter Berufung auf die *auctoritas* des Normgebers herausgearbeitet. Die jetzt eingeführte zweite Bedeutung des Begriffs des Kollektivs führt uns nun nicht zur Institutionalisierung der Norm, einer theoretischen Dimension der Norm, sondern mehr zu deren Anwendung, also zu einer praktischen Dimension der Norm.

---

18 Duden-online „kollektiv", abrufbar unter https://www.duden.de/rechtschreibung/kollektiv (letzter Zugriff am 21.08.2020).

Die praktische Dimension der Norm betrifft deren Adressaten – es geht um alle Beteiligten (der Gemeinschaft). Es handelt sich um ein Problem, das in zweierlei Hinsicht betrachtet werden kann: 1) Wer sind die Adressaten? 2) »Was« sind die Adressaten?

Schon in der graphischen Darstellung des Individuationsprozesses der Norm war als letzter Schritt das Kollektiv angedeutet. Dieser Prozess dient also der Ordnung der Gemeinschaft. Dabei können in mehreren Formen des Zusammenschlusses zu Gemeinschaften Entstehungsprozesse und Individuationsprozesse von Normen beobachtet werden, zuerst sicher im Staat, aber auch etwa bei juristischen Personen (z.B. die Satzung der Aktiengesellschaft). Das Kollektiv hat dann unterschiedliche Bedeutungen: Die Adressatengruppen – nämlich die verschiedenen Beteiligten – können sogar gegeneinanderstehen. Nur im Fall von staatlichen Gesetzen umfasst die Adressatengruppe unterschiedliche (kleinere) Gemeinschaften. Nicht alle staatlich gesetzten Normen richten sich an alle Gemeinschaften, weil sich trotz ihres abstrakt-generellen Charakters manche Gesetze nur an bestimmte Gruppen (z.B. Soldaten, Amtsträger) richten.

Im Fall von strafrechtlichen Normen handelt es sich um ein general-kollektives Handlungsmuster: Jeder Adressat soll nicht töten, unabhängig davon, auf welchem Gebiet er oder sie tätig ist (Professoren, Geschäftsleute, Wissenschaftler, Taxifahrer oder Unternehmen bei Rechtssystemen, in denen *societas delinquere potest*[19] anerkannt ist).

Die Frage bei general-kollektiven Handlungsmustern wie strafrechtlichen Normen lautet: »Was« sind die Adressaten? In manchen Ländern sind die Normadressaten immer noch nur natürliche Personen. Das ist nicht mehr der Fall in Portugal, wo juristische Personen Adressaten des general-kollektiven Handlungsmusters sind (art. 11 [2] port. StGB).[20] Juristische Personen sind also auch Zurechnungssubjekte, die für ihre Handlungen haften (verantwortlich gemacht werden).

Das führt uns zu der nächsten Frage: Was ist die Voraussetzung dafür, Adressat einer (Zurechnungs-)Norm zu sein? Adressat einer Norm – die ein Sollen darstellt – zu sein setzt voraus, dass dem Adressaten ein Normverstoß auch zugerechnet werden kann. Die Zurechnung eines Normverstoßes setzt die Möglichkeit einer Wahl zwischen zwei alternativen Hand-

19 Siehe u.a. *Busch*, Grundfragen der strafrechtlichen Verantwortlichkeit der Verbände, 1933; *Schmitt*, Strafrechtliche Maßnahmen gegen Verbände, 1958, S. 178 ff.; *Hirsch*, ZStW 107 (1995), 288 ff.; *Dannecker*, GA 2001, 101 ff.

20 Zu dieser Frage, in Portugal, *Brito*, in: Direito Penal Económico e Financeiro, 2012, S. 201 ff.; *Costa*, in: IDPEE, Direito Penal Económico e Europeu: Textos Doutrinários, Vol. I. 1998, S. 501 ff.

lungen voraus. Ohne tiefer auf die Diskussion einzugehen, haben beide, natürliche wie juristische Personen, diese Möglichkeit.[21] In den Worten von *Renzikowski*:

> [E]in aktives Vermögen, ein bestimmtes Ereignis hervorzubringen, reicht noch nicht aus, um einen Normadressaten vollständig zu definieren. (...) Vielmehr ist ein weiteres Vermögen erforderlich, nämlich seinen Willen nach einer Maxime bestimmen zu können, oder auch: reflexives Bewusstsein. (...) Zurechnungsfähigkeit – oder auch Willensfreiheit – ist also die logische Voraussetzung, um überhaupt von einem Sollen und damit von Normen sprechen zu können.[22]

Heute wird im Hinblick auf Künstliche Intelligenzen vermehrt darüber diskutiert, ob »intelligente« Roboter – wie etwa Sophia von Hansen Robotics – strafrechtlich verantwortlich gemacht werden sollen, wenn sie »töten«. Diese Roboter lernen, und es kann schon gesagt werden, dass sie sehr bald »Entscheidungen« werden treffen können. Wie *Gless/Seelmann* es darstellen:

> Denn heute illustriert der Einsatz von Robotern in immer mehr Lebensbereichen, dass das Recht überdacht werden muss, weil es nur unzureichend auf den Einsatz autonom agierender Maschinen eingerichtet ist, diese aber in erstaunlichem Tempo Tätigkeiten übernehmen, die zuvor nur Menschen übertragen war. Wer trägt die Verantwortung, wenn ein autonom fahrendes Fahrzeug die aus der Umgebung aufgenommenen Daten falsch interpretiert und dadurch etwa ein Hindernis nicht erkennt und infolgedessen einen tödlichen Auffahrunfall verursacht?[23]

Können solche Roboter auch Adressaten von general-kollektiven Handlungsmustern wie Strafrechtsnormen sein? Bisher war die Rolle des Normadressaten exklusiv an menschliche Adressaten gerichtet, die Mitwirkende am Rechtssystem sind. Um Adressat im Strafrechtssystem zu sein, muss dieser Adressat den objektiven Tatbestand erfüllen,[24] also eine (strafrechtlich relevante) Tat hervorbringen können. Dafür müssen diese Adressaten von Normen ansprechbar sein, d.h., ein Sollen muss im Dialog Norm–

---

21 S. *Aichele*, PJRE 2008, 3 ff.; *ders.*, in: Kühl (Hrsg.), Zur Kompetenz der Rechtsphilosophie in Rechtsfragen, 2011, S. 31 ff.

22 *Renzikowski*, in: Borowski/Paulson/Sieckmann (Hrsg.) (Fn. 5), S. 631 (638 f.).

23 *Gless/Seelmann*, in: Gless/Seelmann (Hrsg.), Intelligente Agenten und das Recht, 2016, S. 11 (12).

24 *Renzikowski*, in: Borowski/Paulson/Sieckmann (Hrsg.) (Fn. 5), S. 631 (639).

Adressat möglich sein und Sinn ergeben. Es stellt sich daher die Frage: Auch wenn diese Agenten – wie Sophia – ‚intelligent' sein und ‚Entscheidungen' treffen können, kann man sie ohne Weiteres mit menschlichen Agenten gleichsetzen? Dazu *Seher*:

> Die Antwort auf diese Frage beginnt mit einer normtheoretischen Überlegung: Welchem Zweck dient das Recht, und auf welche Weise will das Recht diesen Zweck erreichen? – Das Recht will als staatliches Normensystem das Leben derjenigen, die ihm unterworfen sind, auf verlässliche Weise gestalten und dadurch bestimmte Werte – etwa Freiheit, Sicherheit, Frieden oder Wohlstand – verwirklichen. Diese Zwecke verfolgt es durch Verhaltensbefehle und durch die Anordnung bestimmter Folgen für die Befolgung oder Missachtung dieser Befehle.[25]

Anhand der Idee der Kollektivierung, die oben vorgestellt wurde, ist die Antwort bezüglich dieser »intelligenten« Agenten meines Erachtens negativ. Normadressaten sind – auch wenn nur mittelbar – unabdingbar Teil des Zusammenschlusses zu einer Gemeinschaft, d.h. des Individuationsprozesses der Norm. Wirklichkeiten wie »Sophia« entstehen hingegen als einzelne, insbesondere bilden sie – solange sie das »Produkt« menschlicher Tätigkeit bzw. Herstellung sind – keine eigenen Gemeinschaften. Mit anderen Worten: Die Norm kann nur die Mitglieder einer Gemeinschaft als Adressaten haben. Damit wird auch der normative Gehalt von faktischen Tatsachen verstanden: Wenn die Normadressatengemeinschaft die Norm nicht mehr erkennt, ergibt sich der Bedarf nach (anderen) Normen, die dem Zusammenschluss der Mitglieder entspricht.

Graphisch könnte man es so darstellen:

$K \rightarrow NA \rightarrow N_{AK} \rightarrow K_{(ZG)}$, wobei:

$K_{(ZG)}$	die Kollektivierung (als Zusammenschluss zur Gemeinschaft);
NA	der Normadressat;
Nak	Normakzeptanz;
K	das Kollektiv ist.

---

25 *Seher*, in: Gless/Seelmann (Hrsg.) (Fn. 23), S. 45 (47); s. auch *Kindhäuser*, Gefährdung als Straftat, 1989, S. 137 ff.; *Renzikowski*, Restriktiver Täterbegriff und fahrlässige Beteiligung, 1997, S. 57.

IV. Kollektivierung und Kollektiv: Herausforderungen für das Strafrecht

In der Wechselwirkung von Kollektivierung und Kollektiv – nach hiesigem Verständnis – ergeben sich einige Herausforderungen für das Strafrecht.

Die erste Herausforderung ist die normative Kraft von Tatsachen. Im Rahmen der Anerkennung der Norm durch die Gemeinschaft muss es eine Kongruenz zwischen dem Handlungsmuster der Norm und dem Grundsatz des Zusammenschlusses geben, damit die Norm als gültig für die Kollektive gelten kann; es muss also auch eine Konvergenz zwischen dem Handlungsmuster der Gemeinschaft und dem Handlungsmuster der Norm geben.

Die zweite Herausforderung besteht bezüglich der theoretischen Dimension der Norm, insbesondere der aus der Kollektivierung resultierenden *auctoritas*. In der Tat, die fragmentarische Natur der Gesellschaft unserer Zeit führt dazu, dass viele kleinere Gemeinschaften in der Gesellschaft anzutreffen sind. Hieraus ergibt sich, dass die *auctoritas* des Normgebers nicht nur auf dem Niveau des Staates anerkannt wird (Gesetzgebung), sondern auch in anderen Wirklichkeiten. Beispiel: Juristische Personen haben heute die *auctoritas*, (durch ihre Organe) Normen zu erlassen, insbesondere im Rahmen von Compliance-Normen. Das bedeutet, dass diese – nicht gesetzlichen – Normen in der kleineren Gemeinschaft des Unternehmens gelten. Die schon erkannte Herausforderung besteht darin zu wissen, wie verbindliche Normen von unterschiedlichen *auctoritates* miteinander in Einklang zu bringen sind. Im Rahmen der Compliance, wo Untersuchungsverfahren durchgeführt werden, geht es in der heutigen Diskussion zum Beispiel um die Frage, inwiefern die Beweise eines solchen »Compliance-Untersuchungsverfahrens« überhaupt als Beweise im Strafverfahren dienen können, was uns zu der praktischen Dimension der Norm bringt: Hier handelt es sich um einen Fall, wo die Normen, die »einige« betreffen, zu Schwierigkeiten bei der Anwendung von Normen führen können, die »alle« betreffen.

V. Fazit

Obwohl es für ein abschließendes Fazit im Zusammenhang mit dem dargestellten Problem verfrüht ist, lassen sich die wichtigsten Schlussfolgerungen dieses Beitrags wie folgt zusammenfassen:

- Der Zusammenschluss zu einer Gemeinschaft ist eine Voraussetzung für den Bedarf an Normen.
- Normen können nur einem kollektiven Willensakt entsprechen, wenn sie von einem Normgeber mit *auctoritas* genehmigt wurden.
- Die Norm hat ihren Anwendungsort im Kollektiv.
- Normadressaten können nur Mitglieder einer Gemeinschaft sein.

Die Wechselwirkung von Kollektivierung und Kollektiv stellt für das Strafrecht die Frage nach dem normativen Gehalt von Tatsachen – die Kompatibilisierung von unterschiedlichen Handlungsmustern – und die Frage von übereinander und gegeneinander stehenden Normen und deren Adressaten.

Der Rechtsgrund der Inanspruchnahme des Einen zugunsten des Anderen im sog. Aggressivnotstand*

Luna Rösinger

Warum darf eine Person in der Not in die Rechtssphäre einer anderen Person eingreifen, auch wenn letztere für die Gefahr in keiner Weise verantwortlich ist? Aus welchem Rechtsgrund dürfen Gefahren also gleichsam „kollektiviert" (oder umverteilt) werden?

Diese Fragestellung, die hier anhand des sog. Aggressivnotstandes diskutiert werden soll, verspricht sowohl in Hinblick auf das Tagungsthema der „Kollektivierung" als auch unter dem Aspekt der normentheoretischen Betrachtung des Strafrechts weiterführende Hinweise liefern zu können: Zum einen geht es *materiell* um das für die Notrechte unentbehrliche Verständnis des Einzelnen in der Gemeinschaft (dazu II. 1.). Zum anderen können zwei Legitimationsmodelle von Eingriffen aufgezeigt werden (dazu II. 2.-4.), deren Unterscheidung die Beurteilung der Rechtmäßigkeit eines Handelns im Aggressivnotstand vorstrukturieren kann (dazu III.). Zunächst erscheint jedoch eine kurze Erläuterung geboten, warum es überhaupt notwendig ist, in der Begründung des Instituts des Aggressivnotstandes einen Schritt zurückzugehen, wird der Weg doch allzu oft mit dem Verweis auf eine vermeintlich selbsterklärende Interessenabwägung abzukürzen gesucht (dazu I.)

I. Kritik der Abwägungslehren nach dem Prinzip des überwiegenden Interesses

Die Grundlage für den sog. Aggressivnotstand, der seinen positiv-rechtlichen Niederschlag in § 34 StGB sowie (beschränkt auf Sacheingriffe) in § 904 BGB gefunden hat,[1] wird insbesondere im *Prinzip des überwiegenden*

---

* Der Beitrag wurde nach der Tagung angesichts der Corona-Pandemie geringfügig verändert.

1 Dagegen betrifft § 228 BGB den sog. Defensivnotstand, s. dazu noch unten II. 2. Eine dem § 34 StGB entsprechende Regelung findet sich in § 16 OWiG.

Interesses gesucht.[2] Danach muss ein minderwertiges Interesse zum Schutz eines überwiegenden Interesses geopfert werden, wenn es keine andere Möglichkeit zur Rettung des (wesentlich) wertvolleren Interesses gibt. *Warum* unter der Voraussetzung eines bestimmten Abwägungsverhältnisses der kollidierenden Interessen ein zur Förderung des einen Interesses geeigneter und erforderlicher Eingriff vorgenommen werden darf und das andere Interesse zurückstehen muss, ist damit freilich nicht erklärt.[3] Eine Bewertung der betroffenen Interessen ist ohne Angabe eines haltbaren Prinzips der Vorrangentscheidung[4] ebenso wenig möglich wie die Beantwortung der vorgelagerten Frage, warum die Freiheit des Einen zugunsten der Freiheit des Anderen überhaupt eingeschränkt werden können soll. Dies scheint jedoch gar nicht die Kernfrage des zugrunde liegenden Rechtsverständnisses zu sein: Es geht einer auf dem Prinzip des überwiegenden Interesses gründenden Rechtsordnung nicht um die Garantie von Freiheitsrechten, sondern darum, den Bestand an Gütern zu maximieren.[5] Eine negative Abgrenzung von Freiheitssphären ist auch nicht mehr denkbar, wenn die ihr zugeordneten Güter und Interessen interpersonal zur Er-

---

2 So etwa bei *Perron*, in: Schönke/Schröder, Strafgesetzbuch, Kommentar, 30. Aufl. 2019, § 34 Rn. 1, 22 ff.; *Sternberg-Lieben*, in: Schönke/Schröder, Strafgesetzbuch, Kommentar, 30. Aufl. 2019, Vor §§ 32 Rn. 101. Siehe auch die Nachweise bei *Helmers*, Möglichkeit und Inhalt eines Notstandsrechts, 2016, S. 327 und – mit ausführlicher Darstellung der Entwicklung dieses Ansatzes – *Pawlik*, Der rechtfertigende Notstand. Zugleich ein Beitrag zum Problem strafrechtlicher Solidaritätspflichten, 2002, S. 32 ff.

3 Nach *Köhler*, ZStW 107 (1995), 10 (15) bezeichnet der – die Interessenabwägung enthaltende – Verhältnismäßigkeitsgrundsatz „allenfalls das Bestimmungsproblem. Eine begründete Lösung lässt er offen." Siehe auch die detaillierte Kritik bei *Pawlik* (Fn. 2), S. 39 ff., 48 ff. (zur herrschenden Gesamtabwägungslehre), insb. S. 50: „Hat man erst einmal die Entscheidungsregel von der Vorzugswürdigkeit des kleineren Übels akzeptiert, lässt sich die Frage, weshalb die *Not* des Einen *überhaupt* dazu in der Lage sein soll, das *Recht* des Anderen zu übertrumpfen, nicht einmal mehr sinnvoll stellen, geschweige denn beantworten." Siehe zur kritischen Auseinandersetzung mit dem Verhältnismäßigkeitsgrundsatz und dem Prinzip des überwiegenden Interesses im Kontext des Strafverfahrens *Rösinger*, Die Freiheit des Beschuldigten vom Zwang zur Selbstbelastung, 2019, S. 56 ff.

4 So die Kritik *Köhlers* an dem „Prinzip der Güterabwägung" in ZStW 107 (1995), 10 (16).

5 Siehe die entsprechende Kritik bei *Pawlik* (Fn. 2), S. 43 f. Ähnlich die Kritik von *Renzikowski*, Notstand und Notwehr, 1994, S. 200, dass die „Individualgüter gerade in ihrer Zuordnung zu einer bestimmten Person rechtlichen Schutz" genießen und daher „nicht als ‚Bilanzposten' in der gesamten Güterwirtschaft der Gemeinschaft erscheinen" können.

zielung maximalen Nutzens verrechnet werden dürfen;[6] das veranlasst die Vertreter einer Eingriffsrechtfertigung wegen überwiegenden Interesses aber ebenso wenig zu einer Aufgabe ihres Eingriffsprinzips wie die Tatsache, dass die Existenz unantastbarer Freiheit, wie sie auch in der Verfassung vorausgesetzt wird, unter dem Verdikt der Nutzenmaximierung nicht zu erklären ist.[7]

Der Grundmangel[8] dieser Abwägungslehren sitzt jedoch tiefer: Das Recht scheint bei ihnen dann auf den Plan zu treten, wenn zwei (oder mehrere) Personen unvermittelt mit ihren „Gütern" bzw. „Interessen" aufeinander treffen und kollidieren. Diese scheinbar in keinem Zusammenhang stehenden Positionen sollen dann irgendwie bewertet und verrechnet werden. Ein Verständnis des *Rechts*eingriffs, das dem Einen die „Interessen" des je Anderen oder der Allgemeinheit unverbunden gegenüberstellt und diese gegeneinander „abwägt", erweist sich vor dem Hintergrund eines personal-freiheitlichen Rechtsverständnisses als nicht haltbar, wie nun zu zeigen sein wird.

II. Das Verhältnis des Einen zum Anderen nach einem freiheitlichen Rechtsbegriff

Bei dem oben beschriebenen Versuch der Rechtfertigung durch Interessenabwägung wird bereits im Ansatz übersehen, dass die Rechtspositionen aller Personen eine gemeinsame Basis haben, von der ausgehend die weiteren Fragen zu lösen sind: Die Freiheit als Ausgangspunkt der Rechtsbegründung. Um eine solche Rechtsbegründung hat sich im Anschluss vor allem an *Kant*, *Hegel* und *Fichte* eine (mittlerweile recht große) Gruppe von (Straf-)Rechtswissenschaftlern bemüht.[9]

---

6 *Kühnbach*, Solidaritätspflichten Unbeteiligter. Dargelegt am Beispiel von Aggressivnotstand, Defensivnotstand, unterlassener Hilfeleistung und polizeilichem Notstand, 2007, S. 49.

7 *Renzikowski* (Fn. 5), S. 205. Siehe auch die Kritik von *Köhler*, Strafrecht, Allgemeiner Teil, 1997, S. 283: Das „Rechtsprinzip duldet keinerlei Einsatz auch nur einer einzigen Rechtsperson als Gegenstand für andere, da sie ‚Zweck an sich' ist." Treffend *Kant*, Handschriftlicher Nachlass. Moralphilosophie, Rechtsphilosophie und Religionsphilosophie. Reflexionen zur Moralphilosophie 6586, Akademieausgabe, Band XIX, S. 97: „Der Nutzen vieler gibt ihnen kein Recht gegen einen."

8 Siehe zu weiteren Problemen der Abwägungslehren noch unten (III.) bei der Konkretisierung der einzelnen Eingriffsvoraussetzungen nach hiesigem Verständnis.

9 Grundlegend *E.A.Wolff*, ZStW 97 (1985), 786 ff.; *ders.*, in: Hassemer (Hrsg.), Strafrechtspolitik, 1987, S. 137 ff.; *Köhler*, Der Begriff der Strafe, 1986; *ders.* (Fn. 7); *ders.*,

1. Selbstbestimmung und intersubjektive Willkürkoordination

Mit der Freiheit des Subjekts, die das Fundament des Rechts ist,[10] ist gemeint zum einen die Möglichkeit der Emanzipation der inneren Willenssetzung von Natursachverhalten, d.h. von empirischen Vorgaben, zum anderen – und darauf aufbauend – die Freiheit, nach eigenen, selbst gewählten Zwecken zu handeln.[11] Der Mensch handelt aufgrund seiner Vernunft nach selbstgesetzten Maximen, ist damit trotz seines Eingelassenseins in die äußere Welt und die Naturbedingungen selbst-, nicht fremdbestimmt.[12] Die so beschriebene Autonomie ist ein „Grundsachverhalt" menschlichen Daseins.[13]

Allerdings kann sich der Mensch nicht als isoliertes Einzelwesen dieser Beziehung zwischen Natur und Selbstbestimmung bewusst werden.[14] Damit das Subjekt seine Beziehung zur umgebenden Welt begreifen und sich

---

Recht und Gerechtigkeit, 2017; *Kahlo*, Die Handlungsform der Unterlassung als Kriminaldelikt, 2001; *Zaczyk*, Das Strafrecht in der Rechtslehre J. G. Fichtes, 1981; *ders.*, Das Unrecht der versuchten Tat, 1989; *ders.*, Selbstsein und Recht, 2014. Darauf aufbauend etwa *Gierhake*, Begründung des Völkerstrafrechts auf der Grundlage der Kantischen Rechtslehre, 2005; *dies.*, Der Zusammenhang von Freiheit, Sicherheit und Strafe im Recht, 2013; *Harzer*, Die tatbestandsmäßige Situation der unterlassenen Hilfeleistung gemäß § 323c StGB, 1999; *Kelker*, Zur Legitimität von Gesinnungsmerkmalen im Strafrecht, 2007; *Klesczewski*, Die Rolle der Strafe in Hegels Theorie der bürgerlichen Gesellschaft, 1991; *Murmann*, Die Selbstverantwortung des Opfers im Strafrecht, 2005; *Noltenius*, Kriterien der Abgrenzung von Anstiftung und mittelbarer Täterschaft, 2003; *dies.*, Die Europäische Idee der Freiheit und die Etablierung eines Europäischen Strafrechts, 2017; *Rath*, Das subjektive Rechtfertigungselement, 2002; *Rösinger* (Fn. 3); *Stübinger*, Das „idealisierte" Strafrecht, 2008; *von Freier*, Recht und Pflicht in der medizinischen Humanforschung, 2009; *Zabel*, Schuldtypisierung als Begriffsanalyse, 2007.

10 Eindringlich *Gierhake*, Begründung des Völkerstrafrechts auf der Grundlage der Kantischen Rechtslehre, 2005, S. 35 ff.

11 Dazu *Kant*, Grundlegung zur Metaphysik der Sitten, BA 37 (hier jeweils zitiert nach der Werksausgabe von Weischedel, Band VII): „Ein jedes Ding der Natur wirkt nach Gesetzen. Nur ein vernünftiges Wesen hat das Vermögen, nach der Vorstellung der Gesetze, d.i. nach Prinzipien, zu handeln, oder einen Willen." Siehe dazu *Gierhake* (Fn. 10), S. 35 ff., insb. 36.

12 *Gierhake* (Fn. 10), S. 37. Siehe auch *Murmann*, in: Koriath u.a. (Hrsg.), Grundfragen des Strafrechts, 2010, S. 189 (196), Fn. 52: „Gemeint ist hier Freiheit im Sinne einer Selbstdetermination, also im Sinne der Fähigkeit der Person, sich nach eigenen Gründen zu entscheiden."

13 *Zaczyk*, Das Unrecht der versuchten Tat, 1989, S. 165.

14 Ebenso *Gierhake* (Fn. 10), S. 49, dort insb. Fn. 96; *E.A. Wolff*, ZStW 97 (1985), 786 (813).

selbst gedanklich als endliches Wesen in die äußere Welt einordnen kann,[15] damit es sich selbst als Grund praktischer Urteile erkennen kann, die seine äußeren Handlungen bestimmen,[16] bedarf es eines Anstoßes: Identitätsbildung und Selbstwerdung sind nicht möglich ohne ein Gegenüber, ohne andere Menschen.[17] Dies sieht man in der menschlichen Entwicklung ganz deutlich am Eltern-Kind-Verhältnis: *Fichte* begriff in diesem Zusammenhang die Erziehung des Kindes durch die Eltern treffend als „Aufforderung zur freien Selbsttätigkeit".[18, 19] Im Rückstoß, in der folgenden tätigen Anerkennung des Auffordernden als Vernünftigen durch den Aufgeforderten, erweist sich auch letzterer als Vernünftiger.[20] Vernunft kann also nur Dasein haben in einem fortwährend *praktizierten* Verhältnis gegenseitiger Anerkennung.[21]

Die Einsicht in die Existenz und Beschaffenheit des je fremden Selbstbewusstseins,[22] das Erkennen des je Anderen als eines ebenfalls Vernünfti-

---

15 Vgl. *Zaczyk*, in: Kahlo/Wolff/Zaczyk (Hrsg.), Fichtes Lehre vom Rechtsverhältnis, 1992, S. 9 (15 f.).

16 *Zaczyk*, in: FS Wolff, 1998, S. 509 (517); *ders.*, Strafrechtliches Unrecht und die Selbstverantwortung des Verletzten, 1993, S. 21.

17 Die hier aufzuzeigende Bedeutung der Sozialität der Menschen wird im Fortgang der Überlegungen zum Notrecht entscheidend sein.

18 *Fichte*, Grundlage des Naturrechts, § 3 (Corollaria), S. 39 (zitiert nach der Ausgabe von I.H. Fichte, Band III, 1971); dazu *Zaczyk*, in: Hoffmann (Hrsg.), Das Recht als Form der „Gemeinschaft freier Wesen als solcher", 2014, S. 25 (32); *ders.*, in: GS Heinze, 2005, S. 1111 (1118 f.); *ders.* (Fn. 13), S. 158 mit dem Hinweis, dass die Aufforderung von *Fichte* „nicht nur als genetisch (zur *Entstehung* des Selbstbewusstseins) notwendig eingeführt, sondern als mit ihm – gleichsam zeitlebens – notwendig verknüpft" wird.

19 Die Bedeutung der *Interpersonalität* für den Bereich praktischer Handlungen ist auch in *Kants* kategorischen Imperativ angelegt, s. dazu *Gierhake* (Fn. 10), S. 41 und noch sogleich im Text. In *Fichtes* Rechtsphilosophie ist Interpersonalität dagegen nicht erst auf Ebene praktischer Handlungen, sondern schon als *Bedingung des Selbstbewusstseins* relevant, dazu *Zaczyk*, in: Hoffmann (Hrsg.) (Fn. 18), S. 25 (30, 32).

20 Diesen Gedankengang bei *Fichte* (Fn. 18), S. 47 erläutert *Zaczyk* (Fn. 13), S. 161. Autonomie setzt damit immer auch den *Anderen* voraus (s. dazu *Zaczyk* [Fn. 13], S. 165).

21 *Fichte* bestimmt eben dieses Verhältnis als das *Rechtsverhältnis*, s. Grundlage des Naturrechts (Fn. 18), S. 41. Dazu *Zaczyk* (Fn. 13), S. 161.

22 Dazu *Zaczyk*, in: FS Wolff, 1998, S. 509 (517); vertiefend *ders.*, in: Hoffmann (Hrsg.) (Fn. 18), S. 25 (32); *ders.*, in: GS Heinze (Fn. 18), S. 1111 ff., insb. 1118 f. in Auseinandersetzung mit *Fichtes* „Begründung der Personalität aus Interpersonalität" (S. 1115). Siehe dazu und zum Folgenden auch *Gierhake* (Fn. 10), S. 49.

gen, hat nun wesentliche Folgen für die Bestimmung des richtigen Umgangs miteinander:

Von diesem Ausgangspunkt der intersubjektiven Bestimmung von Subjektivität wird deutlich, dass jedem Einzelnen ein selbstbestimmtes Leben möglich sein muss. Die dadurch bedingte Notwendigkeit einer Verallgemeinerungsleistung ist bereits in *Kants* kategorischem Imperativ angelegt: Handlungsleitendes Prinzip kann nur ein solches sein, das den anderen in seiner Selbstbestimmung mit einbezieht. Ein allgemeines Moralprinzip schließt es aus, individuelle Nutzenmaximierung oder Glücksempfinden zum Maßstab guten Handelns zu machen.[23] Nach *Kant* ist ein Handeln daher nur dann gut, wenn die zugrundeliegende Maxime widerspruchslos verallgemeinert werden kann: „Handle nur nach derjenigen Maxime, durch die du zugleich wollen kannst, dass sie ein allgemeines Gesetz werde."[24]

Allein dadurch, dass ein jeder (sei es nach bestem Wissen und Gewissen) nach aus seiner Sicht verallgemeinerbaren Maximen handelt, ist ein freiheitliches Miteinander aber noch nicht gesichert. Denn die zu erbringende Leistung der Anerkennung ist Schwächen ausgesetzt,[25] ist der Mensch doch nicht nur Vernunftwesen, sondern auch naturhaftes Ich,[26] das mit den eigenen Trieben und der eigenen Endlichkeit konfrontiert ist. Es kann unter den Beteiligten nicht nur deswegen zu Willenswidersprüchen kommen, weil sich einer von ihnen bewusst in Widerspruch zum Richtigen setzt, sondern auch, weil er schlicht die Sachlage verkennt, sich irrt oder sich etwas vormacht.[27] Das Ich kann sich aber in eigener Vernunftleistung auf die Schliche kommen:[28] Es erfasst sowohl „sich selbst in seiner Wechselwirkung zwischen Naturhaftigkeit und begründender Vernunft",[29] als auch den Anderen, und bezieht ihn in diese Objektivierung mit ein. Es gilt, eine als gemeinsam erkannte äußere Seite des Daseins zu meistern.[30] Diese notwendig gemeinsame Äußerlichkeit durch die Begeg-

---

23 Siehe dazu *Gierhake* (Fn. 10), S. 39 f.

24 *Kant*, Grundlegung zur Metaphysik der Sitten, BA 52.

25 *Zaczyk*, Strafrechtliches Unrecht und die Selbstverantwortung des Verletzten, 1993, S. 24.

26 *E.A.Wolff*, ZStW 97 (1985), 786 (812); dazu auch *Gierhake* (Fn. 10), S. 49 f.

27 Siehe dazu *E.A.Wolff*, ZStW 97 (1985), 786 (814 f.); *Gierhake* (Fn. 10), S. 49.

28 Diese schöne Formulierung findet sich bei *E.A.Wolff*, ZStW 97 (1985), 786 (813).

29 So *E.A.Wolff*, ZStW 97 (1985), 786 (813) zur vom selbstbewussten Einzelnen vollzogenen Verobjektivierung der Mängel der eigenen Denkleistung; zur entsprechenden Methode beim Einbezug des Anderen dort S. 815.

30 Vgl. *E.A.Wolff*, ZStW 97 (1985), 786 (815); *ders.*, in: Hassemer (Hrsg.) (Fn. 9), S. 137 (140).

nung mehrerer Menschen auf der einen Erde wird von *Kant* an verschiedenen Stellen mit dem Verweis auf deren Kugelgestalt anschaulich in Bezug genommen.[31]

Der Einzelne allein kann also auch mithilfe des kategorischen Imperativs nicht allgemeinverbindliche Regeln für den *je Anderen* aufstellen;[32] es bedarf vielmehr einer gemeinschaftlichen Leistung, die das Vermögen des Einzelnen, der stets in seiner subjektiven Perspektive verhaftet ist, übersteigt.[33] Diese erforderliche gemeinschaftliche Vernunftleistung ist das *Recht*:[34] Die Menschen, die sich wechselseitig sowohl als Vernunftwesen, als auch in ihrem Eingebundensein in die Endlichkeit auf der einen Erde anerkennen, beschränken ihre eigenen Handlungsmöglichkeiten durch den Begriff der Freiheit der anderen:[35] Recht ist „der Inbegriff der Bedingungen, unter denen die Willkür des Einen mit der Willkür des Anderen nach einem allgemeinen Gesetze der Freiheit zusammen vereinigt werden kann".[36] Das Recht regelt folglich – in Abgrenzung zur Moral[37] – die *äußere* Beziehung freier Vernunftsubjekte zueinander.[38] Hierbei fragt es nach der Vereinbarkeit der äußeren Handlung des Einen mit der Freiheit des Anderen nach Maßgabe eines allgemeinen Gesetzes und damit – analog

---

31 *Kant*, Metaphysik der Sitten, Rechtslehre, § 13, AB 84, 85; § 43, A 161, 162/B 191, 192; § 62, A 229/B 259 (hier jeweils zitiert nach der Werksausgabe von Weischedel, Band VIII). S. dazu *Zaczyk*, in: Gephart/Suntrup (Hrsg.), Rechtsanalyse als Kulturforschung, Bd. II, 2015, S. 19 (24); s. auch *E.A.Wolff*, ZStW 97 (1985), 786 (815).

32 *Gierhake* (Fn. 10), S. 52. Ausführlich *Zaczyk* (Fn. 13), S. 146 ff.

33 Siehe dazu, dass die Individuen „einer ihre individuelle Perspektive übersteigenden Gestaltungsobjektivität" bedürfen, „um das friedliche Zusammenleben zu organisieren" *Gierhake* (Fn. 10), S. 54. Siehe zu diesem „perspektivischen Moment" auch *E.A.Wolff*, ZStW 97 (1985), 786 (815).

34 Siehe *Gierhake* (Fn. 10), S. 70.

35 Vgl. *Murmann* (Fn. 9), S. 196, siehe dort auch S. 163: „Die wechselseitige Einsicht in die Vernünftigkeit des je Anderen ist die Basis für ein Verhältnis der Gleichheit der Beteiligten im Hinblick auf die Vernunft und die Grundlage eines gegenseitigen Anerkennungsverhältnisses, das die rechtliche Beziehung kennzeichnet".

36 *Kant*, Metaphysik der Sitten, Einleitung in die Rechtslehre, § B, AB 33. Siehe dazu *Zaczyk* (Fn. 13), S. 151 f.

37 Siehe zur Unterscheidung von Moralität und Legalität *Zaczyk*, in: Gephart/Suntrup (Hrsg.) (Fn. 31), S. 19 (28 f.) sowie *ders.*, JRE 14 (2006), 311 ff.; *Gierhake* (Fn. 10), S. 56 ff.

38 *Kant*, Metaphysik der Sitten, Einleitung in die Rechtslehre, § B, AB 32, 33: Der Begriff des Rechts betrifft „nur das äußere und zwar das praktische Verhältnis einer Person gegen eine andere, sofern ihre Handlungen als Facta aufeinander (unmittelbar, oder mittelbar) Einfluss haben können". S. dazu auch *Gierhake* (Fn. 10), S. 54; *Zaczyk*, in: Gephart/Suntrup (Hrsg.) (Fn. 31), S. 19 (25 f.).

zum kategorischen Imperativ – nach einer insoweit *formalen* Vereinbarkeit der Handlungen, ohne inhaltliche Anforderungen insbesondere hinsichtlich eines mit den Handlungen zu verfolgenden Zwecks zu stellen.[39] Jeder kann seine Freiheitssphäre, d.h. den Raum der eigenen Willkür, ausfüllen, wie er will, solange sich dies mit der Selbstbestimmung des Anderen verträgt.[40] Geht es um die Koordination der Willkür des Einen mit der des Anderen, so muss der Handelnde auch lediglich auf eben diese Willkür des Anderen, nicht auf dessen *Wünsche* Rücksicht nehmen,[41] denn „der Handelnde verlöre seinen äußeren Selbst-Stand, müsste er sein Handeln an der Innerlichkeit des Anderen orientieren".[42]

2. *Erste Form der Eingriffsrechtfertigung: Zwangsbefugnis nach dem Satz vom Widerspruch bei Verstoß gegen das Verletzungsverbot*

Unmittelbar einsichtig ist bei Zugrundelegung des soeben entfalteten Rechtsbegriffs eine erste Form der Eingriffsrechtfertigung, die sich aus der Abgrenzung von Räumen eigener Willkür ergibt: Überschreitet eine Person ihre Freiheitssphäre und dringt gleichsam in die Sphäre einer anderen ein, so darf letztere den Übergriff zurückweisen. Ihr kommt mit *Kant* eine Zwangsbefugnis nach dem Satz vom Widerspruch zu:

„(W)enn ein gewisser Gebrauch der Freiheit selbst ein Hindernis der Freiheit nach allgemeinen Gesetzen (d.i. unrecht) ist, so ist der Zwang, der diesem entgegengesetzt wird, als Verhinderung eines Hindernisses der Freiheit mit der Freiheit nach allgemeinen Gesetzen zusammenstimmend,

39 *Kant*, Metaphysik der Sitten, Einleitung in die Rechtslehre, § B, A 33/B 33, 34 sowie in der Tugendlehre A 7. Siehe zum Ganzen auch *Gierhake* (Fn. 10), S. 60 f. mit Fn. 134 in Abgrenzung zu Rechtsauffassungen in der Tradition der utilitaristischen Ethik, wonach sich die Richtigkeit einer Handlung nach der Nützlichkeit ihrer Folgen beurteilt. S. dort auch S. 37 ff. zur auf das jeweilige Subjekt beschränkten Gültigkeit von auf Zweckerreichung gerichteten Sollensnormen bei *Kant*.

40 *Zaczyk*, in: Gephart/Suntrup (Hrsg.) (Fn. 31), S. 19 (26). Dass das Recht jedoch unvollständig begriffen wäre, wenn man als dessen Ziel lediglich die Separierung der Einzelnen voneinander ansehen würde, wird unten bei Punkt 3. noch genauer zu zeigen sein.

41 S. *Kant*, Metaphysik der Sitten, Einleitung in die Rechtslehre, § B, AB 32, 33.

42 *Zaczyk*, in: Gephart/Suntrup (Hrsg.) (Fn. 31), S. 19 (26).

d.i. recht; mithin ist mit dem Rechte zugleich eine Befugnis, den, der ihm Abbruch tut, zu zwingen, nach dem Satze des Widerspruchs verknüpft.“[43]

Ein Eingriff ist also wegen Unrechtsverantwortung des Eingriffsadressaten gerechtfertigt. Um eine solche „Rechtfertigung mittels bestimmter Zurechnungsprinzipien“[44] handelt es sich vor allem bei der Notwehr (§ 32 StGB) sowie entsprechend auf institutioneller Ebene beim polizeilichen Vorgehen des Handlungsstörers, aber auch beim sog. Defensivnotstand (§ 228 BGB) und der polizeilichen Abwendung einer Zustandsstörung.[45]

Ein derartiger Anknüpfungspunkt der (zumindest *objektiven*) Zurechnung der Gefahr fehlt allerdings beim Eingriffsadressaten des sog. Aggressivnotstandes. Warum darf man auf ihn zugreifen, auch wenn er sich mit seinen Handlungen in seiner Freiheitssphäre hält?

Damit der Eingriff im Aggressivnotstand nicht Instrumentalisierung ist, muss sein Grund auch hier in der Person des Betroffenen gefunden werden.

3. Sozialität und Freiheitsermöglichung

Wäre das Recht mit der (negativen) Abgrenzung der Freiheitssphären bereits vollständig beschrieben, ginge es um ein bestmögliches Nebeneinander freier Einzelner, die sich gegenseitig – sobald sie sich einmal in Gemeinschaft Regeln gegeben haben – nicht in die Quere kommen. Es gibt aber noch einen weitergehenden, (positiven) Freiheitsaspekt, der aus dem bisher Gesagten folgt: Der Mensch als der Ausgangspunkt, von dem aus Recht einzig sinnvoll gedacht werden kann, ist durch Freiheit *und* Soziali-

---

43 *Kant*, Metaphysik der Sitten, Einleitung in die Rechtslehre, § D, AB 35. Siehe dazu *Zaczyk* (Fn. 13), S. 154; *Gierhake* (Fn. 10), S. 62 ff.

44 *Frister*, Schuldprinzip, Verbot der Verdachtsstrafe und Unschuldsvermutung als materielle Grundprinzipien des Strafrechts, 1988, S. 30; s. dazu auch *Rösinger* (Fn. 3), S. 171 f.

45 Siehe dazu den Überblick bei *Köhler*, Recht und Gerechtigkeit, 2017, S. 286 ff.; grundlegend *ders.* (Fn. 7), S. 260 ff., 278 ff. *Neumann*, in: von Hirsch u. a. (Hrsg.), Solidarität im Strafrecht, 2013, S. 155 (167) spricht im Zusammenhang mit § 228 BGB und dem defensiven Notstand im Strafrecht von dem „Prinzip der besonderen Verantwortlichkeit für die eigene Sphäre“. Siehe auch weitergehend zu den Unterschieden zwischen Defensivnotstand („schwacher Verantwortung“) und Notwehr („starker Verantwortung“) *Wilenmann*, Freiheitsdistribution und Verantwortungsbegriff. Die Dogmatik des Defensivnotstands im Strafrecht, 2014, S. 457 ff., insb. S. 459.

tät geprägt. Damit sind beide Elemente immer schon integrale Bestandteile des Begriffs des Rechts.[46]

Auch wenn das Recht Räume äußerer Handlungen (Willkür) koordiniert und nicht individuelle Wünsche,[47] sodass der Einzelne vor Eingriffen grundsätzlich dadurch geschützt ist, dass er sich in seiner eigenen Willkürsphäre hält und den je Anderen nicht in seiner Willkürausübung stört, so ist es deswegen trotzdem noch nicht unmöglich, die Not des je Anderen als Element einer Eingriffsrechtfertigung zu betrachten, die den Rückbezug auf die Person des Eingriffsadressaten gewährleistet. Ausgeschlossen ist es zwar bei Forderung eines solchen Rückbezugs, Eingriffe unmittelbar auf das *empirisch-materiale Wohl* eines anderen zu stützen.[48] Dennoch kann ein Erhaltungsgebot in Not in gewissem Umfang als Rechtspflicht begründet werden, wenn man die Notwendigkeit *logisch vorrangiger Freiheitsgewährung*, die noch vor freiheitsschützenden Verboten steht, in den Blick nimmt. Was hiermit gemeint ist, wird deutlich, wenn der reale Weltbezug des Einzelnen in der Rechtsbegründung berücksichtigt wird: Tatsächlich ist in der *einen* Welt das endliche Wesen darauf angewiesen, seine Sphäre gegenüber der des notwendig mit ihm durch die Kugelgestalt[49] verbundenen anderen endlichen Wesens abzugrenzen, damit jeder in Freiheit leben kann. An dieser Stelle wurde im Gedankengang[50] deutlich, dass die Verbundenheit der Menschen durch die Geschlossenheit der Erdoberfläche als *empirische* Überlegung Eingang in die Rechtsbegründung finden muss. Denn der Mensch ist (ebenso wie er vernunftbegabt und Grund praktischer Urteile ist) in eine Wirklichkeit eingelassen, in der er auch betrachtet werden muss.

Wenn Selbstbestimmung also in der Realität betrachtet wird, besteht die Notwendigkeit, die (praktischen) Voraussetzungen von Selbstbestimmung umfassend in der Rechtsbegründung mitzuführen. Als wesentlich erkannt wurde insoweit die Beziehung zum je Anderen – die Sozialität als Voraussetzung von Selbstbewusstsein und der Personalität überhaupt,[51]

---

46 Ausführlich *Zaczyk*, in: GS Heinze (Fn. 18), S. 1111 (1114); dazu auch *Rösinger*, in: Gertz u. a. (Hrsg.), Diversity and Inclusion in Higher Education and Societal Contexts. International and Interdisciplinary Approaches, 2018, S. 237 ff.

47 Siehe bereits oben unter 1.

48 So in Kritik an den Abwägungslehren *Köhler* (Fn. 45), S. 263.

49 Siehe dazu bereits oben bei Fn. 31. Dieses Faktum wird uns durch die gegenwärtige Pandemie-Krise eindrücklich vor Augen geführt.

50 Siehe oben unter 1.

51 Insoweit wurde bereits oben (bei Fn. 18 ff.) unter Verweis auf *Fichte* die Sozialität als notwendig mit der Autonomie des Einzelnen verbunden eingeführt.

letztlich als Voraussetzung der (für den Rechtsbegriff so zentralen) Selbstbestimmung.[52] Aus diesem Zusammenhang erschließt sich die Bedeutung der Ursprungsgemeinsamkeit[53] der Menschen für das Recht: Die im Begründungsgang des Rechts zentrale Forderung, dass Selbstbestimmung für alle möglich sein und daher eine entsprechende Verallgemeinerungsleistung erbracht werden muss, führt nicht nur zu dem Verbot, andere in ihrer Freiheit zu verletzen; diesem Verbot liegt vielmehr normlogisch und faktisch das *Gebot der Freiheitsermöglichung* voraus.[54]

Versteht man das Rechtsverhältnis als ein gegenseitiges Anerkennungsverhältnis,[55] so dient das Recht also nicht etwa nur der trennenden Abgrenzung der Willenssphären:[56] Steht der Mensch in seiner Vernunftexistenz in einem notwendigen Zusammenhang mit anderen, so folgt daraus eine Grundgleichheit in der fundamentalen Rechtsfähigkeit, mit der ein Anspruch auf die erforderliche *materiale* Grundteilhabe verbunden ist.[57]

---

52 Siehe zum Ganzen auch *Zaczyk*, in: FS Wolff (Fn. 22), S. 509 (519): „An dieser Stelle wird klar, wie aus dieser Einsicht in die Beschaffenheit ‚bloßer' Vernunft der Rechtsgedanke sich entwickelt und entwickeln muss. Freiheit ist nicht nur je meine, sondern gleichursprünglich die des Anderen, dem Recht immanent ist damit Nähe und Distanz zu anderen Personen gleichermaßen."

53 Dazu auch *Köhler* (Fn. 45), S. 289. Siehe dazu, dass „das Subjekt als solches notwendig als in einem Zusammenhang mit anderen stehend begriffen werden muss", auch *Zaczyk*, in: FS Wolff (Fn. 22), S. 509 (519).

54 So *Köhler*, in: Klesczewski u.a. (Hrsg.), Kants Lehre vom richtigen Recht, 2005, S. 123 (128); *ders.* (Fn. 45), S. 262, 265. Dazu auch *E.A. Wolff*, ZStW 97 (1985), 786 (815); *Gierhake* (Fn. 10), S. 51. *Köhler* (Fn. 7), S. 208 verweist auf das „normative Vernunftgebot, selbstzweckhaft zu existieren", in dessen Folge nicht nur äußere Freiheitssphären definiert und entsprechende Verbotsnormen aufgestellt werden; vielmehr müssten auch die Daseinsbedingungen i.S. positiver Freiheit miteinbezogen werden.

55 Ausführliche Begründung dieses Zusammenhangs bei *E.A. Wolff*, in: Hassemer (Hrsg.) (Fn. 9), S. 137 (162 ff.); *Zaczyk* (Fn. 13), S. 128 ff. Siehe auch *Zaczyk* (Fn. 25), S. 22 zum äußeren Interpersonalverhältnis als „Basis" des Rechts.

56 *E.A. Wolff*, ZStW 97 (1985), 786 (815).

57 *Von Freier* (Fn. 9), S. 172; s. auch dort S. 173: „Auf dieser Einsicht in unabdingbare Materialisierungen beruht die Hegelsche Theorie des Notrechts". Siehe aber gegen die *Hegel*'schen Materialisierungen *Helmers* (Fn. 2), S. 183 ff.

4. *Zweite Form der Eingriffsrechtfertigung: Begrenzte Solidaritätspflicht zur Aufrechterhaltung des Rechtsverhältnisses*

Was folgt aus dem Gesagten für die Eingriffsrechtfertigung gegenüber einer Person, die für die Gefahr nicht verantwortlich ist? Ausgeschlossen ist nach dem zugrunde gelegten Rechtsbegriff jedenfalls ein umfassendes Notrecht: Der Begriff der (äußeren) Freiheit selbst impliziert, dass jeder die empirische Bedingtheit seiner Freiheitssphären mit ihren Zufälligkeiten zu tragen hat.[58] Es gilt der Grundsatz *casum sentit dominus*.[59] Gerät eine Person in Not, ist es in einem Rechtsverhältnis freier Personen ausgeschlossen, die zufällige Gefahr auf einen zufällig begegnenden Anderen einfach zu verlagern. Das könnte keine interpersonal gültige Regel sein.[60]

Möglich ist aber ein begrenztes Notrecht, das auf dem menschenrechtlichen Grundverhältnis[61] der wechselseitigen Ermöglichung und Achtung der Freiheit beruht: Nicht nur muss im Verhältnis der Familie zum noch abhängigen Kind dieses zunächst in seinen Fähigkeiten gebildet werden;[62] auch wenn die Menschen bereits einen grundsätzlich gefestigten Selbststand erreicht haben, aktualisiert sich doch in der zufälligen existentiellen Not eben dieses Grundverhältnis, und zwar in einem Solidaritätsgebot: Die Grundbedingungen eines Lebens in Freiheit müssen für jeden Einzelnen erhalten bleiben. Sind die substantiellen Teilhabebedingungen des Einen in Gefahr (vor allem durch den eigenen Tod, aber auch durch erhebliche Körperverletzungen) und lässt sich die Gefahr nicht anders abwenden als durch den (in seinen Grenzen noch näher zu bestimmenden)

---

58 Siehe *Köhler* (Fn. 7), S. 282; *ders.* (Fn. 45), S. 289.

59 *Köhler* (Fn. 45), S. 289.

60 So *Köhler* (Fn. 7), S. 282. Insoweit berechtigt ist auch die Ablehnung eines allgemeinen Notrechts bei *Kant*, s. *Kant*, Metaphysik der Sitten, Anhang zur Einleitung in die Rechtslehre, AB 41, 42, S. 343 f. Siehe auch dazu, dass die häufig suggerierte weitergehende Ablehnung jeglichen Notrechts durch *Kant* bei Betrachtung seines Gesamtwerks nicht unzweifelhaft ist, *Helmers* (Fn. 2), S. 137 ff., insb. 142 ff. mit einer Auswertung der Literatur.

61 *Köhler* (Fn. 7), S. 280 ff.; *von Freier* (Fn. 9), S. 155 ff.; *Helmers* (Fn. 2), S. 292 ff. Siehe auch den Überblick bei *Köhler* (Fn. 45), S. 288 ff. sowie zum Grundgedanken dort S. 277 ff. *Köhler* entwickelt das genannte menschenrechtliche Grundverhältnis für den Notstand allerdings vor allem als *besitzrechtliches* Grundverhältnis weiter, so ausdrücklich in Recht und Gerechtigkeit (Fn. 45), S. 289; ebenso *Helmers* (Fn. 2), S. 248 ff. Siehe zu den hieraus gezogenen Konsequenzen für die Eingriffsvoraussetzungen des Notstands noch genauer unten III. 2) a). Davon abweichend wird hier im Folgenden das Notrecht ohne Beschränkung auf die besitzrechtliche Perspektive stärker mit dem Anerkennungsverhältnis selbst verbunden.

62 Siehe zur familiären Personensorgepflicht *Köhler* (Fn. 54), S. 123 (129).

Eingriff in eine grundsätzlich dem Anderen zugeordnete Rechtsposition, so kann sich letzterer nicht auf diese Position berufen, wenn durch das Beharren auf den Status quo die Existenz des Gefährdeten und damit die Grundlage des rechtlichen Verhältnisses selbst aufgehoben würde.[63]

Die Grundteilhabe wird hier *unmittelbar als Forderung des Anerkennungsverhältnisses* verstanden: Bei der Gefahr des Ausscheidens des Einen aus dem Rechtsverhältnis und damit des Erlöschens des interpersonalen Rechtsverhältnisses kann der Andere sich nicht von Rechts wegen auf das ihm sonst Zustehende berufen, wenn er selbst durch den Eingriff lediglich partiell-ersetzlich betroffen wäre.[64] In der Konstellation des Aggressivnotstandes sind die Berufung des Eingriffsadressaten auf das Verletzungsverbot und damit seine Rechtsbehauptung widersprüchlich, „wenn sie die Anerkennung von Rechten in einem Verhältnis verlangen, das dadurch gegen den Willen des Adressaten seinem Untergang preisgegeben wird".[65] Die Pflicht des Eingriffsadressaten im Notstand beruht auf dem Gebot, die

---

63 In diesem Sinne auch *von Freier* (Fn. 9); ähnlich *Köhler* (Fn. 45), S. 289 unten: „Grundwiderspruch zum Recht der Menschheit in allen Subjekten"; siehe auch bereits *ders.*, ZStW 107 (1995), 10 (15, 20) zur Rechtfertigung des Freiheitseingriffs im Notstand „aus dem gemeinsam vorausgesetzten Grunde, das existierende Rechtsverhältnis in einem seiner Mitkonstituenten zu erhalten".

64 Siehe dazu insb. die Ausführungen *Hegels* zum Notrecht in den Grundlinien der Philosophie des Rechts, § 127 (zitiert nach der Ausgabe Georg Wilhelm Friedrich Hegel: Werke. Auf der Grundlage der Werke von 1832–1845 neu edierte Ausgabe. Redaktion Moldenhauer/Michel, Band 7, 1986.): „Die Besonderheit der Interessen des natürlichen Willens, in die einfache *Totalität* zusammengefasst, ist das persönliche Dasein als Leben. Dieses *in der letzten Gefahr* und in der Kollision mit dem rechtlichen Eigentum eines anderen hat ein *Notrecht* (nicht als Billigkeit, sondern als Recht) anzusprechen, indem auf der einen Seite die unendliche Verletzung des Daseins und darin die totale Rechtlosigkeit, auf der anderen Seite nur die Verletzung eines einzelnen beschränkten Daseins der Freiheit steht, wobei zugleich das Recht als solches und die Rechtsfähigkeit des nur in *diesem* Eigentum Verletzten anerkannt wird." Siehe zur Begrenzung des Noteingriffs auf „partikulär-ersetzliche" Rechtsgüter *Köhler* (Fn. 7), S. 281, 290; *ders.*, ZStW 107 (1995), 10 (20) sowie unten III.

65 So *von Freier* (Fn. 9), S. 173 im Anschluss an *Hegels* Konzeption. Siehe auch dort S. 177: „Der Eigentümer beruft sich widersprüchlicherweise auf das abstrakte Rechtsverhältnis, da das konkrete Verhältnis damit seine Aufhebung impliziert. Das Rechtsverhältnis verkehrt sich zur Rechtlosstellung." Siehe zudem *Köhler* (Fn. 45), S. 289, Fn. 198, dazu, dass das von *Hegel* angenommene Notrecht in der *Kantischen* Soziallehre (gemeint ist im Gedanken des ursprünglichen Gesamtbesitzes) bereits angelegt sei. Dagegen meint *Kühnbach* (Fn. 6), S. 109 ff., dass die *Kantische* Freiheitskonzeption wegen ihrer Formalität ungeeignet sei, den Realitätsbezug von Freiheit aufzunehmen.

Vernunftexistenz des je Anderen und damit letztlich das Rechtsverhältnis selbst gegen das „vernunftlose Walten des Zufalls“[66] zu erhalten.[67]

Dem kategorischen Grund genügen gerade *nicht* bloß pragmatische Erwägungen bzgl. eines wechselseitigen Bedürfnisses nach Hilfe („kontraktualistisch-utilitaristisches Kalkül“).[68] Die Erwägung, man solle helfen, damit einem in ähnlicher Situation selbst geholfen werde, genügt für eine allgemeingültige Regel nicht; „denn sie hinge ab von der Wohleinschätzung des einzelnen, ob sie künftig überhaupt selbst noch Hilfe brauchten und wollten, ob nicht die Härte des Lebens vorzuziehen sei.“[69] Nicht ein Kalkül, sondern die aus dem Rechtsbegriff selbst folgende Grundsolidaritätspflicht aller[70] aktualisiert sich in der Situation existentieller Not.[71] Der Grund für das Notrecht ebenso wie der für die allgemeine Hilfeleistungs-

---

66 So *Köhler* (Fn. 45), S. 670.

67 Siehe dazu auch *Köhler* (Fn. 7), S. 208: Der äußere Zufall sei dem an sich schlüssig entwickelten Dasein freier Subjekte zuwider. Daher entwickeln sie in wechselseitig-allgemeiner Anstrengung bspw. die ärztliche Heilkunst. „Die Pflicht zur Selbstaffirmation vernünftigen Daseins übersetzt sich in eine Pflicht, die äußere Zufallsausgesetztheit möglichst allgemein aufzuheben.“ Dazu auch *E.A.Wolff*, in: Hassemer (Hrsg.) (Fn. 9), S. 137 (177): Würde man nichts geben und nichts nehmen wollen, würde man sich „in einer entscheidenden Stelle der Mechanik des Zufalls ausliefer(n) und einen Bereich, in dem vernünftige Beurteilung möglich wäre und der von der Vernunft gestaltet werden könnte, der Macht der Vernunft entzieh(en).“

68 Siehe dazu und zum Folgenden *Köhler* (Fn. 7), S. 207.

69 Ebendies ist auch gegen Ansätze einzuwenden, die auf den *Rawls*‘schen Schleier des Nichtwissens abstellen, so etwa *Merkel*, in: Institut für Kriminalwissenschaften Frankfurt a.M. (Hrsg.), Vom unmöglichen Zustand des Strafrechts, 1995, S. 183 (185); *Coninx*, Das Solidaritätsprinzip im Lebensnotstand, 2012, S. 14, 21 ff., 101 ff. S. dazu die kritische Auseinandersetzung von *Stübinger*, Notwehr-Folter und Notstands-Tötung? Studien zum Schutz von Würde und Leben durch Recht, Moral und Politik, 2015, S. 281 ff. sowie *Pawlik*, JRE 22 (2014), 137 (147 ff.).

70 *Köhler* (Fn. 7), S. 309. S. auch *dens.*, in: Klesczewski u.a. (Hrsg.) (Fn. 54), S. 123 (126 ff.) sowie *Neumann*, in: von Hirsch u.a. (Hrsg.) (Fn. 45), S. 155 (165) zur Begründung der Solidarität als *Rechts*pflicht (im Gegensatz zur bloßen moralischen Pflicht). Instruktiv zur Geschichte des Solidaritätsbegriffs *Stübinger* (Fn. 69), S. 288 ff.

71 Durch diese Herleitung der Solidaritätspflicht trifft den hiesigen Ansatz nicht die Kritik, die vielerorts (berechtigt) gegen die Verwendung des Solidaritätsbegriffs im (straf-)rechtlichen Kontext erhoben wird, nämlich den legitimatorischen Mehrwert unausgewiesen zu lassen (so etwa *Pawlik*, JRE 22 [2014], 137 ff. [143]; siehe auch zusammenfassend zur vorgebrachten Kritik *ders.* [Fn. 2], S. 58 f.) und lediglich als leere Parole zu dienen („diffus“ zu bleiben, so *Helmers* [Fn. 2], S. 282, s. dort auch S. 327).

pflicht liegt damit in der oben beschriebenen Ursprungsgemeinsamkeit[72] der Menschen, die eine materiale Grundteilhabe für jeden Einzelnen verbürgt.

Neben die Inanspruchnahme wegen einer (Vor-)Verantwortlichkeit[73] tritt also die Inanspruchnahme aus dem Gedanken der Teilhabe am Rechtsverhältnis, dem eine Pflicht zur Solidarität entspricht. Dieser Gedanke liegt auch weiteren Eingriffen im institutionellen Verhältnis zugrunde, etwa der polizeilichen Nichtstörerhaftung, der Enteignung, der Pflicht zur Sozialhilfe[74] und auch dem Strafverfahrenseingriff.[75] Die Eingriffsgründe des Notrechts und der allgemeinen Hilfspflicht,[76] die schon im unmittelbaren, interpersonalen Verhältnis der zufälligen Begegnung gelten, werden in den jeweiligen institutionellen Zusammenhängen modifiziert.[77] Jedoch bleibt das erarbeitete vorpositive Rechtfertigungsprinzip für das gesamte Rechtssystem prägend.[78]

Die bisherige Untersuchung hat damit gezeigt, dass der Eingriff des Einen in die Rechtspositionen des Anderen gegen dessen Willen zwei grundlegende und voneinander zu unterscheidende Formen des Rückbezugs auf die Person des Eingriffsadressaten kennt, die die Prüfung der Rechtmäßigkeit eines Eingriffs notwendig vorstrukturieren: Die Haftung aus dem Grund der Unrechtsverantwortung und die Teilhabehaftung.

---

72 So auch *Köhler* (Fn. 45), S. 289.

73 Dazu oben unter 2.

74 Dazu auch *Köhler* (Fn. 45), S. 670; *ders.* (Fn. 7), S. 208 f.; *ders.*, in: Klesczewski u.a. (Hrsg.) (Fn. 54), S. 123 (137). Nach *E.A. Wolff*, ZStW 97 (1985), 786 (815) „liegt im gegenseitigen Anerkennungsverhältnis gegenüber dem Anderen auch die Pflicht, Behinderungen der Ausgangslage auszugleichen. Die sozialen Leistungen sind deswegen Teil des Begründungsverhältnisses".

75 Siehe dazu *Köhler*, ZStW 107 (1995), 10 ff. sowie ausführlich *Rösinger* (Fn. 3).

76 Nach *Köhler* (Fn. 45), S. 284 ff. ist das vorgängige Gebot der Hilfeleistungspflicht bzw. Ermöglichungspflicht (dazu a.a.O. S. 260 ff.) außerhalb der Rechtfertigungsgründe für Eingriffe zu betrachten. Es handelt sich für ihn bei dieser Pflicht also nicht um einen Eingriff im engeren/technischen Sinn. Auch wenn danach die Rechtfertigungsgründe als „Befugnisse (Erlaubnisse) zum Eingriff in den primären grundrechtlichen Status" von dem Hilfsgebot zu trennen sind, verweist er darauf, dass diese Befugnisse ebenfalls „im allgemeinen Prinzip rechtgesetzlicher Selbstbestimmung" gründen, „das dem primären Verbot/Gebot zugrunde liegt und es daher in den konkreten interpersonalen Handlungsbezügen *aus sich heraus* zu beschränken vermag" (Hervorhebung L.R.).

77 *Köhler* (Fn. 45), S. 285, 670. Siehe ausführlich zur Differenzierung nach rechtlichen Verhältnissen und institutionellen Zusammenhängen – Familie, Gesellschaft, Staat – *Köhler*, in: Klesczewski u.a. (Hrsg.) (Fn. 54), S. 123 (133 ff.).

78 So auch *Köhler* (Fn. 45), S. 291.

Kommt als Anknüpfungspunkt eine Verantwortlichkeit des Eingriffsadressaten beim Aggressivnotstand nicht in Frage, so kann der Eingriff nur auf dessen Solidaritätspflicht gestützt werden: Der Einzelne wird als Teil des allgemeinen Rechtsverhältnisses zu dessen Aufrechterhaltung herangezogen.

Im Folgenden (III.) wird auf die Grundzüge der Voraussetzungen einer solchen Notstandsinanspruchnahme eingegangen, ohne diese allerdings hier im Detail ausbuchstabieren zu können.[79]

III. Voraussetzungen der Eingriffslegitimation aus dem Solidaritäts- bzw. Teilhabegedanken

Die Voraussetzungen der Eingriffe nach dem erarbeiteten Prinzip rechtlicher Solidarität können gedanklich wie folgt strukturiert werden:

1. Wesentliche Bedeutung des gefährdeten Rechtsguts für die Freiheitsverwirklichung

Liegt der Grund des Notrechts in der Ursprungsgemeinsamkeit der Menschen, aus der sich ein Solidaritätsgebot dahingehend ergibt, die wesentlichen Voraussetzungen wechselseitiger Freiheit auch positiv zu gewährleisten, so können hieraus Anforderungen an die zu schützenden Güter des Notleidenden abgeleitet werden: Das Schutzgut muss die (nur partiell-ersetzlich, dazu unten) beeinträchtigen Rechtsgüter[80] des Adressaten *in seiner Bedeutung für die reale Freiheit* – in der Terminologie des § 34 StGB – „wesentlich überwiegen“. Daher müssen auf der Seite des Notleidenden zwingend der Verlust des Lebens, schwere Einbußen an körperlicher Integrität oder persönlicher Freiheit zu befürchten sein.

Da nach dem hier dargelegten Eingriffsgrund das Anerkennungsverhältnis zum *je Anderen* durch die Not *substantiell* betroffen sein muss, kann es für die Annahme eines erheblichen drohenden Schadens entgegen *Pawlik*

---

79 Siehe insoweit auch die genannten Arbeiten von *Helmers* und *Pawlik* zum Notstand (freilich auf Grundlage ihrer je eigenen Ansätze); s. ausführlich zu den Eingriffsvoraussetzungen der Teilhabehaftung im Kontext des Strafverfahrens *Rösinger* (Fn. 3), S. 171 ff., 176 ff.

80 Als „Rechtsgüter“ werden hier mit *Zaczyk* (Fn. 13), S. 165, 200 die „Daseinselemente der Freiheit“ verstanden. Diesem zustimmend *Pawlik* (Fn. 2), S. 140, 162. Siehe dazu auch *Köhler* (Fn. 7), S. 33.

nicht maßgeblich sein, ob bei der Addition der Interessen mehrerer in ihren Rechtsgütern bedrohter Personen die Bagatellgrenze überschritten ist.[81]

Wann das „wesentliche Überwiegen“ nach diesem Verständnis konkret vorliegt, muss in dem jeweiligen Verhältnis und Kontext nach Prinzipien erarbeitet werden: In der hier thematischen unmittelbaren Not im zwischenmenschlichen Verhältnis geht es – wie dargelegt – um die *Existenzbedingungen* des Notleidenden. Im institutionellen Verhältnis (etwa im Kontext des Strafverfahrens[82]) geht es dagegen um die Aufrechterhaltung der Grundbedingungen der Staatlichkeit; Näheres muss im jeweiligen Sachzusammenhang erarbeitet werden. Jedenfalls kann die Voraussetzung des „wesentlich überwiegenden Eingriffsinteresses“ nur in dieser prinzipiellen Bedeutung einen Platz in der Eingriffsrechtfertigung nach einem freiheitlichen Rechtsverständnis haben.[83]

An dieser Stelle, bei der Bestimmung des notwendigen Stellenwerts des Erhaltungsguts (auf Seite des Notleidenden), wird in einem weiteren Punkt der Wert der erläuterten Vorstrukturierung der Eingriffsrechtfertigung (gegenüber Unrechtsverantwortlichen bzw. Störern einerseits, gegenüber Unbeteiligten bzw. Nichtstörern andererseits) deutlich:[84] Der häufig angeführte Maßstab, dass das von dem Eingriff betroffene „Interesse“ bzw. der durch den Eingriff verursachte Schaden nicht *„außer Verhältnis“* zum verfolgten Zweck stehen darf, ist nur anzuwenden, wenn der Eingriffsadressat für die Gefahr verantwortlich ist. Denn dann darf der Eingreifen-

81 Siehe *Pawlik* (Fn. 2), S. 266 ff. Kritisch dazu auch *Neumann*, ZStW 116 (2004), 751 (757).

82 Dazu ausführlich *Rösinger* (Fn. 3), S. 171 ff., insb. 176 ff.

83 An einer solchen Einordnung des „überwiegenden Interesses“ habe ich mich bereits in meiner Dissertation (Die Freiheit des Beschuldigten, 2019, S. 176 ff.) versucht. Allerdings habe ich mich dort, wie ich heute meine, zu sehr um eine (anknüpfungsfähige) Übersetzung in die Terminologie des Abwägungsgedankens bemüht. Meine dortigen Überlegungen zum Vorrangverhältnis zwischen Autonomie und Solidarität (S. 178) berücksichtigen den hier (oben unter II. 1.) dargelegten notwendigen Zusammenhang von Selbstbestimmung und Sozialität noch nicht ausreichend.

84 Dazu und zum Folgenden bereits *Rösinger* (Fn. 3), S. 178 f.

de die Gefahr grundsätzlich zu Lasten des Verantwortlichen abwenden.[85] Ausgeschlossen ist insoweit lediglich ein „grobes Missverhältnis“.[86]

Für den Aggressivnotstand bleibt festzuhalten: Das Tatbestandsmerkmal des „wesentlichen Überwiegens“ des Eingriffsinteresses hat in der Eingriffsrechtfertigung nach dem zugrunde gelegten Rechtsbegriff lediglich insoweit einen Platz, als es auf bestimmte Anforderungen an das gefährdete Rechtsgut des Notleidenden verweist: Dieses muss zur Freiheitsverwirklichung *wesentlich* sein.[87]

2. *Begrenzung auf partiell-ersetzliche Beeinträchtigungen*

Auch wenn derartige wesentliche Rechtsgüter durch die Not betroffen sind, ist nicht jeglicher Eingriff in die Rechtspositionen des Gegenübers, der zur Gefahrenabwendung *notwendig* (in der Terminologie des Verhältnismäßigkeitsgrundsatzes: geeignet und erforderlich) ist, automatisch rechtmäßig.

---

85 Siehe *Puppe*, Strafrecht, Allgemeiner Teil, 2011, S. 176 zu § 228; ebenso *Erb*, in: Joecks/Miebach (Hrsg.), Münchener Kommentar zum Strafgesetzbuch, 4. Aufl. 2020, § 34 Rn. 12 f. Es darf jedoch nicht übersehen werden, dass auch bei der Notwehr und dem Defensivnotstand nach § 228 BGB das Solidaritätsprinzip wirkt: Zwar *begründet* es dort nicht das Eingriffsrecht (dieses wird durch Verantwortung des Gegenübers begründet!), wohl aber *beschränkt* es das Eingriffsrecht auf Eingriffe, bei denen der Schaden nicht „außer Verhältnis“ zur abgewehrten Gefahr steht. Da beim Defensivnotstand die Rollen anders verteilt sind – der Unbeteiligte darf in Rechtsgüter des Verantwortlichen eingreifen –, handelt es sich auch dort um einen mittelbaren Eingriff in die Rechtssphäre des Unbeteiligten durch *Beschränkung* seines Eingriffsrechts. Siehe dazu *Kühnbach* (Fn. 6), S. 89; *Renzikowski* (Fn. 5), S. 194 f.; *Engländer*, Grund und Grenzen der Nothilfe, 2008, S. 96.

86 *Köhler* (Fn. 7), S. 309. Dass auch beim Eingriff in die Rechte Unbeteiligter teilweise die Rede davon ist, die Beeinträchtigung dürfe nicht „außer Verhältnis“ zum Eingriffszweck stehen (siehe BVerfGE 27, 211, Rn. 16; in der StPO ausdrücklich in den §§ 81 II 2, 163 II 1, 121 I 2), zeigt nur, dass die notwendige Differenzierung nach Eingriffsgründen nicht bedacht wird (s. dazu mit Beispielen aus dem Strafverfahrensrecht genauer *Rösinger* [Fn. 3], S. 179 f., Fn. 336).

87 Dagegen kann der (o.g.) utilitaristische Ansatz, welcher Eingriffe nach dem Prinzip des überwiegenden Interesses begründet, die Forderung nach einem „*wesentlichen* Überwiegen“ nicht erklären; ein „einfaches“ Überwiegen müsste danach nämlich bereits reichen. Siehe dazu *Pawlik* (Fn. 2), S. 37 ff.; *Helmers* (Fn. 2), S. 57.

Die weiteren Voraussetzungen ergeben sich aus dem Eingriffsgrund selbst: Die Beeinträchtigungen des Eingriffsadressaten dürfen nur partiell (dazu *a)*) und ersetzlich (dazu *b)*) sein.[88]

a) Opfergrenze

Da durch den Notstandseingriff mit dem Erhalt der substantiellen Voraussetzungen der Personalität des Notleidenden das Verhältnis gegenseitiger Anerkennung gerade gewahrt werden soll, darf nicht auf der anderen Seite die Personalität des Eingriffsadressaten in Mitleidenschaft gezogen werden. Der Eingriff muss also nicht nur – auf Seiten des *Notleidenden* – der Gewährleistung der wesentlichen Voraussetzungen für eine Nutzung der Freiheit dienen, sondern er darf zugleich nicht den *Adressaten* in ebensolchen Voraussetzungen beschränken. Mit anderen Worten: Ein Mitkonstituent des Rechtsverhältnisses darf nicht seiner substantiellen Teilhabe daran beraubt werden.[89] Die fortdauernde Teilhabe am allgemeinen Rechtsverhältnis ist also nicht nur Grund der Aufopferung, sondern auch deren Grenze.[90] Die Teilhabe am allgemeinen Rechtsverhältnis setzt den darauf gestützten Eingriffen eine absolute *Opfergrenze*:[91] Die Inanspruchnahme

88 Man kann die zusätzlich zu stellenden Anforderungen in Orientierung am geltenden Recht dem Terminus des „*angemessenen* Mittels" (§ 34 S. 2 StGB) zuordnen (ohne dass durch diesen Begriff allein bereits etwas in der Sache ausgesagt wäre).

89 So *Köhler*, ZStW 107 (1995), 10 (23). Siehe dazu und zum Folgenden auch *Rösinger* (Fn. 3), S. 184 ff., insb. 188 f.

90 *Köhler* (Fn. 7), S. 309. Zur legitimationstheoretischen Gebotenheit einer Aufopferungsgrenze beim Notstand auf Grundlage seines eigenen Ansatzes *Pawlik* (Fn. 2), S. 245 ff.: Die „eigenständige Personalität ‚unschuldiger' Eingriffsopfer" dürfe nicht negiert werden, da „die abstrakt-rechtliche Rechtsposition des Notstandspflichtigen (...) *aufgehoben bleiben*" (i.S.v. erhalten bleiben) müsse (S. 248). Denn die „systematische Eigenart des abstrakten Rechts (erg.: als Garantie der Eigenständigkeit, L.R.) würde begrifflich in prinzipieller Weise negiert, wenn die Reichweite abstrakt-rechtlicher Positionen *durchgängig relativ* zu den Interessen anderer Personen bestimmt werden dürfte" (S. 249). Deutlich S. 274: Die „rechtliche Verbundenheit" der Konfliktparteien dürfe nicht gesprengt werden.

91 *Köhler* (Fn. 7), S. 309 beschreibt diese als „Grenze unverrechenbar-substantieller Gutswahrung". Dazu, dass die Opfergrenze nicht der „Interessenabwägung" unverbunden gegenüberstehe, *Pawlik* (Fn. 2), S. 250: „Nach der hier entwickelten Auffassung stellt die Statuierung einer absoluten Aufopferungsgrenze nicht die äußerliche *Beschränkung* einer ‚an sich' umfassenden Interessenabwägung dar. Vielmehr trägt sie wesentlich mit dazu bei, den Raum zu *konstituieren*, innerhalb dessen die mit der Interessenabwägung zwangsläufig einhergehende Relativie-

einer nicht spezifisch verantwortlichen Person darf sich nur auf partikuläre, nicht substantiell-erhebliche Aufopferungen erstrecken.[92] Ausgeschlossen sind daher jedenfalls erhebliche Eingriffe in den Körper oder sonstige Freiheitsrechte.[93] Nach einem dem hier vertretenen im Ausgangspunkt ähnlichen Ansatz soll der Notstand gänzlich auf Eingriffe in die *Sachsubstanz* beschränkt sein. So leiten *Helmers*[94] und *Köhler*[95] das Notrecht besitzrechtlich her: In der Not aktualisiere sich die „ursprüngliche Besitzgemeinsamkeit der Menschheit an der Weltsubstanz".[96] Neben die einzig auf die Sachsubstanz beschränkte Pflicht im Notstand tritt allerdings für *Köhler* wegen der Annahme einer allgemeinen (aktiven) Hilfeleistungspflicht eine Befugnis zur Inanspruchnahme der allgemeinen Handlungsfreiheit in Not.[97] *Helmers* lehnt auch eine solche Hilfspflicht ab, da er jeden Zugriff auf das „innere Mein" ausschließen will.[98] Diejenigen Fälle allerdings, in denen jemand eine andere Person (leicht am Körper verletzend bzw. nötigend) aus dem Weg stoßen muss, um sich selbst in Sicherheit vor einer

---

rung abstrakt-rechtlicher Positionen freiheitstheoretisch überhaupt nur akzeptabel ist." Ebenso steht nach *Kühnbach* (Fn. 6), S. 231 das „Opfermaximum" außerhalb der Abwägung, weil es die Abwägung begrenze; ebenso wie das relevante Wohl (Eingriffsinteresse) müsse auch dieses Opfermaximum gesetzt werden als Rechtswert, der nicht geopfert werden muss; diese Absolutheit lasse sich nicht in die Abwägung einführen. So insbesondere *Renzikowski* (Fn. 5), S. 256 f.; *Frister*, GA 1988, 291 (293); *Pawlik* (Fn. 2), S. 96 f.; *Schoch*, JuS 1995, 34. Siehe auch *Kühnbach* (Fn. 6), S. 212 f. dazu, dass sich die Opfergrenze auch unmittelbar aus dem solidarischen Menschenbild in der Formulierung des BVerfG ergibt (vgl. BVerfGE 4, 7, Rn. 29).

92 So *Köhler* (Fn. 7), S. 308 zum polizeilichen Notstand. Wann die betroffenen Rechtsgüter als für die Teilhabe „substantiell" zu charakterisieren sind, muss erneut – wie auch bereits beim Schutzgut des Notleidenden (oben III. 1.) – im jeweiligen Sachkontext, differenziert nach institutionellen Verhältnissen erarbeitet werden. Siehe hierzu ausführlich für den Bereich staatlicher Eingriffe ggü. Nichtstörern überhaupt sowie speziell für den Strafverfahrenseingriff ggü. dem Beschuldigten *Rösinger* (Fn. 3), S. 184 ff.

93 So *Köhler*, ZStW 107 (1995), 10 (23). Ebenso zur Grenze beim Eingriffsadressaten im rechtfertigenden Notstand *Pawlik* (Fn. 2), S. 257 („Nur eine sachlich wie zeitlich beschränkte, nur eine punktuelle Beeinträchtigung seiner Lebensführung braucht er hinzunehmen").

94 *Helmers* (Fn. 2), S. 248 ff., 292 ff., 316.

95 *Köhler* (Fn. 45), S. 288 ff., insb. 290. Anders und weiter noch *ders.* (Fn. 7), S. 285 (der Eingriff könne sich „insbesondere" auf das gegenständliche Eigentum beziehen), 290 (gerechtfertigt könnten „partikulär-unerhebliche Beeinträchtigungen auch der Körperintegrität und Freiheit anderer" sein).

96 *Köhler* (Fn. 45), S. 289.

97 *Köhler* (Fn. 45), S. 290.

98 Zusammenfassend *Helmers* (Fn. 2), S. 251.

schweren (etwa Todes-)Gefahr zu bringen, will *Helmers* ebenfalls in die Notstandsrechtfertigung miteinbeziehen: Er sieht in diesen *mittelbare* Eingriffe in die Sachsubstanz. Der Notstandsadressat werde von dem Stück Boden weggestoßen, das der in Not Geratene gerade benötige.[99] Diese Konstruktion, die auf den Sachsubstanzbezug besteht, wirkt auf mich etwas gekünstelt. Die Annahme *weitergehender* Eingriffsbefugnisse – sei es beim Notstand, sei es bei der allgemeinen Pflicht zur (aktiven) Hilfeleistung – erscheint mir nicht als zwingend mit der Fruchtbarmachung der Idee des Gesamtbesitzes für bestimmte Bereiche der Rechtfertigungsgründe unvereinbar: So kann zwar speziell für den Notstandseingriff betreffend die *Sachsubstanz* auf den Gedanken des ursprünglichen Gesamtbesitzes verwiesen werden; die Idee des Gesamtbesitzes ist jedoch lediglich *ein* Aspekt der Ursprungsgemeinsamkeit der Menschen, aus der (über vermittelnde Schritte, wie oben bei II. gezeigt) weitere Befugnisse und Pflichten im gegenseitigen Verhältnis für die Situation akuter Not hergeleitet werden können.[100] Die Einordnung der leichten Körperverletzung oder der Beschränkung der allgemeinen Handlungsfreiheit, die auch im oben genannten Fall des Wegstoßens thematisch waren, als nur *partielle* und mit fortdauernder Teilhabe des Eingriffsadressaten noch vereinbare Aufopferungen erscheint mir daher auch abseits sachsubstanzbezogener Fälle nicht ausgeschlossen zu sein.[101]

b) Anspruch auf Ausgleich

Die Inanspruchnahme etwa des Eigentums des Unbeteiligten im Notstand soll verhindern, dass der Notleidende aufgrund des Verlusts seiner substantiellen Teilhabebedingungen aus dem Rechtsverhältnis ausscheidet und dieses damit erlischt. Daher kann sich der Eigentümer in der Not des Anderen nicht auf die ihm eigentlich zustehende Position berufen, wenn der

99 Etwa *Helmers* (Fn. 2), S. 315, Fn. 471.

100 Siehe auch *Köhler* (Fn. 45), S. 265, dazu, dass Hilfeleistungspflicht und Notstandsrecht einen gemeinsamen Ursprung in dem (hinter dem Gedanken des ursprünglichen Gesamtbesitzes stehenden) Prinzip der Ursprungsgemeinsamkeit aller Menschen haben.

101 Dieser Unterschied in der Einordnung von über die Sachsubstanz hinausgehenden Beeinträchtigungen wird vor allem in institutionellen Verhältnissen relevant werden (derartige Eingriffe ablehnend *Helmers* [Fn. 2], S. 278 ff.), etwa bei der Beschuldigung im Strafverfahren (s. zum darin liegenden Eingriff *Rösinger* (Fn. 3), S. 48 ff., 153 ff., 189 ff.) oder – aktuell – im Falle von Ausgangsbeschränkungen und Ähnlichem anlässlich der Corona-Pandemie.

Untergang des Rechtsverhältnisses selbst die Folge wäre. Dass der Eingriffsadressat aber *endgültig* die Last des Zufalls zu tragen hätte, ist damit nicht gesagt; er muss vielmehr Ausgleich erhalten:[102] Der solidarisch Haftende wird zwar aus seiner – ihm nach Abgrenzung negativer Freiheitssphären eigentlich zustehenden[103] – Position gedrängt, soll aber nicht von Rechts wegen ärmer werden.[104] Daher müssen die Belastungen des Betroffenen vom Notstandsberechtigten wieder ausgeglichen werden.[105] Der Notstand erlaubt keine dauerhafte „Umverteilung" des Zufalls; die Einbuße darf im Hinblick auf einen Ausgleich nur vorläufig sein.[106]

---

102 Siehe zum Folgenden auch *Rösinger* (Fn. 3), S. 180 ff.

103 In der Diskussion um den rechtfertigenden Notstand wird unterschiedlich beurteilt, ob sich die Freiheitssphären durch Erlaubnisnormen gleichsam verschieben (so etwa *Renzikowski*, ARSP 2001, 119, Fn. 44; ähnlich *ders.*, JRE 13 [2005], in: FS Hruschka, S. 643 [651]) oder ob der Eine ausnahmsweise zum Übergriff in die (fortbestehende) Sphäre des Anderen befugt ist (so wohl *Köhler* [Fn. 45] S. 284 f.). Siehe dazu auch *Helmers* (Fn. 2), S. 328, der sich gegen ein Regel-Ausnahme-Verhältnis wendet und die Notstandsregelungen als auflösende Bedingungen der Sondergebrauchsbefugnis einer Person hinsichtlich einer Sache im Verhältnis zu allen anderen ansieht. Der Aggressivnotstand bietet auch insoweit, als es um das Verhältnis des Tatbestands zur Rechtswidrigkeit geht, ein interessantes Feld für die Normentheorie. Die Diskussion kann insoweit hier nicht vertieft werden.

104 So *Pawlik* (Fn. 2), S. 9 unter Bezugnahme auf *Löffler*, ZStW 21 (1901), 537 (579). Zustimmend *Kühnbach* (Fn. 6), S. 234. *Frister* (Fn. 44), S. 31: Die Inanspruchnahme des Unbeteiligten unterliege unter anderem der Bedingung einer Entschädigung; dieser Ausgleichsgedanke finde sich in Art. 14 III GG sowie Art. 3 I GG (S. 33) und trage dem Grundsatz der Lastengleichheit aller Bürger Rechnung (S. 34). Zum Zusammenhang zwischen Sonderopfergedanken und dem Prinzip der Pflichten- und Lastengleichheit auch *Voßkuhle*, Das Kompensationsprinzip. Grundlagen einer prospektiven Ausgleichsordnung für die Folgen privater Freiheitsbetätigung, 1999, S. 25: Diese seien „aufs engste" miteinander verbunden und wurzelten beide im Gleichheitssatz. Der Gesetzgeber sei „grundsätzlich gehalten, dort, wo er einzelnen Bürgern durch Gesetz besondere Pflichten auferlegt oder wo sie besondere Lasten zu tragen haben, die daraus resultierenden Nachteile zu *kompensieren*". Siehe ausführlich zur dogmatischen Einordnung des Ausgleichs bei staatlichen Eingriffen in die Rechtspositionen von Nichtstörern *Rösinger* (Fn. 3), S. 180 ff. m.w.N.

105 Siehe dazu einfachrechtlich § 904 BGB.

106 Siehe dazu *Köhler* (Fn. 7), S. 290 zum rechtfertigenden Notstand.

IV. Schluss

Die dargelegte rechtsprinzipielle Unterscheidung zwischen der Inanspruchnahme eines für die Not Verantwortlichen einerseits und eines insoweit Unbeteiligten andererseits, die durch ein bloßes Abwägen von Interessen verwischt zu werden droht, zeigt ihre Bedeutung gerade in krisenhaften Situationen wie der derzeitigen[107] Lähmung weiter Teile des öffentlichen Lebens durch die Maßnahmen gegen die Corona-Pandemie. Im aktuellen Zusammenhang ist die Rede von Solidarität allgegenwärtig, ohne dass immer ganz deutlich würde, ob es um einen moralischen Appell an das Zusammengehörigkeitsgefühl, um ein Werben um das Verständnis der von beschränkenden Maßnahmen Betroffenen oder um eine Forderung des Rechts geht.

Für den Gegenstand der hiesigen Untersuchung, den Eingriffsgrund des Aggressivnotstandes, wurde die Solidarität als Rechtsbegriff eingeführt. Eine grenzenlose Inanspruchnahme von für die Not nicht verantwortlichen Personen ist hiermit nicht begründbar. Die dargelegten Grundbestimmungen sollten erinnert werden, wann immer durch die Politik schwerwiegende Eingriffe unter nicht weiter begründetem Verweis auf den Zusammenhalt der Gesellschaft oder gar mit ihrer bloßen Notwendigkeit zum Schutz eines vermeintlich „überwiegenden Interesses“ zu rechtfertigen gesucht werden.

107 Stand April 2020.

Verzeichnis der Autor/-innen und Herausgeber/-innen

Prof. Dr. Stefanie Bock: 2009 Promotion an der Universität Hamburg; 2016 Habilitation an der Georg-August-Universität Göttingen; seit 2016 Professorin für Strafrecht, Strafprozessrecht, Internationales Strafrecht und Rechtsvergleichung an der Philipps-Universität Marburg; seit 2018 Geschäftsführende Direktorin des Internationalen Forschungs- und Dokumentationszentrums Kriegsverbrecherprozesse; Forschungsschwerpunkte: Internationalisierung der Strafrechtspflege, Europäisches Strafrecht und seine Einflüsse auf das nationale Recht, Völkerstrafrecht als Verbund unmittelbar völkerrechtlicher Strafnormen und seine weltweite Durchsetzung.

Associate Professor Dr. Inês Godinho: 2000 Abschluss des Studiums an der juristischen Fakultät der Universität Lissabon; 2006 LL.M. an der Universität Coimbra; 2013 Promotion an der Universität Coimbra, gefördert durch ein Stipendium der portugiesischen Nationalstiftung für Wissenschaft und Technologie (FCT); 2008-2012 einzelne Forschungsaufenthalte am Institut für Strafrecht an der Universität Bonn und 2011 am Faculty of Law an der Oxford University, UK; Sommer 2017 Gastprofessorin an der Martin-Luther-Universität Halle-Wittenberg; seit 2017 Vorstandsmitglied des Instituto Jurídico der Universität Coimbra; seit 2018 Koordinatorin des Studiengangs Rechtswissenschaft und seit 2020 Associate Professor an der Lusófona Universität Porto.

Prof. em. Dr. Dr. h.c. mult. Urs Kindhäuser: Studium der Rechtswissenschaft in Gießen, Marburg, München und Freiburg/Br.; 1979 Promotion an der Universität in Freiburg/Br.; 1987 Habilitation ebenda für die Fächer Strafrecht, Strafprozessrecht und Rechtsphilosophie; Professuren in Bonn (1989), Rostock (1991) und wieder in Bonn (1995); bis zur Emeritierung 2017 geschäftsführender Direktor des Instituts für Strafrecht; Forschungsschwerpunkte: strafrechtliche Zurechnungslehre, Vermögens- und Umweltstrafrecht, Bußgeldrecht der EU, analytische Rechtsphilosophie; Ehrendoktor und Honorarprofessor mehrerer südamerikanischer Universitäten und Gastprofessor an der Renmin-Universität in Peking.

PD Dr. Konstantina Papathanasiou, LL.M.: 2001–2005 Studium der Rechtswissenschaft in Athen; 2005–2007 Masterstudiengang Strafrechtswissenschaften ebenda und zugleich Rechtsreferendariat; 2010–2013 Promotion in Heidelberg gefördert durch den DAAD und die Alexander-Onassis-Stiftung; 2012–2017 Akademische Mitarbeiterin ebenda; seit 2016 Gastprofessorin an der Faculté Libre de Droit in Paris; 2016–2018 Fast-Track-Programm der Robert-Bosch Stiftung; 2017–2020 Habilitationsstipendien an der Universität Regensburg; 02–03.2018 Forschungsaufenthalt am Collège de France in Paris; seit SS 18 Master Philosophie in Regensburg; WS 19/20 Vertretung des Lehrstuhls für Strafrecht am Rechtsphilosophischen Institut in Bonn; WS 20/21 Habilitation (venia legendi für Strafrecht, Strafverfahrensrecht, Wirtschaftsstrafrecht, Rechtsvergleichung, Rechtsphilosophie und Internationales Strafrecht); SS 21 Lehrstuhlvertretung in Osnabrück.

Prof. Dr. Joachim Renzikowski: 1993 Promotion an der Universität Tübingen; 1997 Habilitation ebenda; seit 1998 Inhaber der Professur für Strafrecht und Rechtsphilosophie/Rechtstheorie an der Martin-Luther-Universität Halle-Wittenberg; Forschungsschwerpunkte: Dogmatik des Allgemeinen Teils des Strafrechts mit ihren Bezügen zu Rechtsphilosophie und Rechtstheorie, Normentheorie, Sexualstrafrecht und die Europäische Konvention zum Schutze der Menschenrechte und Grundfreiheiten.

Dr. Luna Rösinger: 2007–2013 Studium der Rechtswissenschaft in München und Bonn; 2013–2016 Promotionsstipendiatin der Studienstiftung des deutschen Volkes, 2014–2016 Wissenschaftliche Mitarbeiterin am Institut für ausländisches und internationales Strafrecht an der Universität zu Köln; 2018 Promotion ebenda; 2016–2019 Rechtsreferendariat in Heidelberg; seit 2019 Wissenschaftliche Mitarbeiterin am Lehrstuhl für Strafrecht, Strafprozessrecht, Rechtsphilosophie und Rechtsvergleichung an der Universität zu Köln.

Prof. Dr. Anne Schneider, LL.M.: Studium der Rechtswissenschaften an der Universität Münster; 2007 Erste Juristische Prüfung; LL.M.-Studium an der University of the West of England, Bristol; wissenschaftliche Mitarbeiterin an der Universität Münster; 2010 Promotion; 2012 Zweites Juristisches Staatsexamen; 2012–18 wissenschaftliche Mitarbeiterin am Lehrstuhl für Strafrecht und Strafprozessrecht sowie Internationales und Europäisches Strafrecht der Universität Bonn; 2018 Habilitation; seit 2018 Inhaberin des Lehrstuhls für Deutsches, Europäisches und Internationales Strafrecht, Strafprozessrecht und Wirtschaftsstrafrecht an der Universität Mannheim.

Prof. Dr. Kay H. Schumann: 2004 Promotion an der Universität Bonn; danach Tätigkeit als Rechtsanwalt in Bonner Rechtsanwaltskanzlei; 2006–2014 Habilitand am Strafrechtlichen Institut der Universität Bonn; 2014 Habilitation ebenda (venia legendi für Strafrecht, Strafprozessrecht und Rechtsphilosophie); Lehrstuhlvertretungen in Bonn und Freiburg; seit 2018 Rechtsanwalt in Düsseldorf in eigener Kanzlei; seit 2020 außerplanmäßiger Professor der Universität Bonn.

Dr. Markus Wagner: 2007–2011 Studium der Rechtswissenschaften an der Universität Augsburg; 2011–2016 Wissenschaftlicher Mitarbeiter an der Justus-Liebig-Universität Gießen; 2014–2016 Juristischer Vorbereitungsdienst in Hessen; 2015 Promotion zum Dr. iur. an der Justus-Liebig-Universität Gießen; seit 2017 Akad. Rat a.Z. und Habilitand an der Justus-Liebig-Universität Gießen.

Kolibri 360 GmbH
Ferdinand-Jühlke-Straße 7
99095 Erfurt, Deutschland
produktsicherheit@kolibri360.de